RUDOLF und IKA OLDEN
»In tiefem Dunkel liegt Deutschland«

Reihe
DOKUMENTE · TEXTE · MATERIALIEN
Veröffentlicht vom Zentrum für Antisemitismusforschung der
Technischen Universität Berlin
Band 11

Die Serie ist Themen der deutsch-jüdischen Geschichte, der Antisemitismus- und Holocaustforschung gewidmet; sie dient der Veröffentlichung von Texten aller wissenschaftlich-literarischen Gattungen: Quellen von der Autobiographie, dem Tagebuch, dem subjektiven Bericht bis zur Edition amtlicher Akten. Hilfsmittel wie Bibliographien sind ebenso eingeschlossen wie Essays zu aktuellem Anlaß oder wissenschaftliche Monographien, aber auch Materialsammlungen, die ersten Überblick oder Annäherung an komplexe Fragestellungen erleichtern sollen.
Das Anliegen der Reihe ist die Förderung des deutsch-jüdischen Diskurses in Wissenschaft und Öffentlichkeit.

Rudolf und Ika Olden

»In tiefem Dunkel liegt Deutschland«

Von Hitler vertrieben – Ein Jahr deutsche Emigration

Vorwort von
Lion Feuchtwanger

Herausgegeben und
eingeleitet von
Charmian Brinson und
Marian Malet

Die Deutsche Bibliothek – CIP-Einheitsaufnahme

Olden, Rudolf:
»In tiefem Dunkel liegt Deutschland«: von Hitler vertrieben –
ein Jahr deutsche Emigration / Rudolf und Ika Olden. Vorw.
von Lion Feuchtwanger. Hrsg. und eingel. von Charmian
Brinson und Marian Malet. – Berlin: Metropol-Verl., 1994
  (Reihe Dokumente, Texte, Materialien / Zentrum für
  Antisemitismusforschung der Technischen Universität Berlin; Bd. 11)
ISBN 3-926893-20-6
NE: Olden, Ika:; Zentrum für Antisemitismusforschung ‹Berlin›:
Reihe Dokumente, Texe, ...

Umschlagfotos:
Rudolf Olden (Ullstein)
Ika Olden (Privatbesitz Mary E. Sufott)

© 1994 METROPOL VERLAG
Kurfürstenstraße 135 · 10785 Berlin
Alle Rechte vorbehalten
Umschlag: by Blix, N. Löderbusch
Druck: MIKADA

INHALT

Einleitung der Herausgeber 7
Vorwort von Lion Feuchtwanger 23

I. *Paris sagt:»Die Emigration ist zu Ende«* 27
II. *Wo sind die Emigranten?* 31
III. *Wie sie kamen* 36
IV. *Im Comité national* 34
V. *Ein Neujahrsabend in einem kleinen Café* 48
VI. *Die»Messieurs chez nous«* 55
VII. *Die Grenzen sind schwimmend* 62
VIII. *In den Kasernen* 70
IX. *Rund um Deutschland* 76
X. *Komitees, Komitees ...* 84
XI. *»Kolonie« der deutschen Emigranten?* 89
XII. *Was kostet die Emigration? Oder bringt sie?* 93
XIII. *Die Emigration der Tatkraft*
       Fortsetzung der Bilanz 104
XIV. *Schluß der Bilanz*
       Umschulung – Industrielle Auswanderung –
       Die Emigration der Wissenschaft 114
XV. *Die Politischen* 119
XVI. *Der hohe Kommissar* 123
XVII. *Zurück! Zurück?* 131
XVIII. *Die einzige Gewißheit – Palästina!* 145

Abkürzungen 152
Anmerkungen 153
Danksagung 198

EINLEITUNG

Im Frühjahr und Sommer des Jahres 1934 erschien eine Anzahl von Büchern, Broschüren und Artikeln[1], die sich mit den Diskriminierungen auseinandersetzten, von denen ein Teil der deutschen Bevölkerung in den vorangegangenen 12 Monaten heimgesucht worden war. »Von Hitler vertrieben. Ein Jahr deutsche Emigration«, ein von Rudolf und Ika Olden zwischen November 1933 und April 1934 verfaßtes, aber nie veröffentlichtes Manuskript, gehört zu diesen Texten, die dem Leser 60 Jahre nach dem Geschehen, von dem sie berichten, wertvolle Einblicke in das Anfangsstadium der Emigration bieten.

Das Manuskript des Buches war bereits getippt und überarbeitet, und Lion Feuchtwanger hatte auf Bitten der Verfasser sein Vorwort geschickt. Ein Verlag war gefunden, wie die Verfasser im XI. Kapitel im Zuge ihrer Besprechung des Verlagswesens in der Emigration erwähnen, nämlich der Europäische Merkur (Eds. du Mercure de l'Europe). Dieses Unternehmen war einer der wichtigsten der etwa 15 kleinen, in Frankreich von Emigranten gegründeten Privatverlage.[2] Es ist bekannt, daß das Haus an die 15 Titel verlegte, wobei das Hauptinteresse auf die Verbreitung des Antifaschismus, die Rechtfertigung der Emigration und die Widerlegung des Antisemitismus gerichtet war; die Themen wurden hauptsächlich in einer »Die Streitschriften des Europäischen Merkur« benannten Sammlung veröffentlicht, in der zum Beispiel Heinrich Manns Buch über die Emigration (»Der Sinn dieser Emigration«) erschien. Das Haus verlegte auch einige literarische Werke von Emigranten, wie beispielsweise von Lion Feuchtwanger und Alfred Neumann. Es hatte kurz zuvor Rudolf Oldens »Warum versagten die Marxisten?« publiziert und sollte im folgenden Jahr (1935) sein »Hindenburg oder der Geist der preußischen Armee« verlegen. Ob das Manuskript »Von Hitler vertrieben« letztlich vom Europäischen Merkur abgelehnt wurde, weil gerade Heinrich Manns Buch zu einem ähnlichen Thema erschienen war – das »Pariser Tageblatt« vom 8. April 1934 notiert, das Mann-Buch sei soeben erschienen –, und der Text der Oldens als zu

---

1 Z. B. Arnold Zweig, Bilanz der deutschen Judenheit 1933. Ein Versuch, Amsterdam 1934; Heinrich Mann und ein junger Deutscher [Paul Roubiczek], Der Sinn dieser Emigration, Paris 1934; Walther Rode, Deutschland ist Caliban, Zürich 1934; Emil J. Gumbel, Ein Jahr Exil, in: Aufruf, 1. Juni 1934, S. 466–69, Hermann Budzislawski, Ein Jahr Emigration, in: Neue Weltbühne, 15. März 1934, S. 318–321, um nur einige zu nennen.

2 Hélène Roussel, Editeurs et publications des émigrés allemands (1933–39), in: Gilbert Badia u.a., Les barbelés de l'exil, Grenoble 1979, S. 383f.

themenverwandt angesehen wurde (Olden vermerkt in einem Brief an Feuchtwanger, daß es »stark verändert gegenüber der Skizze, die Sie erhielten«[3] sei), ob sein Nichterscheinen finanziellen Schwierigkeiten zuzuschreiben war oder ob der Text als zu anekdotisch und nicht genug analytisch beurteilt wurde, läßt sich nicht mit Sicherheit belegen. Gewiß ist, daß das Manuskript von den Oldens aufbewahrt und zusammen mit einer Anzahl von anderen Schriften in Oxford zurückgelassen wurde (es sollte ihnen wohl nachgeschickt werden, sobald sie sich in einem neuen Zuhause etabliert hatten), als sie sich im September 1940 auf der »City of Benares« nach Amerika einschifften. Die Oldens, wie auch viele andere, ertranken bei einem deutschen Torpedo-Angriff auf das Schiff, und die Schriften wurden einige Jahre später verkauft, lagen aber lange Zeit unbemerkt und unberührt in einer Bibliothek.[4]

* * *

Rudolf Olden[5] wurde im Januar 1885 als zweiter Sohn von Hans Olden (früher Oppenheim), einem bekannten Schauspieler und Schriftsteller, und Rosa Stein, einer Schauspielerin, in Stettin geboren. Die älteren Kinder der Eltern, Balder und Ilse, hatten eine etwas bewegte frühe Kindheit, während der sie wegen der beruflichen Engagements des Vaters häufig den Wohnort wechseln mußten. Als sich jedoch die Eltern bald nach Rudolfs Geburt trennten, wurden Mutter und Kinder von der Familie von Rosas Schwester Hedwig aufgenommen, die mit Rudolf Prinz von und zu Liechtenstein verheiratet war. Sie lebten von nun an in sehr guten Verhältnissen und bewegten sich in den besten gesellschaftlichen und kulturellen Kreisen. Hier fühlte sich Rudolf Olden, im Gegensatz zu seinem älteren Bruder, offensichtlich ganz zu Hause. Als junger Mann tendierte Rudolf offenbar zu einer konservativen Einstellung und zeigte eine deutliche Neigung zu den Gesellschaftskreisen, aus denen die deutsche Armee ihre Offiziere rekrutierte; Balder behauptet sogar, Rudolf hätte, wäre er nicht so kurzsichtig gewesen, die Armee als Laufbahn gewählt.[6] Statt dessen entschied er sich

---

3 Rudolf Olden an Lion Feuchtwanger, 27. März 1934, in: Deutsche Bibliothek Frankfurt, Deutsches Exilarchiv, Exil-PEN, EB 75/175, 35.
4 Der Teilnachlaß befindet sich in der Bibliothek des University College London. Teile davon wurden bereits veröffentlicht: Rudolf Olden – Peter Olden, Briefe aus den Jahren 1935 – 36, Berlin 1987; Rettet Ossietzky!, Oldenburg 1990, beide hrsg. von Charmian Brinson und Marian Malet.
5 Eine ausführliche Biographie bei Rudolf Olden – Peter Olden, Briefe, S. 3 – 13.
6 Balder Olden, Rudolf Olden und die Junker, in: Argentinisches Tageblatt, 28. August 1943; Beilage »Hüben und drüben«, S. 3. Von hier bis zum Ausscheiden Rudolf Oldens aus der Armee stützt sich unser Bericht weitgehend auf dieses Material.

jedoch für das Rechtsstudium, auch potentiell ein konservativer Bereich, und legte im Jahre 1914 knapp vor Ausbruch des Ersten Weltkriegs sein Assessor-Examen ab.

Im September 1914 gelang es Rudolf, sich als Freiwilliger den Darmstädter Dragonern anzuschließen, im Urteil seines Bruders »ein höchst junkerliches Regiment«. Er kämpfte an der Front, wurde zum Ordonnanz-Offizier befördert und mußte zweimal verwundet die Front verlassen, bevor er zum Kriegsgerichtsrat versetzt wurde. Hier machte er die Erfahrungen, die seinem Leben eine völlig andere Richtung geben sollten; in Balders Worten: »Er erlebte sein Damaskus.« Durch seine dortige Arbeit wurden ihm die Augen geöffnet über «die Grauenhaftigkeit der preußischen Armee, die Herzenslosigkeit ihrer Gesetzgebung, [den] Sinn dieses Krieges: nicht nur einer Klasse, sondern einer Kaste alle Macht im Staat zu geben: den Junkern«[7]. Als Rudolf trotz seines keineswegs guten Gesundheitszustandes wieder zum aktiven Einsatz beordert wurde, erlitt er in Wien auf dem Weg zur rumänischen Front einen Zusammenbruch und wurde vom Kriegsdienst entlassen.

Nach seiner Genesung beschloß Olden, in Wien zu bleiben, und begann, an Benno Karpeles' kurzlebiger sozialistisch-pazifistischer Wochenzeitung »Der Frieden« zu arbeiten. Hier, und später bei Karpeles' »Der neue Tag« erlernte Olden unter Kollegen wie Alfred Polgar, Egon Erwin Kisch, Joseph Roth und Arnold Höllriegel das journalistische Handwerk. Im Jahre 1919 heiratete er die Schauspielerin und spätere Psychoanalytikerin Christine Fournier (»Mädi«). Er begann mit Beiträgen für deutsche Zeitschriften wie die »Weltbühne«. Nach sechsjähriger Tätigkeit in Wien trug ihm Theodor Wolff, dessen Fähigkeit, junge talentierte Journalisten zu entdecken, bekannt war, eine Tätigkeit als politischer Redakteur an der führenden liberalen Tageszeitung, dem »Berliner Tageblatt«, an. Durch den Einfluß Wolffs und seiner Kollegen wurde Olden bald etabliertes Mitglied der linksgerichteten Berliner Intelligenz. Seine Ehe mit Mädi war inzwischen gescheitert, und er hatte Isolde Boguth, eine österreichische Modeschöpferin, geheiratet. Gabriele Tergit schildert in ihren Memoiren einige interessante Details über den etwas dandyhaften, aber doch höchst seriösen Olden dieser Zeit.[8]

Olden war seit 1924 zur Berufsausübung als Anwalt am Berliner Kammergericht zugelassen und nahm in den späteren Jahren der Weimarer Republik an mehreren aufsehenerregenden Prozessen teil, was ihm ebenso große

---

7 Ebenda.
8 Gabriele Tergit, Etwas Seltenes überhaupt, Berlin 1983, S. 16 f., S. 27 f. Eine nützliche Darstellung trotz faktischer Fehler.

Anerkennung als Jurist wie als Journalist einbrachte.[9] Er wurde Rechtsberater und ab 1931 Vorstandsmitglied der Deutschen Liga für Menschenrechte. In diesem Jahr vertrat er mit anderen Strafverteidigern Carl von Ossietzky beim zweiten Weltbühne-Prozeß.

Obwohl sich Olden während dieser Zeit energisch gegen die Nazis einsetzte, gehörte er doch nie einer politischen Partei an und zog es vor, wie auch Ossietzky, unabhängig zu bleiben. Wegen seiner juristischen und journalistischen Tätigkeit war er aber nach der nationalsozialistischen Machtergreifung ständig von Inhaftierung bedroht. Nach Gilbert Murray, der über den Ablauf der Ereignisse um den Reichstagsbrand berichtete[10], entging Olden nur durch einen glücklichen Zufall der Gestapo, die auf ihn schon vor dem Gericht, an dem er gewöhnlich tätig war, und vor seinem Haus gewartet hatte. Er wurde gewarnt, verbrachte die Nacht bei Freunden und konnte dann eine eilige Abreise in die Tschechoslowakei organisieren. Seine Gefährtin Ika Halpern stieß dort zu ihm.

Ika Halpern[11] wurde 1908 als Tochter von Georg (Gad) Halpern und seiner englischen Frau Emily (geb. Lampert) geboren. Georg Halpern stammte aus einer wohlsituierten Familie in Pinsk, einer im Westen des russischen Ansiedlungsrayons gelegenen Stadt, und war als junger Mann zum Wirtschaftsstudium nach Deutschland geschickt worden, wo er später zunächst in der Journalistik (»Frankfurter Zeitung«), dann im Geschäftsleben Karriere machte. Er interessierte sich schon in seiner Jugend brennend für den Zionismus und war ein enger Mitarbeiter von Chaim Weizmann, der auch aus der Gegend von Pinsk stammte und später bekanntlich der erste Präsident des neugegründeten Staates Israel werden sollte. Weizmann war ab 1906 an der Universität Manchester in der Forschung tätig und stand in engem Kontakt mit der Zionistengruppe von Manchester (darunter Simon Marks, Israel Sieff und Harry Sacher), die sich später den Emigranten im allgemeinen und besonders den Oldens gegenüber als sehr großzügig erweisen sollte[12]; und es ist wohl möglich, daß Georg Halpern seine Frau kennenlernte, als er Weizmann in Manchester besuchte. Jedenfalls war Weizmann einer der Trauzeugen bei der Hochzeit der Halperns in Lancashire. Emily war die Tochter eines Eisenwarenhändlers, Bernard Lampert, aus Edgbaston. Nach der Heirat lebte das Paar in komfortablen Verhält-

---

9   Ein ausführliches Bild von Rudolf Olden als Rechtsanwalt bei Ingo Müller, Streitbare Juristen: Eine andere Tradition, in: Kritische Justiz, Baden-Baden 1988, S. 180 – 92.
10 Gilbert Murray, Vorwort, in: The History of Liberty in Germany, London 1946, S. 5.
11 Eine ausführliche biographische Darstellung bei Marian Malet, Ika Olden, in: Frauen im Exil, Berlin 1994.
12 Harry Sacher z. B. lieh Ika Olden seine Wohnung in Mayfair, damit sie mit ihrem Mann nach dessen Rückkehr aus dem Internierungslager im August dort verbleiben konnte.

nissen in Berlin und hatte drei Kinder, von denen Ika die älteste war. Georgs zunehmendes Interesse am Zionismus führte dazu, daß er im Jahre 1921 zum Direktor des »Jewish Colonial Trust« (der ersten zionistischen Bank) nach London berufen wurde. Die Familie lebte bis 1928 dort, wo Ika die King Alfred's School in Hampstead besuchte. Von da an spielte ihr Vater eine immer bedeutendere Rolle in zionistischen Angelegenheiten. Er emigrierte 1933 nach Palästina, wo er den restlichen Teil seiner Laufbahn im Zentrum des Wirtschaftslebens verbrachte.

Ika Olden kehrte Ende der zwanziger Jahre nach Berlin zurück. Ihre Tochter beschrieb später den beruflichen Werdegang so: »As far as I know my mother took some training to be a lay psychotherapist and I believe she also worked as a counsellor in a nursery school for underprivileged children.«[13] Während dieser Zeit schloß sie enge Freundschaft mit Rudolf Olden, der, eine Generation älter als sie, zu diesem Zeitpunkt bereits einen Ruf als brillanter, erfolgreicher Journalist und Jurist mit festen Prinzipien genoß, ein hohes Einkommen bezog und eine zentrale Persönlichkeit des intellektuellen Lebens war.

Hitlers Ernennung zum Reichskanzler am 30. Januar 1933 setzte dieser Welt ein abruptes Ende. Das Paar flüchtete, wie bereits erwähnt, bald nach dem Reichstagsbrand getrennt nach Prag. In Prag entstand mit Oldens 40-Seiten Broschüre »Hitler der Eroberer. Die Entlarvung einer Legende«, welche den Aufstieg des »Führers« zur Macht nachzeichnete, die erste Publikation des »Malik« Verlags von Wieland Herzfelde im Exil. Später sollte Olden sie dann zu einem Buch ausweiten, und zwar zuerst auf deutsch (Querido Verlag, Amsterdam 1935) und dann auf englisch (Gollancz, London 1936 und Covici, Friede, New York 1936). Ein paar Monate später zogen Rudolf und Ika über Genf nach Paris. Dort blieben sie einige Zeit, um sich dann abermals auf die Reise zu machen. Am 11. November 1933 erreichten sie England. Nachdem sie eine Unterkunft ganz in der Nähe von Piccadilly gefunden hatten, heirateten sie am 21. Dezember 1933 in Anwesenheit von Joe Lederer und Lion Feuchtwanger. Kurz danach zogen sie in eine möblierte Wohnung am Manson Place, South Kensington. In den ersten Monaten des englischen Exils entstand vermutlich »Von Hitler vertrieben«.

* * *

Um die Jahreswende 1933/34 gab Olden auch dem »Schwarzbuch über die Lage der Juden in Deutschland 1933. Tatsachen und Dokumente« den letzten Schliff, einem Buch mit detaillierten Schilderungen der rechtlichen

---

13   Persönliche Mitteilung an die Herausgeber, 8. März 1992.

und gesellschaftlichen Lage der Juden und Aufzeichnungen über den fortschreitenden Verlust ihrer Rechte, das er schnell und unter nicht geringen Schwierigkeiten in der zweiten Hälfte des Jahres 1933 auf Verlangen von Leo Motzkin für das »Comité des délégations juives« in Paris verfaßt hatte. In einem Artikel[14] zum Hintergrund und zur Entstehung des Buches bemerkt Olden, daß eine Sammlung von Tatsachen und Dokumenten zur Lage der Juden in Deutschland notwendig erscheine, und zwar als Nachschlagewerk für jene, die bald an der erwarteten Völkerbund-Debatte zu diesem Thema teilnehmen würden.

Obwohl Olden sehr rasch arbeiten mußte und ihm dabei nicht alle Unterlagen zur Verfügung standen, also eine »systematic preparation which is necessary for scientific work«[15] nicht möglich war, erklärte er, daß es ihm doch gelungen sei, genug Material zu sammeln, um ein realistisches Bild der Lage der Juden in den ersten Monaten der NS-Herrschaft zu geben. Durch zahlreiche Zitate aus der Presse sowie durch komplette Abschriften von juristischen Texten, Edikten und Erlässen, die er mit den notwendigen Kommentaren versah, zeichnete er ein Bild, das auch später noch als äußerst verläßlich anerkannt wurde.[16] Wenn möglich, zog er es vor, Beispiele aus kleineren deutschen Lokalzeitungen auszuwählen, da diese meist ausführlichere Berichte brachten, aber auch »because they were not, like the big [newspapers], censored for use abroad«[17]. Zum größten Teil mied er auch den Gebrauch ausländischer Zeitungen »to prevent anyone who discussed matters in Geneva with the representatives of the German Government being exposed to the reproach that he was hawking ›atrocity stories‹.«[18] Dennoch entschloß er sich schließlich zur Einbeziehung eines kurzen Abschnitts über »outrages perpetrated on Jews, from reliable foreign newspapers, for the atrocities are for Germany still a secret«[19].

Nach einer Definition des Begriffes »Jude« und einem Überblick über die demographische Struktur der Juden innerhalb der deutschen Bevölkerung im allgemeinen und bezogen auf die verschiedenen Berufe im besonderen analysiert Olden das Programm der Nationalsozialisten und ihre Maßnahmen gegen die Juden. In den verbleibenden Teilen des Buches untersucht er verschiedene Lebensbereiche in Deutschland (Religion, Justiz und Ver-

---

14 Rudolf Olden, A documentary record of the persecution of the Jews in Germany, in: Jewish Review, März – Juni 1934, S. 81 – 87.
15 Ebenda, S. 82.
16 Hans-Norbert Bunkert / Klaus Matusek / Wolfgang Wippermann, »Machtergreifung« Berlin 1933, Berlin 1982, S. 254.
17 Olden, A documentary record, S. 82.
18 Ebenda.
19 Ebenda, S. 85.

waltung, Gesundheit, Erziehungswesen, Wirtschaft, Kultur und das tägliche Leben) und unterwirft sie einer strengen Überprüfung. Dabei verwendet er umfangreiches, aus deutschen Zeitungen stammendes Beweismaterial, das genau aufzeigt, wie die Juden von der Flut immer neuer, seit der NS-Machtergreifung erlassener Gesetze betroffen waren. Unter Anwendung einer erprobten juristischen Strategie baut Olden zumeist einen Fall durch eine Ansammlung von Fakten so auf, daß sich ein Kommentar erübrigt. Diese Vorgehensweise wendet er auch in der zweiten Hälfte von Kapitel XVII des Manuskriptes »Von Hitler vertrieben« (das Kapitel, das vielleicht dem »Schwarzbuch« am nächsten kommt) äußerst wirkungsvoll an, um ein überwältigendes Bild von den zunehmenden Rechtsverlusten der Juden zu zeichnen. Interessanterweise wird der Fall einer Mischehe, den er ursprünglich im »Schwarzbuch« zu behandeln plante, bei dem aber das Urteil für die Einbeziehung zu spät gefällt worden war, in »Von Hitler vertrieben«, Kapitel XVII, mit dem Urteil zitiert.

Ika Halpern organisierte das Material für »Das Schwarzbuch« und muß auch Olden oft begleitet haben, wenn er andere Emigranten besuchte, um Hintergrundmaterial zu sammeln. Es mag wohl sein, daß der Stoff für das geplante Buch »Von Hitler vertrieben« zu dieser Zeit entstanden ist, da die Oldens bei ihren Recherchen Material erwarben, das zwar für die Thematik des »Schwarzbuch« ungeeignet, dennoch in einem anderen Kontext von großem Interesse war. Wenn das »Schwarzbuch« die rechtliche und somit auch soziale Situation der Juden in Deutschland darstellt, so beschäftigt sich »Von Hitler vertrieben« mit ihrer Lage außerhalb Deutschlands von März 1933 an auf breitere, allgemeinere und ausführlichere Weise und schließt auch nichtjüdische Emigranten ein. Kurz nach der nationalsozialistischen Machtergreifung war vieles noch stark im Fluß; für eine gründliche Analyse war die Lage noch nicht genügend klar. Dennoch wird aber ein möglichst breiter Überblick vermittelt und die Situation in mehreren Ländern besprochen, ganz besonders in denen, die den Autoren bekannt waren, nämlich Frankreich und England. Zu diesem Zweck wurde offensichtlich eine breite Auswahl von persönlichen Kontakten geknüpft: von Prostituierten und »Schnorrern« über Bewohner von Pariser Kasernen und Stammgäste der kleinen Emigranten-Cafés im Quartier St. Paul bis zum Hohen Kommissar für die Flüchtlinge und zur »Emigrandezza«.

Bis heute war es nicht möglich, die Rolle eindeutig zu bestimmen, die jeder der beiden Autoren im einzelnen bei der Vorbereitung und Abfassung des Manuskriptes gespielt hat. Die einzige uns bekannte Erwähnung des Textes stammt aus einem Brief von Rudolf Olden an Feuchtwanger, datiert vom 27. März 1934: »Meine Frau sagte mir, daß Sie das Vorwort zu ihrem Emigranten-Buch schreiben würden. Das Manuskript ist so ziemlich fertig.

Stark verändert gegenüber der Skizze, die Sie erhielten. Es wartet nur noch auf Sie. Meine Frau überließ mir abreisend die Sorge. Wann darf ich damit rechnen?«[20] Auf der Titelseite des Manuskripts ist jedoch der Text eindeutig beiden, Rudolf und Ika Olden, zugeschrieben; und Feuchtwangers Einführung, die die Form der Darstellung des Manuskriptes lobt wie auch seinen Versuch, die Emigration in ihrer ganzen Komplexität zu analysieren, gibt dem Leser auch keinen Hinweis auf diese Frage.

* * *

»Von Hitler vertrieben« richtet die Aufmerksamkeit sowohl auf die Flüchtlinge, die plötzlich im Frühjahr 1933 flutartig Deutschland verließen, wie auch auf die Frage, was unternommen wurde, um ihnen zu helfen. Da die Oldens mehrere Monate in Frankreich verblieben und Frankreich den Großteil der Flüchtlinge aufnahm, bildet dieses Land einen Schwerpunkt des Buches. Wir gewinnen Einblicke in den politischen und wirtschaftlichen Hintergrund, vor dem der plötzliche Zustrom von Fremden gesehen werden muß.

Im März 1933 befand sich Frankreich in einer besonders schwierigen politischen und wirtschaftlichen Lage. Obwohl das Land in den zwanziger Jahren eine Zeit wirtschaftlicher Expansion erlebt hatte, erreichte die Wirtschaftskrise, die 1929 in den USA begonnen hatte, 1931 Frankreich und brachte Einschränkungen und erhebliche Arbeitslosigkeit. Zu den Folgen zählte eine allgemeine Reaktion gegen Ausländer. Ihre Anwesenheit traf unter den Beschäftigten und Arbeitsuchenden auf weitgehende Ressentiments. So wurden Versuche unternommen, die französische Bevölkerung zu schützen: das Armbruster-Gesetz vom April 1933, das ausländischen Ärzten, die in Frankreich praktizieren wollten, strenge Beschränkungen auferlegte, ist dafür ein Musterbeispiel. Nur wo akuter Arbeitsmangel herrschte, zum Beispiel in der Landwirtschaft, wurden Ausländer bereitwillig aufgenommen. Auf politischer Ebene ist diese Periode durch tiefe Uneinigkeit unter den politischen Parteien sowie durch endlose Konflikte zwischen Regierung und Parlament gekennzeichnet, was einen häufigen Regierungswechsel zur Folge hatte. Alles in allem war das politische System sowohl gelähmt als auch in Mißkredit geraten. Die rechtsextremen politischen Vereinigungen (außerparlamentarische Gruppen, die direkte Aktionen ausübten) erfreuten sich zu dieser Zeit großer Popularität. Ermutigt durch diese Welle der Sympathie versuchten sie, inspiriert von der faschistischen Entwicklung in Italien, gesellschaftliche Veränderungen herbeizuführen.

---

20 S. Anm. 4 oben.

Trotz dieser für den Flüchtlingszustrom instabilen Situation zeigen Dokumente des französischen Innenministeriums, daß die erste offizielle Reaktion auf die Flüchtlinge durchaus großzügig war; dies sollte sich aber bald ändern. Zunehmend verloren die deutschen Flüchtlinge durch die Verschärfung von Gesetzen und Erlassen ihren bevorzugten Einreise-Status. Nach dem Fall der zweiten Regierung Daladier im Februar 1934 gab es eine ausdrückliche Verhärtung der offiziellen Haltung.

Auch innerhalb der jüdischen Gemeinde von Paris zeigten die einflußreichsten Kreise, die stark Assimilierten um das Consistoire[21], eine ambivalente Haltung gegenüber den Neuankömmlingen aus Deutschland: Ihre Hilfsbereitschaft war durch die Furcht gemäßigt, die eigene schwer errungene Stellung in der französischen Gesellschaft zu verlieren. Die Anwesenheit vieler Ostjuden unter den Flüchtlingen erhöhte nur die Befürchtungen, da diese manchen etablierten französischen Juden fremd vorkamen und durch ihr Aussehen und ihre Sitten allgemein auffielen, was in den Augen der Assimilierten den latenten Antisemitismus des Landes hervorrufen konnte. Gerade zu diesem Zeitpunkt beschäftigte die Stavisky-Affäre die französische Öffentlichkeit. Die zentrale Figur Alexandre Stavisky, ein zwielichtiger Finanzier ukrainisch-jüdischer Herkunft, der 1900 in Frankreich eingebürgert worden war, beherrschte im Winter 1933/34 die Schlagzeilen, was ein erneutes Aufflammen antijüdischer Ressentiments hervorrief.

Dennoch begann eine ganze Reihe von jüdischen wie auch nichtjüdischen Gruppen sofort mit der Organisierung von Flüchtlingshilfe. Mit vielen von ihnen standen die Oldens in Verbindung (vgl. Kap. X). Etablierte Organisationen wie die Französische Liga für Menschenrechte, das sozialistische Matteotti-Komitee, der kommunistische Secours rouge, die Heilsarmee, das Comité central d'assistance aux émigrés juifs, die Organization for Rehabilitation through Training (ORT), das weltweite jüdische Kinder- und Gesundheitshilfswerk OSE, der jüdische Verbund verschiedener Auswanderungshilfsorganisationen HICEM, die Quäker u.a. stürzten sich gleich in die Arbeit. Letztere verdienen besondere Erwähnung, denn ihre Arbeit richtete sich im wesentlichen darauf, den Flüchtlingen Hilfe durch Selbsthilfe zu bieten. Weitere Ausschüsse konstituierten sich, um

---

21 Eine der bedeutendsten französisch-jüdischen Institutionen in Paris, die sich mit kulturellen sowie religiösen Angelegenheiten beschäftigte. Laut David Henry Weinberg, Les Juifs à Paris de 1933 à 1939, Paris 1974, S. 38 f. gehörte ihr in den dreißiger Jahren ca. ein Viertel der französisch-jüdischen Gemeinde von Paris an, wobei die Mitglieder ausschließlich aus den höheren Schichten der Gemeinde kamen. Daher wurde das Consistoire oft von außen als halboffizieller Sprecher der Gemeinde betrachtet.

die neue Situation zu bewältigen, darunter Unterstützungskomitees für verschiedene Gruppen (Kinder, einzelne Berufe usw.). Gegen Ende Juni 1933 stimmten die Leiter der jüdischen Gemeinde im Consistoire der Gründung eines großen Komitees zu, in dem sich mehrere schon bestehende Komitees vereinigen sollten: Das Comité national de secours aux réfugiés allemands victimes de l'antisémitisme, eine rein philanthropische Organisation, sollte als *eine* Stimme der verschiedenen Gruppen mit der Regierung über Flüchtlingsangelegenheiten verhandeln. Viele herausragende nichtjüdische Persönlichkeiten wurden in den Vorstand und den Ausschuß berufen, aber die Organisation selbst lag in den Händen des Consistoire unter Raoul-Raymond Lambert. Die Gründer hofften wohl, dem Einfluß des Comité de défense des juifs persécutés en Allemagne (Pierre Dreyfus' Komitee) und der Französischen Liga für Menschenrechte entgegenzuwirken, weil diese beiden Gruppen nicht nur menschliche Unterstützung leisteten, sondern auch das NS-Regime lautstark verurteilten, was die Juden des Consistoire für unklug hielten.

Zur selben Zeit, als Rudolf und Ika Olden ihr Manuskript abfaßten, sah sich das Comité national einer gewaltigen Aufgabe gegenüber. Die Zahl der nach Frankreich emigrierten Flüchtlinge war so groß, daß die Mittel für ihre Betreuung offensichtlich nicht mehr ausreichten und daher ausländische jüdische Organisationen – insbesondere das American Jewish Joint Distribution Committee – mit beträchtlicher finanzieller Unterstützung einspringen mußten, wie »Von Hitler vertrieben« hinreichend dokumentiert. Das Buch beschreibt aber auch die Anfänge dessen, was bald die hauptsächliche vom Comité national verfolgte Politik werden sollte: die Weiterleitung der Flüchtlinge an andere Länder – nach Palästina, Übersee oder sogar zurück nach Deutschland.

In England, wo während des ersten Exiljahres weniger – aber besser qualifizierte – Emigranten Zuflucht gefunden hatten und wo die Vorsitzenden der jüdischen Gemeinden für das britische Judentum das Versprechen abgegeben hatten, daß zumindest kein jüdischer Flüchtling die öffentlichen Mittel belasten würde, war die Organisierung der Flüchtlingshilfe im Vergleich zu Frankreich etwas weniger angespannt. Dennoch herrschte viel Not unter den Flüchtlingen, und zahlreiche bürokratische Hindernisse mußten überwunden werden, wie z.B. das erste Erscheinen vor dem Immigration Officer, was auf die Oldens selbst eher beängstigend gewirkt hatte.[22] Auch mit Hilfsstellen für deutsche Flüchtlinge in Großbritannien, zum Beispiel dem Woburn House, den Quäkern und dem Academic Assistance

---

22 S. Rudolf Olden an Oskar Maria Graf, 1. April 1938, in: Deutsches Exilarchiv, Exil-PEN, EB 75/175, 462.

Council machten die Oldens als Neuankömmlinge bei ihren Versuchen, sich in Großbritannien zurechtzufinden, Erfahrungen aus erster Hand. Man sollte aber nicht vergessen, daß die Oldens in England in einer relativ günstigen Lage waren. Die Jahre, die Ika Olden in England verbracht hatte, ihre ausgezeichneten Englischkenntnisse sowie – über ihren Vater – ihre Beziehungen zu wichtigen Persönlichkeiten des britischen Judentums öffneten ihnen viele Türen, erleichterten ihnen wahrscheinlich auch, was für die Abfassung ihres Manuskriptes wichtig war, den Zugang zu Institutionen wie dem Jews' Temporary Shelter. Auch das Interview mit Weizmann, das im Schlußkapitel wiedergegeben wird, ist vermutlich auf diese Verbindungen zurückzuführen.

Wegen der spezifischen Art der deutschen Emigration und aus Angst vor Vergeltungsmaßnahmen der Nationalsozialisten verbleiben viele der von den Oldens in ihrem Buch erwähnten Emigranten notwendigerweise anonym.[23] Das heißt jedoch nicht, daß dieses Anfangsstadium der Emigration in irgendeiner Weise als einheitlich oder undifferenziert dargestellt wird. Im Gegenteil, die Oldens sind darum bemüht, zwischen den verschiedenen Emigrantengruppen, sowohl den jüdischen wie den »arischen«, möglichst sorgfältig zu unterscheiden. So führt beispielsweise das Kapitel mit dem Titel »Die Emigration der Tatkraft« eine Anzahl von beeindruckenden Versuchen entschlossener deutscher Emigranten an, sich der neuen Situation anzupassen; man findet den pensionierten Amtsgerichtsrat mit seinem Hutgeschäft in Amsterdam, das Emigrantenkollektiv, das in Paris seine eigene Vermittlungsstelle für Haushaltshilfen führte, und auch einige echte Erfolgsgeschichten wie die des jungen Mannes in der Publizistik, der von einem mitfühlenden englischen Verleger als Partner aufgenommen wurde. Das den Unternehmern und Akademikern gewidmete Kapitel schildert die Verlegung deutsch-jüdischer Firmen nach England und Frankreich und die Emigration vieler hervorragender Gelehrter aus Deutschland. Politische Emigranten der verschiedensten Couleur sind der Gegenstand eines anderen Kapitels, während sich ein weiteres mit exilierten deutschen Schriftstellern und Journalisten sowie mit den Verlagshäusern des Exils und der Exilpresse beschäftigt.

Es wird selbstverständlich betont, daß die deutsche Emigration keineswegs ausschließlich ein jüdisches Phänomen ist. Einigen Gruppen aus den Reihen der jüdischen Emigranten wird jedoch besondere Beachtung geschenkt: zum Beispiel den Ostjuden, die geglaubt hatten, nach der Erfahrung von Pogromen in Osteuropa einen sicheren Zufluchtsort in Deutsch-

---

23 Wenn möglich, haben die Herausgeber dieses Bandes versucht, namenlose Personen zu identifizieren.

land gefunden zu haben und die in vielen Fällen die deutsche Kultur dankbar angenommen hatten, jetzt aber im Begriff waren, nicht nur ihre Heimat, sondern auch ihre neuen Ideale zu verlieren; dann den Zionisten, die insbesondere bestrebt waren, junge Juden in landwirtschaftlichen und industriellen Fertigkeiten auszubilden, und zwar in Projekten wie der Siedlung am Wieringer Meer, der Hechaluz-Niederlassung in Holland. Es war das Ziel, sie für ein neues Leben in Palästina vorzubereiten.

Die prekäre Existenz der Emigranten in den Ländern »Rund um Deutschland«, so der Titel von Kapitel IX, beschreiben Rudolf und Ika Olden vor dem Hintergrund der Krisensituation innerhalb Deutschlands, wo jüdisches Leben jetzt ebenfalls völlig aus der Bahn geworfen war. Tatsächlich kann der Leser ebensowenig Deutschland »vergessen«, wie die Emigranten selbst es können, die, ob Juden oder »Arier«, ob aus Akademiker- oder Proletarierkreisen, ob Politiker oder Schriftsteller, wohlhabend oder mittellos, fast allesamt zu einem größeren oder geringeren Ausmaß »mit dem Gesicht nach Deutschland« dargestellt werden.

So wie die Oldens versuchen, zwischen den einzelnen, sich teilweise überschneidenden Emigrantengruppen zu unterscheiden, so differenzieren sie auch zwischen den verschiedenen Gruppen der in Deutschland zurückgebliebenen Juden. Darunter befinden sich beispielsweise Juden, die sich über die Jahre soweit assimiliert hatten, daß sie aufhörten, sich als Juden zu fühlen. Diese unter den gehobenen Berufen stark vertretene Gruppe war von den kurz vorher erlassenen »Ariergesetzen« besonders betroffen, da viele ihre Stellung und somit ihren Lebensunterhalt verloren hatten. (Wobei jedoch einige – die Oldens zögern keineswegs, auch dies zu betonen – sich so erfolgreich assimiliert hatten, z. B. der Staatssekretär Erhard Milch, daß sie hohe Ämter im Dritten Reich bekleideten und offenbar auch die feste Absicht hatten, diese zu behalten.)

Wenn also die Assimilierten den einen Pol des deutschen Judentums repräsentierten, so vertraten die »bewußten Juden«, worunter Rudolf und Ika Olden die sich »laut und deutlich« proklamierenden »Orthodoxen, Jüdisch-Nationale, Zionisten« verstehen, den anderen Pol. Die Situation der Assimilierten wie die der Separatisten wird jedoch als gleichermaßen hoffnungslos dargestellt; auch werden die Eskapaden der separatistischen Verbindung, des Kartellconvents deutscher Studenten jüdischen Glaubens (K.C.), in einem genauso spöttischen Ton beschrieben wie die des assimilatorischen Verbandes Nationaldeutscher Juden.

Denn bereits im Frühjahr 1934 hatten die Oldens erkannt, daß die Lage der Juden in Deutschland unerträglich, unhaltbar und hoffnungslos war. Es ist aufschlußreich, die Emigrantenperspektive der Oldens mit der Sichtweise der Reichsvertretung der deutschen Juden zu vergleichen, die in der vergeblichen Hoffnung, so etwas wie gute Beziehungen mit der NS-Regierung herzustellen, zur gleichen Zeit – im Februar 1934 – die deutschen Juden mit folgenden Worten besänftigte:»Die Aufgabe, der sich die Regierung mit tiefem Ernst und sichtbarem Erfolg widmet, den deutschen Individualisten zum Dienst an der Gemeinschaft zu führen, gilt erst recht für die deutschen Juden ...« Die Erwiderung der Oldens darauf ist unmißverständlich:»Nicht nur die Fehler der Deutschen teilen die deutschen Juden, auch die Laster, und sie beglückwünschen ihre Mitdeutschen zu ihren deutschen Verbrechen.« Diese und andere Aussagen zum Thema verdeutlichen, daß die Oldens bereits zu dem Schluß gekommen sind, die deutschen Juden sollten nicht nur aus praktischen, sondern auch aus moralischen Überlegungen Deutschland verlassen.»Wir glauben«, schreiben sie,»das bessere Deutschland ist heute in der Emigration, und dort sind die besseren deutschen Juden«.

In Kapitel XVI widmen sich die Oldens den Bemühungen des Hohen Kommissars für die Flüchtlinge, James McDonald, auf den die jüdische Gemeinschaft seit seiner Ernennung im Oktober 1933 ihre Hoffnungen gerichtet hatte. McDonald, der über dem Rang eines Botschafters stand und der ausschließlich dem Völkerbund verantwortlich war, schien zumindest nach außen hin ein nicht zu unterschätzender Vertreter ihrer Interessen zu sein. Obwohl jedoch noch ein weiteres Jahr verstreichen sollte, bis McDonald seine erbitterte Rücktrittsrede hielt, erkannten die Oldens nur zu deutlich den Hauptfehler des Systems: seine Finanzierung. Denn die Hohe Kommission wurde nicht vom Völkerbund finanziert, sondern von den Organisationen für Flüchtlingshilfe, denen nur sehr beschränkte Mittel zur Verfügung standen.

Es überrascht daher nicht, daß die Oldens zutiefst pessimistisch darüber urteilen, was für McDonald erreichbar sein könnte. So gehen sie zum Beispiel richtig in ihrer Annahme, daß der Hohe Kommissar bei seinen Verhandlungen mit Berlin erfolglos bleiben würde. Die Einstellung der beiden Autoren zur Nützlichkeit der Mission McDonalds kann man wie folgt zusammenfassen: McDonald könne nur dann vorankommen, wenn er unter Aufgabe der konventionellen Wege der Diplomatie einen drastischen Aktionskurs einschlagen würde, nämlich den Kurs»des mächtig tönenden Appells und Protestes, gerichtet an die Gesamtheit der Völker«. Andernfalls jedoch, so meinen die Oldens, könnte er gut zu einer»Verlegenheit für die Welt« werden.

Es gelang weder dem Hohen Kommissar noch den internationalen Konferenzen über das Flüchtlingsproblem, die in den ersten Jahren der Emigration in Prag, Lausanne und London abgehalten wurden, auch nur eine annähernd adäquate Reaktion von der internationalen Gemeinschaft zu erreichen. Das unvermeidbare Resultat dieses Mangels an Zusammenarbeit auf höherer Ebene wird im vorletzten Kapitel »Zurück! Zurück?« dargestellt: mittellose, hilflose Emigranten, die keine andere Wahl mehr sahen, als in ein NS-Deutschland zurückzukehren, das seine jüdischen Bürger in zunehmendem Maße ihrer Rechte beraubte und das keine Zweifel an der Behandlung der heimkehrenden Emigranten ließ. Unter diesen Umständen erscheinen die Aktionen des – zugegebenermaßen bankrotten – Comité national in Paris zur Finanzierung der Heimkehr von 700 Emigranten, die vorher unter seiner Obhut gestanden hatten, als besonders unverständlich. Dieses Verhalten unter Glaubensgenossen stößt bei den Oldens auf bittere Kritik: »Juden schicken Juden in ein Land zurück, das die Juden offen und klar und gesetzlich diskriminiert, zu Bürgern zweiter Klasse gemacht hat. Das muß einen Verlust an jüdischem Prestige bedeuten, den die Juden aller Länder sich nicht freiwillig zuziehen sollten. Es ist ein moralischer Gewinn für Hitler, den er nicht verdient.«

Die Diskrepanz in der Zeichensetzung beim Titel des Schlußkapitels: »Die einzige Gewißheit – Palästina! [?]« – eine Version des Manuskriptes weist ein Rufzeichen auf, die andere aber ein Fragezeichen – ergibt nicht nur in editorischer Hinsicht ein Problem, sondern wirft auch Fragen in bezug auf die Interpretation der Bedeutung des Kapitels auf, ja sogar des ganzen Buches. Die Herausgeber des vorliegenden Bandes neigen zu der Ansicht, daß Kapitel XVIII eine genügend positive Aussage enthält, um das Rufzeichen zu rechtfertigen. Dennoch ist es möglich, daß die Autoren in dieser Frage nicht übereinstimmten: Als assimilierter »Halbjude« und betonter Europäer sah Rudolf Olden in Palästina wohl keine Zukunft für sich; Ika Olden hingegen, die Tochter eines prominenten Zionisten, deren Familie schon 1933 nach Palästina ausgewandert war und die ja, wie schon erwähnt, viel jünger als ihr Mann war, fand diese Möglichkeit vermutlich weitaus attraktiver. Wie dem auch sei – es scheint doch, daß die Oldens einen Besuch Palästinas zumindest in Betracht zogen. Ein Brief von Gabriele Tergit aus Jerusalem zum Thema Palästina, gerichtet an Rudolf Olden und datiert vom 8. April 1934, schließt mit den Worten »Kommen Sie wirklich?«[24]; und in einem Memorandum vom 21. November 1935 (erhalten in den Akten der Society for the Protection of Science and Learning), das die nicht gerade günstigen finanziellen und beruflichen Aussichten der Oldens skizziert, wird bemerkt, daß Ika Olden im folgenden Frühjahr eine Fahrt nach Palästina plane, wo sie beabsichtige,

---

24 Rudolf Olden, Teilnachlaß, London.

Arbeit zu suchen.[25] (Es ist nicht bekannt, warum der Besuch dann schließlich nicht stattfand.)

Auch im abschließenden Kapitel, das sich, im Unterschied zu den anderen Teilen des Buches, ausschließlich mit der Notlage der jüdischen Emigranten befaßt, bemühen sich die beiden Autoren, ihre gewohnt ironische Distanz mehr oder weniger zu bewahren. Dennoch kann man deutlich die Botschaft herauslesen, daß Palästina zumindest für jüdische Flüchtlinge die einzige Hoffnungsquelle sei. Im Schlußkapitel werden Aktivitäten wie die Pionierarbeit der Chaluzzim manchmal geradezu idyllisch dargestellt und in einem Ton, der sich von dem der vorhergehenden Kapitel radikal unterscheidet. Denn in Palästina, so versichern die Oldens, »sind die Tore zu fruchtbarer Arbeit weit geöffnet, hier ist das Land, das den Einwanderer zum Bürger macht«. Darüber hinaus ist Palästina, im Gegensatz zu Deutschland, in jeder Hinsicht ein junges Land:

»Kinder, Jugendliche, Zwanzig-, Fünfundzwanzigjährige sind es, die vor allem nach Palästina gehen. Die Judenheit in Deutschland überaltert, stirbt aus. In Palästina wird auf lange hinaus die Jugend vorherrschen.«

In den letzten Absätzen stellen Rudolf und Ika Olden die neue Ordnung der alten in eindrucksvollen, sogar visionären Bildern gegenüber. Palästina als ein Land, das seine Zukunft vor sich hat, Europa als ein Kontinent im Verfall und unter Bedrohung – diese Ideen werden beeindruckend übermittelt durch die Bilder von Licht und Schatten, mit denen die Autoren ihr Werk abschließen. Und was das Urteil über Deutschlands Zukunft betrifft, sind Rudolf und Ika Olden zutiefst pessimistisch, indem sie ihr Buch mit den eisigen und prophetischen Worten schließen lassen:

»In tiefem Dunkel liegt Deutschland.«

---

25 Im Archiv der Society for the Protection of Science and Learning, Bodleian Library, Oxford, 532/4.

VORWORT

Von Lion Feuchtwanger

I

»Wir deutschen Emigranten.« Unzählige Male höre ich diese Wortverbindung, und immer wieder rührt es mich seltsam an, dieses »Wir«. Wo eigentlich ist ein Verbindendes zwischen den deutschen Emigranten? Sie sind ihrer politischen, sozialen, wirtschaftlichen Situation nach so zerklüftet wie nur irgend möglich. Hundert Unterschiede zwischen den einzelnen sind auf den ersten Blick erkennbar, Verbindendes ist schwer zu entdecken. Und trotzdem ist die Wortfolge »Wir Emigranten« berechtigt, und das Bewußtsein des »Wir« ist hier tausendfach wirklicher als in jenen, von denen etwa Sprecher des Dritten Reiches erklären: »Wir Nationalsozialisten«.

Was man bisher über die Emigranten des Dritten Reichs zu lesen und zu hören bekam, leidet fast immer darunter, daß man dieses Bewußtsein des »Wir« als selbstverständliche Basis nahm und einzelne subjektive Emigrantenerfahrungen verallgemeinerte. Immer wieder verwechselt derjenige, der über Emigranten spricht oder schreibt, die Einzelschicht, der er selber nahesteht, mit dem ganzen der Emigration, wendet bedenkenlos Beobachtungen, die nur für die einzelne Schicht Geltung haben, auf das Ganze an, gibt anstelle von Urteilen Gefühlsausbrüche. Enthusiasmus, Mitleid, auch Empörung über die Verursacher der Emigration machen sich Luft: Sachkenntnis, ernster Wille zur Objektivität sind äußerst selten.

Rudolf und Ika Oldens Buch über die Emigration ist anders. Diese beiden Autoren vermeiden geflissentlich solche Subjektivität. Sie haben das Leben der Emigranten studiert wie ein Forschungsreisender einen ihm unbekannten Stamm. Sie haben sich unter die verschiedensten Gruppen von Emigranten gemischt und haben aufgezeichnet, was sie gesehen haben. Geübte Historiker, Soziologen, Politiker, Reporter, haben sie Fakten, Daten, Ziffern in großer Fülle gesammelt, sinnvoll geordnet, durch Schilderungen charakteristischer Details lebendig gemacht. Mit großer Sachkenntnis und packender Anschaulichkeit greifen sie aus dem verwirrenden Gewimmel der Emigranten soviele verschiedene Typen heraus, daß ihr Buch mit Recht den Titel führen darf: »Die deutsche Emigration«.

Dieses Buch in seiner Fülle zeigt, daß diese deutsche Emigration etwas viel Komplizierteres ist, als auch vorsichtige Beurteiler zunächst glaubten.

Es bleibt ein dauerndes Verdienst des Ehepaares Olden, durch das Dickicht dieser Materie zum ersten Mal einen Weg geschlagen zu haben, der Künftigen die Orientierung ermöglicht.

II

Für die Praxis sind vor allem die Kapitel des Buches wichtig, die von den Comités und Hilfsaktionen handeln. An einigen Stellen des Buches wird hier geradezu symbolhaft klar, woran die Schwierigkeit des Kampfes liegt zwischen der Zivilisation und der immer wieder aufbegehrenden Barbarei. Es zeigt sich erschütternd, wie bei den Gegnern der Zivilisation wenig Ideen sind, aber viel Organisation und ein energischer Wille, der, weder durch Vernunft noch durch Humanität gehemmt, stur und schlau auf sein falsches, primitives Ziel losgeht, während die Hüter der zivilisatorischen Tradition, voll von ausgezeichneten Ideen, wissend um die Gründe der Erscheinungen, aber behindert durch zahllose Einwände der Ratio und der Menschlichkeit, in der Ausführung ihrer Pläne nicht vom Fleck kommen und sich bei der Verwirklichung des Gut-Erdachten zersplittern. Die Episode jener dreißig Emigranten, die nach langem Hin und Her nach Korsika geschickt werden, um dort Erdarbeiten zu verrichten, dort für drei Tage Arbeit finden und dann eine tragikomische Odyssee antreten, um nach Paris zurückzugelangen, ist leider viel mehr als ein vereinzelter Fall.

Die Art, wie Rudolf und Ika Olden dieses heikle und trübe Thema behandeln, scheint mir besonders glücklich. Sie haben Einfühlung in den guten Willen der Männer, die das Hilfswerk leiten, und Verständnis für die Schwierigkeit ihrer Aufgabe; allein diese Einfühlung und dieses Verständnis hält sie nicht ab von unnachsichtiger, doch niemals bösartiger Kritik. Das Buch untersucht gründlich das Gelände, auf dem es zu arbeiten gilt, es lehrt das Terrain und seine Tücken kennen und kommt zu dem Ergebnis, daß es schwieriges Gelände ist, auf dem man zu bauen hat, daß aber ein Bau auf diesem Gelände immerhin möglich ist. So ist das Buch auch hier positiv. Es ist, in diesen Partien, voll Skepsis und Bitterkeit, aber seine Skepsis ist produktiv.

III

Geben viele Teile des Buches denjenigen, die praktisch mit der Emigration zu tun haben, eine wertvolle Analyse der Struktur und der Möglichkeiten dieser Emigration, so wird diese Darstellung in ihrer Totalität jenseits aller Sorgen des Tages zu einer dem späteren Historiker unentbehrlichen farbigen Chronik des ersten Jahres der deutschen Emigration, von gescheiten, urteilsfähigen Beobachtern geschrieben. Eine sehr spannende Chronik, eine lebendige, erschöpfende Darstellung eines der interessantesten Abschnitte aus dem Kampf der Zivilisation gegen die Barbarei.

Rudolf und Ika Olden

**Von Hitler vertrieben.
Ein Jahr deutsche Emigration**

Dieses Buch ist gewidmet den
deutschen Vertriebenen
die ihren Schmerz überwinden,
die ihre Erinnerung besiegen,
die ihre Gefühle bemeistern,
die ihren Zorn fruchtbar machen,
die ihr Schicksal neu gestalten,
die sich verwandeln.

I. *Paris sagt:* »*Die Emigration ist zu Ende.*«

Wer im Januar des Jahres 1934 die Räume in der rue de la Durance betrat, in der das Comité National de Secours aux Réfugiés Allemands Victimes de l'Antisémitisme[1] seine Bureaus eingerichtet hat, dem fiel als erstes ein Plakat in die Augen, auf dem zu lesen war:
»Neuaufnahmen finden nicht mehr statt.«
Das war nicht nur so gesagt. Sondern es war die Parole, die dort und nicht nur dort galt: die Emigration sei zu Ende. Oder vielleicht so: die Emigration habe zu Ende zu sein. Nur ein paar Wochen später las man in den Emigrantenzeitungen, das Comité National schließe seine Türen. Hilfsbedürftige, die den gewohnten nicht geliebten Weg in diesen Tagen machten, fragten verzweifelt, was denn dann aus ihrem Elend werden solle? Ihnen wurde geantwortet: »Dann gehen Sie ins Asyl, 16, rue Lamarck.«[2]
Unter den Emigranten ist Nummer 16 in der rue Lamarck kein unbekannter Begriff. Wie so viele wohltätige Anstalten in allen Großstädten Europas trägt auch diese den Namen der Familie Rothschild, des Vorbilds der berühmten jüdischen Philanthropie. Es wird von der jüdischen Gemeinde unterhalten und ist für einen dauernden Aufenthalt weder gedacht noch eingerichtet. Nicht wenige von den geflohenen Deutschen haben dort die erste Nacht verbracht, mehr als zwei Nächte wird niemand behalten. Man sieht, die Auskunft hat nichts Tröstliches.
Wenn diese Zeilen im Druck erscheinen, so ist die Zeit der »Durance« wahrscheinlich schon zu Ende. Aber die Emigration ist deshalb noch nicht zu Ende.
Um es gleich zu sagen: Viele sind der Meinung, daß sie erst angefangen hat. Wir werden noch sagen, warum auch wir glauben, daß die Emigration fortdauern wird und daß sie vielleicht noch nicht ihren Höhepunkt erreicht hat. Drei Dinge sind möglich:
Erstens: Neue Judenverfolgungen in Deutschland.
Zweitens: Andere Länder gehen zu den deutschen Methoden über.
Drittens: Aus Fremden von Distinktion werden Arme. Und erst die fremden Armen sind die Emigranten, die für die Wohltätigkeit von Bedeutung sind. In wie vielen deutsch-jüdischen Familien, die jetzt noch aus ihren eigenen Mitteln leben, hat schon die Frau bei jedem Glas Wein, das der Mann trank, bei jeder Zigarette, die er rauchte, ängstlich gefragt:
»Und was werden wir dann tun?«

Dann nämlich, wenn die Hundertmarkscheine, die man mitgebracht hat, aufgebraucht sind.
Und der Mann, der müde von der Arbeitssuche nach Hause gekommen ist, hat ärgerlich geantwortet:
»Dann gehen wir eben in die Durance!«
Nur halb ärgerlich hat er das gesagt, halb verzweifelt – halb auch in dem unzerstörten Vertrauen auf die nicht endende Hilfsbereitschaft der Glaubensgenossen.
Und die Durance schließt? Unvorstellbar.
Schon der Name der Straße schien die Dauer zu verbürgen. Man war nicht zufrieden mit der Durance, natürlich nicht, und auch mit Grund nicht. Immerhin war sie da und verbürgte ein Existenzminimum. Was soll ohne sie sein?
Aber gehen wir auf die Anfänge zurück. Als die Flüchtlinge in Massen über die deutschen Grenzen zu fluten begannen, vor jenem ewig denkwürdigen ersten April[3], als die deutsche Reichsregierung die deutschen Juden diffamierte und ein ganzes Volk von fünfundsechzig Millionen an dieser Diffamierung teilzunehmen schien, als kein Wort gegen die ungeheure Ächtung gesagt wurde, geschweige, daß sich eine Hand gegen sie erhoben hätte, damals wurden in allen Nachbarländern Komitees gegründet, die sich der unschuldigen Opfer eines Verbrechens von historischem Format annehmen sollten, und in vielen Ländern mehrere auf einmal. Niemand wollte zurückbleiben. Mitleid, Schrecken, Solidarität, Tradition im Wohltun an Verfolgten, auch Ehrgeiz – denn nicht selten beginnen Carrieren mit der Caritas – vieles spielte mit, um den Flüchtlingen einen warmen Empfang zu sichern.
Die größte, die solideste, die reichste von allen diesen Gründungen war die, an der die Familie Rothschild teilnahm, nein, an deren Spitze sie sich stellte. Es macht die Bedeutung der berühmten Familie aus, daß sie auch im höchsten Glanz und Reichtum nie daran vergessen hat, daß noch der ärmste polnische Jude auch ein Jude ist, wie ein Baron oder Lord Rothschild, daß sie nie an das Volk vergessen haben, dem sie angehören, daß sie immer Solidarität geübt haben. Ehre, wem Ehre gebührt.
In jenem sonnenbestrahlten Frühling des Jahres 1933 gab einer der Pariser Rothschilds[4] ein großes Gartenfest mit allem Luxus und aller Pracht, die seiner Stellung und der Weltstadt würdig sind. Alles, was sich zur Gesellschaft rechnet, Aristokratie, Plutokratie, Diplomatie, Franzosen und Fremde, waren in dem schönen Park des Palais versammelt.
Nur die Angehörigen der deutschen Botschaft fehlten: der Rothschild, der eingeladen hatte, wollte es deutlich zeigen, daß er Vertreter des Landes nicht bei sich empfing, das so barbarisch und so ungerecht gegen seine Glaubensbrüder verfuhr.

Es war zur gleichen Zeit, als ein deutscher Diplomat[5] in London, einer aus der älteren liberalen Schule, nach einem Diner sagte: »Das Herz hat mir gelacht, wie schlecht ich heute abend behandelt worden bin.« Man möge die Dinge der Gesellschaft nicht unterschätzen. Dort wird noch immer und gerade heute wieder mehr von dem Schicksal der Völker bestimmt als in den Arbeiterhäusern.

Zur gleichen Zeit aber, da Rothschilds die deutsche Diplomatie brüskierten, nahmen sie auch die praktische Arbeit für die Emigrierten in die Hand.

Von allen Komitees, die gegründet wurden, war das wichtigste das Comité National, zu dem die Rothschilds, nicht die reichsten Juden vielleicht, aber noch immer die pflichtbewußtesten, drei Millionen Francs beisteuerten (französische Francs, nicht die alten echten, aber doch eine sehr große Summe). Als so viel da war, strömte anderes dazu. Und man konnte aus dem Vollen wirtschaften.

Nicht, daß man den Emigranten Champagner zu trinken gegeben hätte. Aber warum sollten die Bedauernswerten, die so viel Schrecken ausgestanden hatten, es nicht gut haben? Für die kurze Zeit, die der erzwungene Ausflug dauern konnte?

Bis die Deutschen wieder normale Menschen geworden waren und jedermann an den häuslichen Herd zurückkehren konnte.

Das mochte anders sein mit den Kommunisten, die die bürgerliche Ordnung hatten stürzen wollen, die in den Straßen der deutschen Städte den Kleinkrieg gegen die Nazis geführt hatten. Aber das war nur ein kleiner Teil der Einwanderer, und die Gesinnungsgenossen in Frankreich und in anderen Ländern bekümmerten sich um ihr Schicksal. Die Juden aber? Sie waren doch unschuldig in jedem Sinn. Und das deutsche Volk, das an der Spitze der Zivilisation marschiert, mochte einem Anfall von Wahnsinn unterliegen. Wie lange konnte es dauern, bis es, das methodischste, das nüchternste Volk, das auf der Erde wohnt, wieder vernünftig wurde? Tage? Wochen? Man braucht sich darüber nicht den Kopf zu zerbrechen.

Sicher gab es schon damals ein paar Nachdenkliche, die anderer Meinung waren. Es gab Deutsche in Paris und anderwärts, die die letzten Jahre in Deutschland erlebt hatten. Sie hatten das Gegenwärtige langsam, organisch, möchte man sagen, aus dem Vergangenen heraus werden sehen. Und wußten nach der Vergangenheit die Zukunft zu deuten. (Das deutsche Volk methodisch? Ja! Auch die Verruchtheit kann methodisch sein.) Es steht fest, daß die bessere Einsicht sich schon früh geregt und auch geäußert hat.

In einer der ersten Sitzungen eines offiziösen Kreises[6], in dem über Wohl und Wehe der Emigration beraten wurde, stand einer auf und sagte: Man solle nicht nur auf Mittel für eine vorübergehende Unterkunft bedacht sein, und man möge auch nicht die Mittel, die zur Verfügung stünden, nur an Wohltätigkeit wenden. Man möge daran denken, wie die Fremden in den Arbeitsprozeß des Landes eingeschaltet werden, wie ihre Kräfte für das Aufnahmeland nützlich gemacht werden könnten.

Da erhob sich eine Figur von Autorität, der Grand Rabbin von Frankreich, Israel Lévi[7], und erwiderte: Wir wollen nicht, daß unsere Brüder hungern, bis sie in ihre Heimat zurückkehren. Von Eingliederung in die Wirtschaft zu sprechen, das sei unnützes Gerede.

So dem Sinne nach. Aber es war nicht der Großrabbiner allein, der so dachte und so sprach. Er gab die allgemeine, oder doch die herrschende Meinung wieder. Und auf die herrschende, nicht auf die bessere Meinung kommt es an.

Um gleich das noch hinzuzufügen: der jüdische Oberpriester hat noch einmal, bei einer wichtigen Gelegenheit, der herrschenden Meinung einen entscheidenden Ausdruck gegeben.

Es war Deutschen nicht ohne eifrige Bemühung gelungen, einsichtsvollen Franzosen klar zu machen, daß vielleicht nicht so wenige der Geflüchteten nicht zurückkehren und daß sie eine Last für die große Stadt sein würden. Daß es aber für alle Beteiligten gut sein könnte, sie auf dem Land, dem weiten, vielfach stiefmütterlich dünn bevölkerten Land Frankreichs zu beschäftigen. Ein Rat im französischen Ackerbauministerium[8] begann, sich um Projekte zu kümmern, die auf solche Pläne hinzielten. Man hatte sich so viel Jahre hindurch in Deutschland mit Siedlungsplänen geplagt. Vielleicht ließ sich auf dem reicheren Boden in Frankreichs Süden eines ins Werk setzen.

Als der Grand Rabbin davon hörte, begab er sich – so wenigstens erzählte man damals im Kreis von Leuten, die häufig Regierungsstellen aufsuchten – in das besagte Amt und hob beschwörend die Hände: »Nichts von solchen Projekten! Wollt Ihr geschlossene Minderheiten züchten? Der Aufenthalt der deutschen Flüchtlinge, wenigstens der jüdischen, in Frankreich ist vorübergehend, ist höchst vorübergehend!«

Verhängnisvoller Irrtum! Ist es nur ein Irrtum?

Nun, es gibt keinen irregehenden Gedanken, bei dem nicht der Wunsch der Vater gewesen wäre.

Die französischen Juden sind gute Franzosen, und sie sind gute Juden. Nicht als Franzosen noch als Juden können sie wünschen, daß eine große fremde jüdische Immigration sich in Frankreich festsetze. Als Franzosen nicht – denn droht nicht auch hier das Gespenst der Arbeitslosigkeit? Und als Juden nicht – denn ist nicht auch hier Antisemitismus denkbar? So lange ist die Zeit des Dreyfusprozesses nicht vorbei, so fest steht der Sieg nicht, den damals der edlere Teil des französischen Volks über den unverständigeren davon getragen hat, daß man hier vor allen Möglichkeiten gesichert sein sollte. Ist eine Zeit gekommen, in der wieder das fahle Gespenst des Rassenhasses, der Pest gleich, durch die Länder schleicht, so muß man aufmerksam auf Zeichen achten.

Ist eine Grenze so gesichert, daß sie einer Epidemie standhält? Tobt nicht die Action Française[9] täglich, und noch schlimmer die Libre Parole?[10] Ist nicht der Faschismus eine wahre Weltkrankheit, die sich fortzeugend von Land zu Land überträgt? Und wer könnte sicher sein, daß ein französischer Faschismus gerade dem italienischen und nicht dem deutschen gleichen würde, von dem er – würde er geboren – erzeugt wäre? Wer die Sorgen für viele andere zu tragen hat, der muß vorsorgen und weit blicken.

Und da der Wunsch so rege war, es möchten nicht fremde, der Landessprache und der Landessitte unkundige Juden sich hier festsetzen und eine Abneigung, die nur dem Fremden gelten mochte, auf das Haupt der lange schon einheimischen Juden ziehen, so stellte schnell sich die Überzeugung ein, der Wahnsinnsanfall der Deutschen könne nicht allzulange dauern.

Nach einem Jahr muß man bedauernd sagen: Irrtümer sind unvergänglich wie nur irgend etwas in der Welt.

Aus demselben Irrtumsquell quillt heute der Befehl des Comité National an die Emigration:

»Sei zu Ende ...«

aus dem vor einem Jahr die Überzeugung sprudelte:

»Nur ein paar Wochen ... oder ein paar Monate ...«

II. *Wo sind die Emigranten?*

Die Ziffern, die man von der deutschen Emigration geben kann, machen keinen Anspruch auf wissenschaftliche Genauigkeit. Die Quellen, aus denen sie zusammengestellt sind, dürfen an Präzision nicht mit einer regelmäßigen Volkszählung verglichen werden. Immerhin sind es offizielle Zahlen. Sie sind auf der Tagung mitgeteilt worden, die im Dezember 1933 in Lausanne die Hohe Kommission[1] abhielt, die vom Völkerbund für die Fragen der deutschen Emigration eingesetzt wurde, und sie beruhen auf Mitteilungen der Regierungen.

Es sind 60 000 Männer, Frauen und Kinder aus Deutschland geflohen.

Davon sind 51 000 oder 86 % Juden.

16 000 von den Flüchtlingen besitzen nicht die deutsche Staatsangehörigkeit, sie haben meist polnische Pässe oder sind staatenlos. Von ihnen aber wurden wieder die meisten in Deutschland geboren, sind also deutsch der Schule und Sprache nach. Nur, daß die deutsche Republik ihnen die Einbürgerung verweigerte. Auch sind die nicht frei von Antisemitismus.

Von den 60 000 sind in Frankreich 25 000.
Um die Zahl ins richtige Licht zu stellen, seien einige andere Zahlen danebengestellt, die der Pariser Polizeipräsident, damals noch Herr Chiappe[2], im Februar 1934, im Stadtrat mitgeteilt hat. Danach sind von früheren Emigrationen in der großen Hauptstadt des gastlichen Landes noch heute 22 000 Weißrussen, 14 000 Spanier und 71 000 Italiener. Und das sind Reste, denn die im Lauf der Jahre Naturalisierten gehören nicht dazu. Gleichfalls nach Chiappe sind 7 200 deutsche Flüchtlinge nach Paris gekommen. Die übrigen müssen sich also von Anfang an auf die Provinzen verteilt haben. Uns scheint die Zahl gering, aber der Pariser Polizeipräsident sollte es besser wissen. Nach einer Mitteilung, die wieder in der Hohen Kommission gemacht wurde, waren nur 6 000 von den 25 000 nach Frankreich Geflüchteten »geeignet, den Arbeitsmarkt zu belasten«. Auch das scheint uns wenig. Schließlich wird wohl fast jeder arbeiten wollen, wenn sein Aufenthalt sich ausdehnt.

Von den 60 000 sind weiter 6 500 in Palästina.
So sagte anfangs Dezember der Hohe Kommissar. Nach einem Bericht, den die Jewish Agency for Palestine[3] im Januar 1934 über das abgelaufene Jahr erstattet hat, sind es 9 000 deutsche Flüchtlinge, die nach Zion gekommen sind. Teilweise wird sich die Differenz daraus erklären, daß viele der jüdischen Emigranten aus europäischen Aufnahmeländern weitergewandert sind. Aber schwerlich alle.

Es sind weiter in
Polen 6 000,
Tschechoslowakei 5 000,
Holland 5 000,
Großbritannien 3 000,
Belgien 2 500,
Schweiz 2 500,
Skandinavien 1500,
Österreich 800,
Saargebiet und Luxemburg 500,
Spanien und Vereinigten Staaten von Amerika 1000.

Die schweizer Zahl wird schwerlich noch Gültigkeit haben, sie ist wohl schon geringer geworden und vermindert sich jeden Tag. Denn die Schweiz ist intransigent gegen die deutschen Emigranten. Sie galt als das klassische Gastland für politische Flüchtlinge. In Zukunft wird sie diesen Ruf nicht mehr haben. Ihre eigene Arbeitslosigkeit, aber auch die Scheu vor den »Fronten«[4], der schweizer Form des Nationalsozialismus, haben die Autoritäten zu scharfem Vorgehen gegen die deutschen Emigranten veranlaßt. Selbst unzweifelhaft »Politische«, die ohne Paß über die Grenze kamen, wurden bestraft. Wir wissen nicht, wie sich das mit der Tradition des Asylrechts verträgt. Und sehr viele sind später aufgefordert worden, das Land wieder zu verlassen.

Die Liste kann auch keinen Anspruch auf Ausschließlichkeit erheben. Uns besuchte neulich ein Berliner Rechtsanwalt[5], der jetzt in Sofia lebt und dorthin englische Schweineborsten importiert.

Das klingt phantastisch. Aber es ist nur ein Beispiel von unendlich vielen phantastischen Fällen, die Wirklichkeit sind, Hilfskomitees und also Flüchtlinge sind auch in Portugal, Estland, Brasilien, Uruguay.[6] Von einem Comité, das sich um die Plazierung deutscher Ärzte bemüht[7], hörten wir, daß seine Schützlinge vorgedrungen seien nach Bombay, Schanghai, Colombo, Yokohama, Tunis, San Francisco, Porto Alegre – es gebe keine Hafenstadt auf der Erde, wo nicht vertriebene deutsche Ärzte versucht hätten, ihre Wissenschaft auszuüben.[8] Einer sei schon wieder von Schanghai nach Paris zurückgekehrt. Unverrichteter Sache.

Es ist gar kein Zweifel, daß, lange ehe ein Jahr deutscher Emigration vergangen war, deutsche Flüchtlinge nach allen Ländern der Erde vorgedrungen waren.

Südafrika zum Beispiel wird in dem Bericht der Hohen Kommission nicht aufgeführt. Aber wir wissen, daß gerade dort ein jüdisches Komitee[9] eifrig und nicht erfolglos gearbeitet, für deutsche Juristen und Kaufleute Stellungen gefunden hat.

Es hat auch Proteste gegen die Einwanderung gegeben, dort und nicht nur dort. Die Decke der Arbeit ist überall zu kurz, nirgends will man, daß noch einer unterkriecht.

Auffallen muß es, daß Rußland in dem Bericht der Hohen Kommission nicht aufgeführt ist. Es gibt keine Statistik über die politische Zugehörigkeit der Emigranten. Aber es können nicht so wenige gewesen sein, die zur kommunistischen Partei gehörten oder mit ihr sympathisierten. Wir lasen in den Zeitungen, daß Flüchtlinge an den russischen Grenzen zurückgewiesen worden seien. Als wir einen kommunistischen Politiker fragten, was daran sei, antwortete er uns: auch er habe die Nachrichten gelesen. Wir nahmen die Antwort als eine Bestätigung.

Seither erschien in den Zeitungen ein Bericht, den Lord Marley[10], Mitglied der Labour Party und Vizepräsident des Oberhauses, über eine Reise nach Biro Bidgan[11], die Juden-Siedlung in der Sowjet-Union, erstattet hat. Er lobt die Landschaft wie die Einrichtungen und meint, die Einwandernden würden dort »ohne Zweifel ein gutes und glückliches Leben, mit Freiheit für ihre Kultur, ihre Sprache und Interessen« finden. Die Einladung der russischen Regierung sei an »eine gewisse Zahl jüdischer Flüchtlingsfamilien« ergangen, »vorausgesetzt, daß sie in guter Gesundheit sind und ent-

33

weder die Landwirtschaft oder ein örtlich benötigtes Handwerk verstehen«. Die Vorbedingungen sind verständlich. Die »gewisse Zahl« aber kann offenbar nicht sehr hoch sein. Das Gebiet Biro Bidgan umfaßt siebzehneinhalb Millionen Morgen. Aber alles ist, wenn man dem Bericht des Lord Marley folgt, noch in den Anfängen, und es sind noch keine zehntausend Menschen, die auf dem ungeheuren Gebiet wohnen. Eine wesentliche Rolle spielt also Biro Bidgan für die drängende Not der deutschen Emigration zunächst nicht. Um so umfassender sind die Pläne für die zukünftige Besiedlung. Lord Marley fuhr von Rußland nach Amerika, wo er wegen der Finanzierung dieser Pläne verhandelte. Nicht unmöglich, daß aus der Kooperation amerikanischen Kapitals mit der russischen Regierung eine Realität wird.

Was die proletarische Emigration angeht, so scheint die russische Regierung auf dem Standpunkt zu stehen, daß die revolutionären Pflichten, die in Deutschland zu erfüllen sind, dem Bedürfnis nach Sicherheit vorgehen. Frankreich, auch Holland und Belgien haben ihre Arme weit geöffnet, als die Masse der Verfolgten und Verängstigten über die deutschen Grenzen flutete. Diese kapitalistischen Länder fragten zunächst nicht danach, ob die Flüchtlinge nützlich für sie sein würden oder schädlich. Vielleicht erscheint das den Russen als kapitalistische Planlosigkeit und Unordnung.

Wir sind geneigt, es Menschlichkeit zu nennen.

Wir hörten von Versuchen einzelner, nach Rußland auszuwandern. Dem stellt sich von Anfang an eine erhebliche Schwierigkeit entgegen: der Mangel an Wohnraum. Noch ist die Zeit des erhofften und berechneten Überflusses für die Union der kommunistischen Republiken nicht gekommen. In aller Not der Krise und trotz der Anarchie der kapitalistischen Wirtschaft scheinen die Möglichkeiten in den bürgerlichen Ländern heute noch größer zu sein.

Trotzdem ist Biro Bidgan nicht ohne Bedeutung. Es teilt eine sehr wesentliche Eigenschaft mit Palästina, dem Land, das – entgegen allen pessimistischen Voraussagen, entgegen allem Spott, an dem es nicht gefehlt hat – heute »das gelobte Land« für die heimatlos gewordenen Juden ist. Eine sehr wesentliche Eigenschaft – die nämlich, daß dort deutsche Emigranten willkommen sind. Nur unter bestimmten Voraussetzungen, und nicht in unbegrenzter Zahl – aber doch willkommen.

Während die Tragik des Schicksals es will, daß in allen anderen Ländern Einwanderer unwillkommen sind.

Die große, säkulare Krise, die im Gefolge des Großen Kriegs auftrat, ist uns so sehr zur Selbstverständlichkeit geworden, ist uns so ins Blut übergegangen, daß wir vergessen haben: zu allen anderen Zeiten gab es weite, fruchtbare, aussichtsreiche Länder, die mit allen Mitteln Einwanderer heranzogen, die das dringendste Bedürfnis nach fleißigen Händen und guten Köpfen hatten. Nur gerade jetzt ist es so, daß zugleich mit dem allgemeinen Überfluß an Gütern ein ungeheuerlicher Überfluß an Menschen vorhanden ist. Gewiß ist das Eine von dem Anderen nicht zu trennen. Würde auch der größte Narr in Deutschland zur Macht gekommen sein – und wäre nicht zugleich dieser Krisen-Überfluß vorhanden, er hätte die Juden, fleißige, strebsame Bürger, nicht vertrieben. Aber die zehntausend oder fünfzehntausend deutschen Emigranten, die aus politischen Gründen fliehen mußten, hätten nirgends eine Verlegenheit bedeutet – wären nicht eben Menschen zum Überfluß in der Welt geworden. Daß Menschen der größte Reichtum eines Landes sind, das hat lange genug und unter verschiedenen Wirtschaftssystemen als ein feststehender Satz der Nationalökonomie gegolten. Aber heute ist es umgekehrt. So wie die Regierung Roosevelt die amerikanischen Farmer dafür bezahlt, daß sie weniger Weizen produzieren – und wer hätte sich das jemals vorstellen können –, so sind die Regierungen vieler Länder nur durch überkommene Anschauungen der Moral daran gehindert, Prämien an Junggesellen oder an kinderlose Ehepaare zu zahlen. Der Mensch, der gesunde, gesetzestreue, arbeitsame Mensch, das stärkste Aktivum aller Zeiten, ist überflüssig, ist eine Verlegenheit geworden. Er wird höchstens noch aus militärischen Gründen positiv bewertet – deshalb, weil er andere Menschen töten kann. Und selbst das ist nicht so sicher. Es liegt im Zug der Technisierung, der Rationalisierung, daß kleine Armeen schlagkräftiger, wirksamer sein sollen als große. Stellt sich diese Theorie als richtig heraus, so hat der Mensch seinen letzten Anwert auf der Welt verloren.

Das ist die wirkliche, die tiefste Tragödie der deutschen Emigration.

Noch vor zehn Jahren hat Frankreich allein eine Million antifaschistische italienische Arbeiter und dazu Hunderttausende von Russen, Polen, Ungarn, Spaniern aufgenommen, ohne über den Zuwachs zu klagen.

Damals und immer in der Geschichte lag die Tragik einer politischen Emigration darin, daß die Vertriebenen ihre Heimat verloren, die sie liebten. Heute aber sind sie – wohin sie auch kommen – überflüssig. Früher wäre es tragisch gewesen, wenn ein Arzt Händler oder ein Jurist Handwerker werden müßte. Der Offizier als Kellner, ein beliebtes tragisches Motiv früherer Emigrationsromane.

Auch heute wird mit viel Eifer »umgeschult« und »umgeschichtet«. Aber einen erkennbaren, deutlich beweisbaren Zweck hat es nur für Palästina, oder für Biro Bidgan.

Wir haben aufgezählt, wie die deutschen Emigranten auf der Welt verteilt sind.

Aber die Zahlen bedeuten nicht so viel.

Mehr bedeutet es, daß man mit Sicherheit weiß: wo sie auch sind, sie sind unwillkommen. Sie sind Menschen. Und wohin sie kamen, waren schon vorher zu viel Menschen.

III. *Wie sie kamen.*

In der Nacht vom 27. zum 28. Februar brannte der Reichstag. Im Radio wurde die bemerkenswerte Tatsache mitgeteilt. Aber keineswegs verstanden alle, die es hörten, was sie bedeutete.
Einer, den wir gut kennen, ein Linker[1], der Grund hatte, die neue Staatsgewalt zu fürchten, sagte seiner Frau:
»Stör mich nicht mit dem dummen Radio. Du siehst doch den Haufen Akten ... Morgen ist die Verhandlung.«
Ein anderer[2] verstand sich besser auf die Zeichen der Zeit. Er fuhr zum Platz der Republik, der nicht mehr lang so heißen sollte, und sah: ehrfürchtig, schweigend standen tausend SA-Männer um das Haus herum, auf dessen Giebel die Worte prangen: »Dem deutschen Volke.« Über das Braunhemd einen Zivilmantel gehängt, aber unten schauten die Bärenstiefel heraus. So standen sie, der großen Dinge harrend, die ihnen versprochen waren. Drinnen war die ganze Führergarde, vom Herrn Reichskanzler bis zum Prinzen Auwi von Preußen[3], und freute sich des Werks, das der arme kleine Holländer[4] – Friede seiner Asche! – für sie getan hatte. Herr Hitler verkündete aufhorchenden amerikanischen Journalisten, die Marxisten, Kommunisten und Sozialdemokraten seien die Täter, er wisse es genau, und wenn es nach ihm ginge, würde er sie an den nächsten Baum hängen, den höchsten, den er finden könne. Wie immer in den großen Momenten der nationalen Revolution, stand ihm der Schaum vor dem Munde.
Am anderen Morgen begannen die Verhaftungen.
Sinnlos schien die Auswahl. Es waren teilweise alte, überholte Listen, in denen die Zufallswut irgendwelcher SA-Größen Leute verzeichnet hatte, die einmal ihre empfindliche Galle gestört hatten. Da waren Kommunisten. Aber auch Pazifisten von großer Harmlosigkeit. Demokratische Schriftsteller, die niemand jemals ein Haar gekrümmt hatten. Rechtsanwälte, die einmal SA-Männer vor Gericht befragt hatten. Kraut und Rüben. Manche sind wieder entlassen worden, manche ...
Da ist Carl von Ossietzky[5], der Herausgeber der Weltbühne. Im Reichstagsbrandprozeß wurde phantasiert, er habe in der bewußten Nacht, mit kommunistischen Straßenkämpfern in einer Chauffeurkneipe Skat spielend, auf Nachrichten vom Ausbruch der bolschewistischen Revolution gelauert. Der aristokratische, höchst eklektische Ossietzky! Der Verächter aller Gewalt! Aber er sitzt noch heute.

Da ist der Rechtsanwalt Hans Litten[6], der als Verteidiger von Rot-Front-Männern[7] im Kriminalgericht vorbildlich seine Pflicht getan hatte. Und sonst nichts als seine Pflicht. Noch ein halbes Jahr nach seiner Verhaftung wurde er gefoltert, weil er seine Mandanten nicht verraten, seine Anwaltspflicht nicht verletzen wollte.

Da ist der Schriftsteller Erich Mühsam[8], Lyriker und »Anarchist«. Die drei gehören gar nicht in dieses Buch, sie sind keine Emigranten, sie können es wohl nicht mehr werden. Warum läßt man sie nicht heraus? Vielleicht sind sie in keinem präsentablen Zustand mehr. Auf die größte, die schlimmste Schmach, die dem Geist von der brutalen Gewalt blutiger Lausbuben getan werden kann, vergißt die »Große« Welt mit Virtuosität.

Da wurde Lehmann-Rußbüldt[9] verhaftet, der Kenner internationaler Rüstungen, den die deutschen Offiziellen nicht ungern hatten arbeiten lassen, so lange es angeblich um Abrüstung ging. Ihn ließ der Admiral von Levetzow[10], damals Polizeipräsident von Berlin, ein kindischer Hysteriker, in Ketten legen. Lehmann war abgeneigt gewesen, militärische Haltung vor dem Herrn »Vorgesetzten« anzunehmen. Ihn hat man in einem schwachen Moment hinausgelassen. Und ehe er wieder ergriffen wurde, entwich er auf unhörbaren Sohlen über die Grenze.

Viele gingen so, und am Anfang war es nicht so schwer. Die berühmte deutsche »Organisation« funktionierte nicht besonders. Auch der Nichtsahnende, von dem wir am Anfang des Kapitels sprachen, wurde am anderen Tag gewahr, was gespielt wurde. Der Morgen graute noch nicht, als ein Freund[11] anrief, den die »Reinigungsaktionen« noch nicht aus dem Polizeipräsidium entfernt hatten. Ein schnelles Gespräch: der Name des Anrufenden. Dann eine kleine Liste Verhafteter. Schluß.

Es war genug, um Bescheid zu wissen. Es hieß, zum letzten Mal in der vertrauten Badewanne liegen. Abschied von den Büchern und Möbeln, dann rollte der Wagen der wohlbekannten tschechischen Grenze zu. Dort verkehrte der Wintersport paßlos über die Länderscheide. Man trug Sportanzug, Schneeschuhe, warum sollte man nicht auf der anderen Seite den besseren Kaffee trinken? Noch war die SA nicht zum Schutz der bedrohten Weltordnung an der Grenze aufmarschiert.

Der Mann, den die herannahende Konterrevolution im Präsidium vergessen hatte, war nicht der einzige gewesen. So gründlich die Deutschen sind, sie kamen nicht schnell genug nach, und es war zu viel zu tun. Ein paar gab es in hohen Ämtern und Ministerien, die sich damals die Rettungsmedaille doppelt und dreifach verdient haben. Kommen wir einmal zurück, so wird zu erkennen sein, wer sich um Menschlichkeit verdient gemacht hat. Jetzt können sie nur ahnen, daß schweigende Dankbarkeit sie nicht vergessen hat.

Die böhmische Grenze hat viele merkwürdige Dinge in diesen Wochen gesehen, und nicht sie allein.
Bei John Heartfield[12], dem Zeichner und Photomonteur, drangen die Häscher nachts ein. Er stand halbbekleidet eine kalte Nacht lang in einem Luftschacht. In Hausschuhen stieg er die nächste Nacht über das tiefverschneite Riesengebirge, Stunden und Stunden. Wo war Deutschland, wo die rettende Tschechoslowakei? Mehr Glück als Ortssinn führte ihn auf die richtige Seite.
Der preußische Ministerpräsident Otto Braun[13], lange Zeit der Hauptführer der Sozialdemokratie, hatte die Entrüstung der Linken hervorgerufen, weil er dem Terror auswich, nach der Reichstagswahl auswanderte. Möglich, daß die Nachwelt milder urteilen wird. Manche von seinen Genossen haben sich gedemütigt – und sind dann doch gegangen.
Der Polizeivizepräsident Dr. Bernhard Weiß[14], den der geistvolle Goebbels als Isidor popularisiert hat, fuhr durch Deutschland, war in vielen Städten, betrachtete sich mit Interesse das nationale Erwachen, marschierte neben SA-Abteilungen her. Wer sollte ihn erkennen? Er trug doch statt der Brille ein Pincenez! Merkwürdig, daß man ihn überall erkannte. Aus München, aus Dresden wurde in Berlin angerufen: »Soll man ihn festnehmen?« Als er aber in Hamburg las, welcher Verbrechen man ihn beschuldigte, fuhr er entrüstet ins Berliner Polizeipräsidium. Hätte ihn nicht dort ein treuer alter Untergebener auf dem Gang getroffen – »Mensch, sind Sie wahnsinnig?« – so hätte man heute ein Opfer mehr zu beklagen. Er steckte noch einen Tag lang in einem Kohlenkeller, während SA das Haus absuchte, bis er endlich, halb gezwungen, die wohltätige Grenze überschritt.
Es waren nicht wenige, die nicht gehen wollten. Theodor Wolff[15], lange Jahre Chefredakteur des Berliner Tageblatts, kam noch einmal von München zurück und setzte sich trotzig in seine Redaktion. Was soll da sein? Bis er einsah, daß es gehen hieß. Georg Bernhard[16] machte es nicht anders. »Was sollen denn die von mir wollen?!« Man mußte ihm sehr kräftig winken, bis er ging.
Man kann Grenzen nicht einfach absperren, dazu gehören Schützengräben, und selbst die, wir wissen es aus dem Großen Krieg, reichen nicht aus. Der Schriftsteller Wittfogel[17], berühmter Sinologe, aber auch ein linker Kämpfer, hatte den Übergang bei Konstanz sorgfältig ausgeforscht – aber gerade er wurde dort geschnappt. Andere nahten sich gemütlich auf irgend einem Fußpfad der Fremde, niemand störte sie. Dann ist da ein Berg im Schlesischen, der ist zu unwegsam, zu zerrissen, niemand kann ihn überwachen.
Es läßt sich nicht bestreiten, daß manche zu Paßfälschern wurden, die nie in ihrem Leben an eine illegale Handlung gedacht hatten. Es gibt Flüssig-

keiten, die auch eine solide Tinte mit Sicherheit vertilgen, und man kann dann ganz andere Dinge in so ein Dokument hineinschreiben, als sie sich der Beamte träumen ließ. Es lassen sich auch Photographien auswechseln und Stempel nachmalen. Aber hat schon einmal einer einen Grenzbeamten gesehen, der eine Photographie mit dem Original verglichen hat? Das scheint ein hoffnungsloses Beginnen zu sein, denn noch nie ist es versucht worden.
Bald gab es proletarische Grenzdienste, die nicht übel funktionierten. Hier zeigte sich etwas wie eine Einheitsfront, die nur verloren geht, sowie die Intellektuellen Begriffe »klären« wollen. Reichsbanner[18] und Rotfront arbeiteten einmütig zusammen, um bedrohte, oft schon mißhandelte Genossen herauszuschaffen.
Aber das war nicht die Masse der Emigration. Die begann zu strömen, als der erste April sich nahte. Man wußte nicht, was der große Boykott-Tag bringen, ob die vielgerühmte deutsche Disziplin sich bewähren würde. Es konnte auch ein Pogrom werden.
Damals drängten Tausende in Panik hinaus.
Andere fuhren in Ruhe. Die Schlafwagen nach Paris waren ausverkauft. Warum sollte man nicht ein bißchen reisen? Das Frühjahr an der Riviera, auf den Boulevards, wie reizvoll! Sind die Zeiten erst besser, kommt man zurück, setzt sich wieder in sein Bureau, die Deutschen – so dachten nicht die Pariser Juden allein – werden schon wieder vernünftig werden.
Aber inzwischen wurden Vorsitzende von Anwaltskammern im Gerichtssaal verhaftet und zugleich geprügelt, Richter aus den Kammern herausgeholt, Sitzungen von Ärztevereinen durch SA gestürmt, Kaufleute angeprangert, im Triumph durch die Straßen geschleppt, der Pöbelwut preisgegeben.
Die »Gleichschaltungen« der Körperschaften jeglicher Gattung, von den Handelskammern bis zu den Blindenvereinen überstürzten sich, nirgends war ein Halt noch ein Halten.
Kurt Tucholsky[19] hat einmal seinen Wendriner, den Prototyp des jüdischen »Bise«, den ängstlichen, habsüchtigen, gesinnungslosen Berliner Geschäftsmann, ahnungsvoll sagen lassen, Hitler sei ihm lieber als die Kommunisten:
»Wissense, bei ihm is man sicher, er geht eim nich ann Safe ...«
Das war das einzige, er ging den Juden nicht an den Safe. Sein Respekt vor den Safes ist aufrichtig. Für Ehre hat er weniger Gefühl, und er ging den Juden an alles, was ihre Ehre ausmachte. Er beschimpfte sie ohne Maß, und seine Spießgesellen in der Führung der nationalsozialistischen Partei taten dasselbe. Und er nahm ihnen alles, was den besonderen Schmuck ihres Lebens ausgemacht hatte und womit sie das Leben Deutschlands

geschmückt hatten. Von ihren Lehrstühlen vertrieb er sie, ihre Richtertalare zog er ihnen aus, er fegte sie aus den Krankenhäusern heraus, nahm ihnen ihre Stellungen in den Ministerien und ihre Rechte als Anwälte. Sie konnten nicht mehr Studenten sein und nicht mehr Gymnasiasten, nicht mehr Sportsleute, nicht mehr Journalisten, nicht mehr Handelsrichter und nicht mehr Schöffen und Geschworene, nicht mehr Steuerberater, nicht mehr Buchprüfer ...
Genug davon.
Viele Juden wurden über Nacht Emigranten und ohne daß sie es merkten. Sie waren doch nur zu einem Osterausflug weggefahren? Aber wollten sie, sollten sie zurückkehren? Manche, die nichts zu fürchten hatten, fuhren noch einmal nach Deutschland, liquidierten ihre Geschäfte, setzten sich mit der Steuer auseinander, versuchten, ihre Häuser zu verkaufen, oder zahlten dem Vermieter Abstand, packten ihre Möbel zusammen, nahmen einen Paß als Auslandsdeutsche und wandten dem undankbaren Vaterland den Rücken. Besser einer ungewissen Zukunft entgegengehen, als dieses Leben weiterleben.
Es kamen Tausende und Abertausende von Angestellten. Mehr und mehr waren mit der Konzentration des Kapitals, mit der Aufsaugung der kleinen Betriebe die Juden ein Volk von Angestellten geworden. Nicht, daß das ihrer Neigung entsprach. Bismarck hat ihnen nachgerühmt, die hätten als Geschäftsleute mehr Mut und Initiative als die anderen Deutschen[20], und das ist wahr. Darum ist auch ein so großer Teil von allen wirtschaftlichen Unternehmungen in Deutschland durch die Juden entstanden. Die meisten waren allmählich in die Hände von Ariern übergegangen, und etwas Neues anzufangen wurde immer schwerer und immer gefährlicher. (Man hat den Juden nachgesagt, sie verstünden sich nicht einzupassen. Das ist nicht ganz richtig. Allerdings, im allgemeinen marschieren sie nicht so leicht im Gleichschritt, wie das die Deutschen und vor allem die Preußen tun, sie sind nicht solche Maschinen-Soldaten, wie die Enkel der Männer, die ihre Erziehung in den Regimentern Friedrich Wilhelms I.[21], des Soldatenkönigs, empfangen hatten. Aber sie wußten sich anzupassen, wenn sie mußten, sie nahmen mit den guten auch die schlechten Eigenschaften ihrer Umgebung an.)
1925, bei der letzten Volkszählung vor der national genannten Erhebung, waren volle 43% der berufstätigen Juden Angestellte und Arbeiter. Nur, daß sehr viele von ihnen arbeitslos waren. Der praktische Antisemitismus hatte nicht erst mit Hitler begonnen. (Auch wenn vorher abgebaut wurde – und wo wurde nicht abgebaut? – so traf es zumeist die Juden.)
Unter denen, die emigrierten, waren nicht nur Angestellte, die jetzt ihre Stellung verloren, denen die Direktionen und die Chefs, christliche aber

auch jüdische, kündigten, weil die nationalsozialistische »Betriebszelle« es verlangte und weil sie Angst hatten. Sondern es waren auch viele unter ihnen, die schon früher keine Stellung hatten und die es jetzt als hoffnungslos erkannten, jemals wieder eine Stellung zu finden. Hatten sie Recht oder Unrecht – aber, sagen wir es gleich, wir denken, daß sie Recht hatten. Dann kamen andere politische Réfugiés. Nicht solche, die rechtzeitig und mit Eleganz die Grenze kreuzten, oder die bei Nacht und Nebel türmten, weil ihnen das Konzentrationslager und die stahldurchflochtenen Peitschen der »rauhen Kämpfer« Hitlers drohten. Sondern die größere Zahl derer, die ihre Stellung verloren, weil sie sich »marxistisch« betätigt hatten. Juden und Christen und aus allen Kategorien der freien Berufe und des Mittelstandes. Nicht alle von ihnen gingen außer Landes. Je später es einem geschah, daß er brotlos wurde, desto deutlicher war auch die Erkenntnis, daß er im Ausland keine neue Stellung finden werde. Viele blieben. Aber viele gingen. Gingen auf die Gefahr, daß es ein Weg dem Elend entgegen war. Viele, sehr viele warten noch darauf, daß sich irgendwo eine Aussicht bietet.

Nicht jedem geht es so gut, wie etwa dem Heidelberger Professor Radbruch[22], dem früheren sozialdemokratischen Reichsjustizminister, der einmal nach Paris eingeladen wurde, einmal nach Kowno, und der sich überlegt, wo man Besseres bietet. Wie überhaupt das Schicksal der Gelehrten beneidenswert ist – verglichen mit dem der anderen!

Sondern die meisten sehen nur das Elend vor sich, das Elend in der Fremde aber mit den Rechten eines freien Landes. Oder das Elend als Bürger zweiten Ranges, aber zu Hause.

Endlich ist noch von einer letzten Kategorie von Emigranten zu sprechen. Von solchen, die man am liebsten gar nicht mehr als Emigranten ansehen möchte und über die alle den Stab brechen. Über die Ärmsten unter ihnen. Es spricht sich alles schnell herum, auch, was nicht in der Zeitung steht. (Es muß eine Schnellpost auch in Europa geben, wie man sie aus dem wilden Afrika oder Neuseeland kennt, wo über riesige Strecken von Mund zu Mund die Nachrichten eilen, oft schneller, als sie der Telegraph weitergibt.) So sprach es sich herum, daß es in Paris ein feines nobles Komitee gebe, aber übrigens nicht nur in Paris. Sondern, daß auch in Prag und in Amsterdam die Herzen der reichen Juden einmal wieder gerührt und weniger hart als in gewöhnlichen Zeiten seien.

Was sollte man in Berlin? Die Frage war doppelt problematisch, seitdem die Träger der nationalen Erhebung, die Soldaten des neuen Deutschland, in das Scheunenviertel eingebrochen waren, Rabbiner geprügelt, alte Juden an den Bärten gerissen, jüdische Frauen mit Füßen getreten und nicht wenige auf Lastwagen geladen und zur weiteren »Behandlung« mit sich weggeführt hatten.[23]

Es soll sogar arme und des Bettelns gewohnte Juden gegeben haben, die sich von weiterher, von Polen aufmachten – Fahrkarten, das ist das einzige, das man immer geschenkt bekommt –, einen nicht allzu langen Aufenthalt in Deutschland nahmen, ausgewiesen wurden und nach den neu erschlossenen Fleischtöpfen der französischen und holländischen Glaubensbrüder weiterreisten.
Der hohe Prozentsatz von polnischen Staatsbürgern und von Staatenlosen unter den Emigranten gehört zum beträchtlichen Teil in diese Kategorie.
Schnorrer. Urältester Bestandteil des jüdischen Volkes, seitdem es sich auf die tausendjährige Reise gemacht hat. Man hält die Juden für reich? Nicht nur die Antisemiten, bei denen man nicht weiß, ist ihre Dummheit oder ihr böser Wille der stärkere Wissensquell, halten sie für reich. Auch die Völker im allgemeinen denken so. Manchmal glauben es die Juden selbst, schmunzeln und witzeln, sie hätten die Kunst des Geldmachens vor allen anderen voraus. Aber es ist ein Irrtum, ein böser, gefährlicher, verderblicher Irrtum. Immer war ein großer, ein sehr großer Teil des Judentums bettelarm. Schnorrer.
Anton Kuh[24], gefragt, was er denn jetzt beginnen werde, da nicht mehr das Publikum des Kurfürstendamms und des Romanischen Cafés[25] seine Vorträge füllt, hat geantwortet:
»Schnorrer wird man immer brauchen.«
Wenn einer in Berlin oder auch in Lodz ein Schnorrer war, warum um Herrgotts willen, soll er nicht ein Schnorrer in Paris werden?
Wenn wir später den Gang durch die Elendsquartiere antreten, werden wir ihnen begegnen. Sie wohnen dort durcheinander, alte und neue Schnorrer.
Alte, die dies Leben schon länger kennen und die darum mit Beharrlichkeit das Komitee oder besser die Komitees auszubeuten wußten und mit Gleichmut den Unwillen der Komitee-Angestellten ertrugen.
Und neue Schnorrer, die erst die deutsche Krise sinken ließ und denen Hitler den letzten Tritt in das trübselige Leben des Schnorrertums gegeben hat.
Die Emigranten sehen auf sie herab und wollen streng von ihnen unterschieden sein. Gar die politischen, die für ein Ideal zu leiden haben. Aber auch die mittelständischen, die ein gefestigtes Dasein in Deutschland hatten. Sie vielleicht noch mehr. Denn im Geheimen fürchten sie das Leben der Ärmsten für sich selbst, wenn ihnen nicht eine höhere Macht den Arm bietet. Das Komitee wendet sich, wenn es sie erkennt, mit Entrüstung von ihnen ab. (Ist es ein Komitee für Emigranten? Oder ein Komitee für Schnorrer?)
Aber wir denken, es hat nicht allzuviel auf sich mit dem Aristokratentum der Emigration, mit der »Emigrandezza«, wie Roda Roda[26] die Flüchtlinge nannte, die im eigenen Wagen vor dem Café Continental auf dem Prager

Graben vorfuhren. Nicht der, der ohne Sünde ist – sondern der, der seiner Zukunft so gewiß ist, daß er nie schlaflos daran denkt, es könne auch ihm einmal so gehen – der werfe den ersten Stein auf sie!
Wie sie kamen? Im Luxuszug, dem schönen train bleu, der so schnell den ungeheuren Unterschied der Zivilisation zwischen Chemnitz und der ewigen Lichtstadt überwindet. Im Benz-Mercedes. In der dritten Klasse. Mit erbettelten Eisenbahnkarten. Zu Fuß! Oh ja, sie kamen auch zu Fuß, langsam Schritt vor Schritt die weite, weite Reise, durch den Regen und Schnee. Sie nahmen die Millionärszimmer im George V. oder im Crillon. Oder sie suchten sich eine nette Bude im Quartier Latin. Oder ihre müden Füße trugen sie in die endlose Schlange, die vor den Amtsräumen des Comité National in der rue Vintimille und später in der rue de la Durance anstand.

IV. *Im Comité National.*
Am Anfang war Überfluß.

Alte Soldaten des Weltkriegs erinnern sich, wie sie bei der Ausreise aus Deutschland auf jeder Station – und die Züge hielten nicht selten – »gelabt« wurden, als ob sie Verschmachtete wären. Von nah und fern eilten Stadt- und Landleute herbei, um alles nur erdenklich Eßbare den armen Kriegern zu bringen. Die guten Sachen verdarben in Mengen. Und ich sehe es noch heute vor mir, wie brave Landser in ihrer Langeweile aus den Viehwagen heraus nach allen Zielen, die sich boten, warfen – mit köstlichen Eiern. Die Bäume einer langen Allee, an der wir entlang fuhren, waren mit gelben Treffern besät. Dafür war vier Jahre später ein Ei ein unerschwinglicher Leckerbissen geworden.
Die Emigration hat ein böses Mundwerk. Warum gerade sie nicht?
Man erzählt bei ihr, das Comité habe zu Beginn seiner segensreichen Tätigkeit erholungsbedürftigen Flüchtlingen die Reitstunden bezahlt, die gewiß nützlich für Wohlbefinden waren.
Das wird nicht wahr sein. Genug, daß es Viele schon einmal gehört und ein paar Mal gläubig weitergegeben haben.
Aber das ist zum Beispiel wahr, daß man einem Berliner Rechtsanwalt[1], der immerhin noch in seinem Fordwagen über die Boulevards fuhr, sagen ließ, man wolle ihm die Unterstützung ins Hotel schicken, damit er sich die Unbequemlichkeit des Abholens spare. Und wenn er auch jetzt noch nicht das Geld brauche, so solle er es sparen, die Zeit werde kommen.
Dieser Rechtsanwalt hat gerührt danken lassen.
Wir wissen nicht, ob alle so diskret gewesen sind.
Nicht, als ob wir so freundliches Entgegenkommen tadeln wollten. Das sei ferne von uns.

Aber der Mangel an Voraussicht ist bemerkenswert. Vielleicht könnte einiges besser stehen, hätte man sich schon am Anfang entschlossen, der Wirklichkeit ins Gesicht zu sehen.
Aber wer mag sich heute, endlich, der ganzen Größe, des ganzen Gewichts der Aufgabe bewußt sein? Wir werden darüber noch sprechen.

* * *

Wenn wir kurz Komitee sagen, so meinen wir hier das »Comité National de secours aux réfugiés allemands victimes de l'antisémitisme«. Es ist das Große Komitee, das die größte Last an praktischer Arbeit getragen hat. Nicht weniger als dreizehntausend deutsche Flüchtlinge hat es beraten oder betreut. (Die Zahl von siebentausendzweihundert, die Herr Chiappe genannt hat[2], muß in einem anderen Sinn gemeint sein.)
An der Spitze stand zuerst Paul Painlevé[3], der Gelehrte und Minister, der Menschenfreund. Er starb und an seine Stelle trat der Präsident der Senatskommission für auswärtige Politik, früher Botschafter, Henry Bérenger.[4] Herriot[5], Jouvenel[6], mehrere frühere Minister, Professoren, der Großrabbiner von Frankreich gehören ihm an.[7]
An der Spitze der Exekutive steht Robert de Rothschild.[8] Von ihm hat Georg Bernhard in seinem Pariser Tageblatt geschrieben, er sehe »das Verhältnis der armen unterstützten Flüchtlinge zum Comité etwas durch die Brille eines Mannes, der immer Unterstützungen gegeben und nie welche empfangen hat.«[9]
Das Wort ist klug, und es ist vieldeutig. Man könnte meinen, wer sollte Erfahrungen im Unterstützen haben, wenn nicht die Rothschilds? Sie müssen eine große Tradition in diesem traurigen, aber edlen Werk haben.
Aber es mag sein, daß ihre Tradition einseitig ist.
Es gibt die schöne Geschichte von dem Schnorrer, der morgens in das Schlafzimmer eines Rothschild eindringt und ihn mit Geschrei weckt. Der Baron sagt entrüstet, wenn er etwas haben wolle, so solle er sich doch vor allem anders benehmen. Worauf der Schnorrer:
»Herr Baron, sonst mögen Sie klüger sein als ich. Aber wie man schnorrt, darüber werden Sie mich nix belehren.«
Die Anekdote muß eigentlich auf jiddisch erzählt werden. Sie ist eine von hundert ähnlichen, die immer vom Baron Rothschild und dem Schnorrer handeln. Sollte es so sein, daß die Erfahrung der Rothschilds im Wohltun sich hauptsächlich auf die Schnorrer-Klasse der Bedürftigen erstreckt? Vieles, was sich erst in der rue Vintimille und dann in der Durance abgespielt hat, spricht dafür.
Wir Deutsche haben andere, ganz besondere Erfahrungen in der besonderen Art des Wohltuns, die wir soziale Arbeit nennen. Kein anderes Volk

hat eine solche Not der Arbeitslosigkeit zu bekämpfen gehabt und – wenigstens bilden wir uns das ein – kein Staat hat so ungeheure Bemühungen gegen sie aufgewendet wie die deutsche Republik. Mag sein, daß wir nichts anderes damit erreicht haben, als den Haß der Republikfeinde zu nähren, denen die sozialen Lasten ärger waren als der Teufel in Person.

Genug, es waren unter den Emigranten nicht wenige, die in Deutschland in öffentlichem Auftrag solche Arbeit getan hatten. Das Wort »Wohltaten« wiesen sie dabei weit von sich, sie sahen es als entehrend an, für beide, Beteilte und Verteiler. Wie nennen nur einen von ihnen, der zu Hause einen großen Ruf in seinem Fach genoß. Den Stadtrat Friedländer[10] vom Bezirk Prenzlauer Berg, dem Musterbezirk der Reichshauptstadt. Dorthin drängten sich freiwillige Helfer, Frauen und Männer, die von ihm die schwere Kunst erlernen wollten.

Man sollte glauben, die Pariser Wohltäter hätten sich dazu beglückwünscht, daß das schlimme Schicksal ihnen diesen Mann zuführte. Aber keineswegs! Der Mann stand bereit und war zu haben, seine Initiative, sein Reichtum an Ideen, seine unermüdliche Arbeitskraft fanden lange gar keine und dann eine zum Scheitern verurteilte Verwendung. Statt dessen arbeiteten im Comité zwei junge Verwandte der Rothschilds[11], halbe Knaben ohne Erfahrung, die es nicht vermeiden konnten, Anstoß bei den Armen zu erregen. Der Gedanke mag edel gewesen sein: die Cousins sollen sehen, wieviel Elend es in der Welt neben ihrem bequemen Lebensgenuß gibt. Wie oft führen edle Gedanken zu falschen Entschlüssen! Aber vielleicht hätten die jungen Männer mit Nutzen Sekretäre Friedländers sein können? Nein, so wurde es nicht gemacht.

Gewiß war es nicht mit allen so. Aber es war doch so, daß die meisten in so verantwortlicher Stellung nicht genug gehärtet waren für ihre schwere Pflicht. Sie kamen gewiß mit guten Vorsätzen. Bald erstickten sie im Bürokratismus. Es gab dort auch ein Prinzip: abschrecken! Das ist das Prinzip, das nur Schnorrern zu Gute kommt und das Schnorrer erzieht. Denen man helfen könnte, werden so nicht geholfen.

Von dem Generalsekretär Lambert[12] wird die folgende Geschichte erzählt. Er sei zu Anfang voll gewesen des besten Willens und der besten Kräfte. Als einer der Hilfesuchenden ihn besonders rührte: seine Familie sei in Not und Gefahr in Deutschland geblieben, habe er die eigene Brieftasche gezogen und ihm zweihundert Francs gegeben. Und habe ihn einen Tag später in einem Champs-Elysées-Café mit einer Cocotte gesehen! Der Flüchtling soll nicht verteidigt werden. Aber es gilt hier, was wir von »gehärtet« sagten. Dem bewährten sozialen Arbeiter bedeuten Enttäuschungen nichts, sie erschüttern ihn nicht, er kennt sie. Lamberts Zutrauen soll durch das Erlebnis endgültig erschüttert worden sein.

Am Anfang wählte man mit Sorgfalt und nach den Individuen die Hotels für die Betreuten, gab man Karten für zwei Mahlzeiten am Tag, dazu Taschengeld.

Bald war ein schwunghafter Handel mit den Essenskarten in Paris, zur Entrüstung nicht weniger Pariser.

Der Handel soll nicht nur von Emigranten betrieben worden sein, auch im Komitee selbst soll eine seiner Quellen gewesen sein.

Am Anfang wurden alle unterstützt, die kamen, gleichgültig ob Juden oder nicht.

Dann wurden die Arier abgelehnt. Unter der Hand gab man ihnen doch.

Dann hörte auch das mitleidige Unter-der-Hand auf.

Das Taschengeld ging zu Ende.

Dann die eine der beiden Mahlzeiten.

Dann kamen die Kasernen[13], wir werden noch von ihnen erzählen, sie waren keine glückliche Gründung. Wenn dieses Buch gelesen wird, haben sie wohl schon lange aufgehört zu sein.

Was war das auch mit dieser Emigration? Sie sollte doch nur Wochen dauern? Oder vielleicht Monate? Aber sie richtete sich nicht nach Vorschriften noch nach Wunschgedanken.

Die Angestellten des Komitees begannen damit, die Fremden mit Freundlichkeiten zu überschütten, ihnen an den Augen abzusehen, was für sie Gutes getan werden konnte.

Sie endeten damit – aber das war lange vor dem Ende – mißtrauisch zu sein. Das natürliche Schicksal des Dilettanten in dem schweren Geschäft der sozialen Arbeit. Es ist merkwürdig, aber nicht unerklärlich: nicht darüber, daß zu wenig gegeben wird oder wurde, ist am meisten geklagt worden. Sondern darüber, wie es gegeben wurde.

Es kann nicht verschwiegen werden: die Abneigung gegen die Ostjuden soll eine Rolle spielen bei der Art des Umgangs mit Menschen. Was die deutschen Juden nie gewußt hatten, das wurden sie jetzt mit Staunen gewahr: daß jeder Jude irgend eines anderen Ostjude ist, und daß sie die Ostjuden der französischen Juden sind. (Oder wenigstens glauben sie, das erkannt zu haben.)

Aber es kam ja gar nicht auf soziale Arbeit an, nicht auf produktive Verwendung der nicht geringen Mittel, die von den Mitleidigen und Pflichtbewußten gegeben waren. Von einer Emigrantenfamilie sagt man, daß sie allmählich und durch ihre verschiedenen Mitglieder 12 000 Francs, nicht weniger, empfangen habe. Aber warum soll das nicht wahr sein? Es ist sogar wahrscheinlich. Trotzdem eine enorme Summe für Wohltätigkeit, für – man verzeihe das Wort! – hinausgeschmissenes Geld. Nicht wenige, die sich mit so einer Summe eine Existenz gründen.

Hat der Grand Rabbin so gesprochen[14], wie uns erzählt wurde? Genug, das Komitee hat so gehandelt. Als ob eine Eingliederung in das Wirtschaftsleben, eine Einpassung in irgend etwas nicht vonnöten wäre – weil ja die Emigration nur so lange dauern könnte, bis die Deutschen wieder vernünftig geworden seien. Aber die Deutschen sind gründlich, mehr gründlich als vernünftig, gründlich auch im Besoffensein, und niemand weiß, was noch mit der Emigration werden wird.

Anfangs war man freundlich, sehr freundlich, sehr entgegenkommend. Dann begann das Warten, endloses Warten, Warten voll Erbitterung. Dann statt des Gebens das »Aussteuern«, wohlbekanntes, allen Deutschen vertrautes, vielen ein verhaßtes Wort.

Dann die Fahrkarten. Wenn es schon gar nichts gab – Eisenbahnkarten waren immer noch zu haben. Es ist nicht zu leugnen, daß hier eine jüdische Tradition vorliegt. Die Anekdote von dem reichen Mann, den ein Schnorrer so sehr rührt, daß er dem Diener sagt: »Schmeiß den Kerl die Marmortreppe runter, er zerreißt mir das Herz« – diese herzlose Karikatur auf jüdische Wohltätigkeit hat einen wahren Kern, nicht nur bei Juden zwar, auch bei anderen. Das Elend aus den Augen bekommen, weit aus den Augen, das ist auch Menschen mit echtem Mitleid ein angenehmes Gefühl. Mehr noch aber mag es von alters her für Juden angenehm sein, die immer fürchten müssen, der jüdische Schnorrer errege den stets gefürchteten Antisemitismus. Nur, daß soziale Arbeit das Gegenteil will. Sie will unter den Augen behalten, will beobachten, will beaufsichtigen, ob die teuren öffentlichen Mittel auch unnütz ausgegeben, nicht verschwendet sind. Denn sind sie verschwendet, so sind sie einem anderen und einem besseren Zweck weggenommen.

Im Januar hat Robert de Rothschild erzählt, es seien neun Millionen Francs gegeben worden. Und er sagte nicht ohne Bitterkeit, er hoffe, die jüdischen Emigranten mögen sich dem Geist des Gastlandes besser einpassen, sie möchten gute Franzosen werden.[15]

Gerade das – daß sie Franzosen werden sollten – hatte man so wenig gehofft, hatte man gefürchtet. Und man hatte der Furcht, nicht der Hoffnung nach gehandelt.

Aber wie sollte einer sich einpassen, dem Geist nach Bürger des fremden Landes werden, der nicht eingefügt wird, der keine Arbeit hat?

Vielleicht können die Emigranten keine Arbeit bekommen, es ist hier Krise, nicht Konjunktur, und sie werden nie Arbeit finden. – Frage an das unbekannte Schicksal. Aber man hat es nur zögernd, nur halb, nur lau versucht. Weil das Ganze nur Monate oder nur Wochen dauern könnte ...*

Zu den neun Millionen haben, so klagte Robert Rothschild, Amerika und London nur weniges beigesteuert. Dort sind schon früh viele der Meinung

gewesen, man sollte gutes Geld, das den besten Nutzen tragen, das in Palästina Segen stiften könne, nicht in den Topf ohne Boden, in den Abgrund der reinen »Wohltätigkeit« werfen.**
Es gab, wie gesagt, am Schluß nur noch eines reichlich: Eisenbahnkarten. Vor allem Eisenbahnkarten nach Deutschland. Bis zum März 1934 siebenhundert Fahrkarten nach Deutschland.[16]
Das antisemitische Fieber in Deutschland ist um einige Grade gefallen! Auf nach Deutschland!
Nicht nur in Paris, auch anderenorts, schickt man jüdische Flüchtlinge nach Deutschland. Es ist zu hoffen, meint man, daß sie nicht deswegen, weil sie Juden sind, in Konzentrationslager kommen oder geschlagen werden.
Wovon sie in Deutschland leben werden? Da gibt es doch noch den Onkel oder den Sohn oder irgend jemand. Und dann sind da die jüdischen Gemeinden.[17]
Man schickt auch Geld an die notleidenden jüdischen Gemeinden.
Warum läßt man die armen deutschen Juden nicht irgendwoanders das Geld aufessen, in Frieden und ohne Hitlergruß? Und ohne die Gefahr, die immerhin besteht, daß eine Judennase einem SA-Mann nicht gefällt?

V. *Ein Neujahrsabend in einem kleinen Café.*

Rive Gauche. Zwischen der Sorbonne und dem Boulevard St. Michel. Paris, wo es sehr pariserisch ist, aber auch international. Denn hier treffen sich seit Urzeiten alle Nationen. Menschen aus allen Völkern, die aus dem ewigen Bildungsquell französischen Geistes schöpfen wollen. Die Luft ist intellektuell hier, Goebbels würde sagen kulturbolschewistisch. Noch ist man nicht so weit in Frankreich. Man wird nie so weit kommen, Bildung für volksfeindlich zu erklären. Staunet, Nazis, selbst die französischen Reaktionäre sind literaturbeflissen und stolz auf einen guten Stil.
In einem kleinen Café[1] treffen sich Deutsche, zweimal in der Woche regelmäßig. Aber auch sonst ist der eine oder andere aus dem Kreis hier zu sehen. Zwei große Tische faßt das Kaffeehaus, es ist nur ein Kaffeehäuschen. Das Hauptgeschäft spielt sich auf der Straße ab und also nur im Sommer. Selbst für die Unentwegten wärmt der kleine Kohlenofen jetzt nicht genug.

---

* Trotzdem hatte das Comité National vom April bis Oktober 897 Stellungen vermittelt, davon 201 in der Provinz. Die weitaus größte Ziffer waren Hausangestellte, 384.

** Bis Ende Februar waren es sogar über zwölf Millionen geworden, die das Comité National ausgegeben hatte. England allein hatte dazu 19 000 Pfund gegeben und Amerika eine Summe, die beträchtlich größer war. (Die Lage in Paris, sagt der Bericht des englischen Hilfskomitees[18] dazu, habe ihnen viele Sorgen bereitet. Viel Zeit und Mühe sei aufgewendet worden, um den Pariseren in ihrer schwierigen Lage beizustehen.)

Das kleine Café genießt eine gewisse Berühmtheit unter den Emigranten. Es verdankt sie einem Dauergast[2], der hier vom Frühjahr bis zum Spätherbst, vom frühen Morgen bis zum späten Abend gesessen hat. Ein Nichtstuer? Nein, gerade das nicht. Ein Rechtsanwalt aus Süddeutschland, der – Nicht- oder Halb-Arier – seine Praxis hinwarf, obwohl er sie hätte retten können, und nach Paris kam, um hier eine neue zu beginnen. Er wohnte mit seiner schönen jungen Frau dem Café gegenüber, in einem Zimmer mit dem bekannten mächtigen französischen Bett. Man kann in so einem Zimmer sehr bequem zu zweit schlafen, aber unmöglich zu zweit leben. Man kann nur so leben, daß der eine Bewohner schläft, bis der andere gegangen ist. Sonst ginge die glücklichste Ehe in die Brüche. Und am wenigsten kann man in einem solchen Zimmer zu zweit arbeiten. Die junge Frau machte Übersetzungen. Da hatte der Mann zu weichen. Aber er störte auch, wenn sie sich schminkte.

Also saß er vom petit déjeuner bis nach dem diner und dann noch lange in dem kleinen Café. Man konnte ihn dort besuchen, er empfing, auch seine Frau traf ihn dort nicht selten. Aber so ein Tag ist lang, wenn man immer nur an einem Fleck sitzt. Im Frühling konnte der Halb-Emigrant und Halb-Arier noch nicht richtig französisch. Und bevor der Winter begann, war er Licencié en Droit der ehrwürdigen, altbekannten, höchstgelehrten Pariser Fakultät.

Auch wenn wir den Namen des kleinen Cafés nennen, werden nicht viele das Kunststück nachmachen. Die Professoren haben den Kandidaten reichlich geärgert. Als sie sahen, daß sie ihn in der französischen Jurisprudenz nicht fangen können, haben sie ihn im deutschen Recht hereinlegen wollen. Da nichts half, haben sie ihm einen der besten Plätze im Ergebnis der Prüfung gegeben, weit vor Hunderten von französischen Studenten, die sich drei Jahre und nicht nur sechs Monate um den zähen Stoff bemüht hatten. Versucht nicht, es ihm nachzuahmen! Es war, wie gesagt, ein Kunststück, und Kunststücke gelingen nur wenigen.[*]

Der Mann, der das kleine Café bekannt machte, ist heute abend da und mit ihm etwa zwanzig andere. Es sind Deutsche, aber man könnte sie nicht alle Emigranten nennen. Es gibt Zwischenstufen, sogar solche, die zwischen Deutschland und der Fremde pendeln.

Da ist eine Dame, die Frau eines berühmten Chemikers. Ihr Mann ist, wir wissen nicht, entweder Frontkämpfer oder »Altbeamter«[3], jedenfalls hat er sein Katheder noch. Ihre Söhne aber sind Emigranten, der eine studiert in Paris, der andere hat eine Stellung in London.

---

[*] Es ist im nächsten Frühjahr von fünfzehn anderen Emigranten nachgeahmt worden. Und immerhin vier von ihnen gelungen.

Da sind ein paar Ärzte, ein paar Juristen, ein paar Schriftsteller, ein paar Redakteure. Das heißt, es sind alle »frühere«, a. D., von Hitler um ihre Praxis, um ihre Kanzleien, um ihre Schreibtische, um ihre Redaktionen gebracht. Welche sind Juden, welche Halb-Juden, welche Viertel-Juden. Einige sind Assimilanten, andere jüdisch-national, die dritten Zionisten. Mehrere haben die Stellung zur Religion oder Rasse gewechselt, einige davon mehrfach. Andere haben sich noch nicht entschieden.
Der berühmte Mann, dessen Frau hier ist, war immer streng national, d. h. deutsch-national, nicht jüdisch. Er steht im nicht unbegründeten Verdacht des Antisemitismus. Nicht lange vor der national genannten Erhebung schlug er in der Fakultät vor, keine Juden mehr zu Assistenten zu nehmen. Ein Kollege stand auf und beantragte, keine Sachsen mehr anzustellen. Er sei nämlich Sachse. Inzwischen ist Ernst aus dem Spaß ebenso wie aus der Würdelosigkeit geworden.
Der Professor ist übrigens nicht unzufrieden mit den deutschen Zuständen. Nur einmal, erzählt seine Gattin, hätten ihn SA-Studenten ausgepfiffen und gezwungen, das Kolleg fluchtartig zu verlassen. Aber er lese schon lange wieder.
An dem einen Tisch überwiegt das bürgerliche Element. Am anderen schillert es rosa bis zu knallrot. Von der SPD über die SAP und Trotzkisten-Leninisten bis zu Linientreuen ist alles vertreten.[4]
Klar, daß die beiden Tische nicht miteinander verkehren. Getrennte Welten! Oder Klassen: nur kennen die Leute vom einen Tisch natürlich die vom anderen. So groß ist Emigranten-Paris nicht.
Im Grunde ist es eine große Familie. So wie Familien sind, jeder hat eine andere Meinung, eine andere politische Stellung, andere Sympathien und andere Lebensgewohnheiten.
Alle lachen über die neuen Göring-Witze. Einer ist dabei, der die neuesten aus der deutschen Botschaft mitgebracht hat.
So sind, wie gesagt, Familien. Die Nazis verstehen das nicht, oder sie wollen es nicht verstehen. Aber sie sagen ja, ihr Werk sei auf Jahrhunderte angelegt, Ley[5], der oberste Kommandeur von »Kraft durch Freude« – schlicht und schnell KDF gerufen – meint sogar auf zwanzigtausend Jahre. Mag sein, wenn man zwanzigtausend Jahre die Deutschen immer nur dasselbe lesen und hören läßt, vielleicht werden sie dann alle einer Meinung sein. Vorläufig noch nicht, nicht in Deutschland und nicht in der Emigration.
Aber wieso sind sie eine Familie?
Die Frau des berühmten Chemikers – oder ist er ein Physiker? – hat eine Überraschung mitgebracht. Das heißt, mitgebracht hat sie ein großes langgestrecktes Paket, und sie sagt, es sei eine Überraschung.

Niemand ist neugierig. Die Roten schreiben eine Karte mit dem Bild einer nackten Frau an Röhm, der dafür bekanntlich kein Verständnis hat.[6] Man versucht, munter zu sein. Man konstatiert, in Frankreich gebe es doch kein richtiges Neujahr. Aber man konstatiert es mit Kälte und snobbt sich über Sentimentalitäten hinweg.
Da öffnet die Professorsfrau das mächtige längliche Paket. Was ist darin: ein deutscher Weihnachtsstollen. Verdammt ... Es hätte gerade noch gefehlt, daß ein Weihnachtsbaum herausgekommen wäre, mit brennenden Lichtern und Lametta und einem Stern auf der Spitze und Figuren aus Pfefferkuchen an den Zweigen und Geschenken darunter und Kindern drum herum und »Stille Nacht, heilige ...« Verdammt.

* * *

Am wenigsten haben die Deutschen jemals verstanden, was mit den Ostjuden eigentlich ist. Sie sind auch sonst nicht groß im Verstehen und so sind ja auch ihre Erfolge im Kolonisieren zu erklären. Es wurden nie weniger »Franzoseköpp« im Elsaß und immer mehr Polen in Westpreußen, solange die Preußen da und dort regierten.
Gut, die Engländer verstehen auch nichts von den fremden Völkern, die alten Römer haben wahrscheinlich auch nichts von ihnen verstanden. Aber sie lassen sie in Ruhe, wie es Pontius Pilatus tat, der noch heute keine schlechte Presse hat. Aber die Preußen können niemand in Ruhe lassen, sie müssen immerfort an ihm herumregieren, ihn assimilieren oder absorbieren oder auch dissimilieren, wie neuestens.
Und am wenigsten haben sie die Ostjuden verstanden.
Es sind nicht so wenige Juden unter den Emigranten, die zu den Ostjuden gerechnet werden, nicht nur von den Franzosen, für die der Osten im Elsaß anfängt. Und dann kommt doch angeblich das ganze Unglück von den Ostjuden. Wenn man die Emigration erklären will, muß man ein paar Worte über sie reden.

* * *

Da sitzt einer[7] uns gegenüber, den wir gut kennen. Er kommt aus einem kleinen Städtchen, gar nicht weit von der früheren russischen Grenze. In Posen ist er ins Gymnasium gegangen, in Breslau hat er studiert, in Berlin hat er sich niedergelassen, die Damen des eleganten Westens haben ihn gern aufgesucht. Aber er hat auch in den gelehrten Zeitschriften geschrieben. Er denkt jetzt darüber nach, ob er das französische Examen machen soll. Aber er spricht die Diphthonge »eng«, »ang« und »ong«, wie es auf dem posenschen Gymnasium üblich war, und ist keineswegs geneigt, sich diesen kleinen Fehler und andere abzugewöhnen.

51

Er meint auch, er könne eine Fabrik von medizinischen Artikeln einrichten. »Die Franzosen sind doch so zurück darin … überhaupt …« Vorläufig agentiert er mit irgendwelchen Apparaten, solchen, die ohnehin schon hier fabriziert werden. »Aber sehense mal, das Zeug taugt doch gar nicht …« Also verkauft er nicht viel. Und meistens bleibt er gleich zu Hause, grübelt darüber, wie lange die paar tausend Mark noch dauern können, macht seine Frau unglücklich und spricht von Berlin. »Mensch, auf dem Presse-Ball …« Ja, der ist bald wieder. Aber ohne den Herrn Doktor: nur, daß der Herr Doktor das nicht zur Kenntnis nimmt.

Der Stollen war eine Sensation. Ob eine angenehme? Man könnte der Meinung sein, es sei eine Taktlosigkeit gewesen, ihn mitzubringen. Aber war es das? Ob etwas taktlos ist, das hängt davon ab, wie es aufgenommen wird. Hätte jemand Palästina-Wein mitgebracht, so wäre die Enttäuschung groß gewesen. »Nee, wissense, das Zeug ist zu süß, Mosel ist mir lieber …« Da es aber ein Weihnachtsstollen ist, so haben sich alle mit Gier darauf geworfen. »Na, die französischen Kuchen, das ist, wie bei uns im Krieg … na ja, manches ist auch hier gut, aber bei uns …«

* * *

Da war einer[8] von den Emigranten, nein keiner von denen im Quartier Latin, sondern der ins Carlton einzog, der hatte sich Kriegsverdienste erworben, einen ganzen Berg voll. Nicht als gewöhnlicher Soldat oder Leutnant der Reserve. Sondern wissenschaftlich-industriell, eisernes Kreuz am weiß-schwarzen Band und eine Menge anderer Orden, und selbst Hindenburg hatte ihn noch nicht vergessen, er ging aus und ein im Palais in der Wilhelmstraße. Nicht lange vor der national genannten Revolution wurde er in einem großen Sensationsprozeß berühmt, übrigens freigesprochen. Der nannte sich vor Gericht »Sohn eines deutschen Kaufmanns aus Lodz« und wurde so von seinen zahlreichen Anwälten genannt. Er war reich, eben durch die wissenschaftlich-industriellen Verdienste, und gab gern. Wer eine echt nationale Sache vertrat, der wußte, daß er nicht vergeblich in der Tiergarten-Villa vorsprechen würde. Er gehört zu denen, über die das Comité National zu klagen Grund hatte. Wenn man kam und ihn auf die jüdischen Emigranten-Sammlungen ansprach, so verstand er gar nicht, warum man gerade zu ihm kam. Mitten in Paris und mitten in der Emigration verstand er die Situation, seine eigene Situation nicht.

* * *

Aber bleiben wir bei dem jungen Arzt, dem anderen Ostjuden, den wir gut kennen. Er sitzt, kaut Weihnachtsstollen, ist ganz vergnügt geworden, die Neurasthenie, die ihn und noch mehr seine Frau plagt, ist vergessen. »Bei

Miericke[9], wissense Ecke Rankestraße, nein nicht bei der Leipzigerstraße, da sindse nicht so gut ...« Er ist zu Hause.
Eines vor allem verstehen die Deutschen nicht: daß man sie etwa lieben könnte. Nein, nein, sie wissen, daß sie unpopulär in der Welt sind und haben sich damit abgefunden. Gewiß, daß im tiefsten Herzen der Wurm frißt. Aber nicht nur äußerlich, nein, im Bereich einer dicken Seelenschicht haben sie sich damit abgefunden. Warum redete nur Wilhelm, der Verflossene[10], immer von der schimmernden Wehr? Ach, er wäre lieber geliebt worden! Am meisten sehnte er sich nach der Liebe der Engländer, seiner reichen, vornehmen Verwandten. Deshalb baute er die große Flotte und ließ und ließ nicht davon ab, noch immer mehr Kriegsschiffe zu bauen. Würden sie ihn nicht endlich lieben, wenn er zur Parade damit nach Portsmouth kam? Er baute so lange, bis er sie sich zu Feinden gemacht hatte.
Auch Friedrich Wilhelm I., von dem die Preußen wahrhaftig abstammen, rief entrüstet: »Will Er Mich wohl lieben«, wenn er seine Potsdamer Bürger prügelte. Die konnten sich nicht wehren und liebten ihn darum. So wie sie seinen »großen« Sohn[11] noch heute lieben, von dem sie auch nichts Gutes gehabt haben, als ein paar philosophische Sprüche, die dazu bestimmt waren, Voltaire zu imponieren, aber keineswegs um sie auf seine Untertanen anzuwenden. Die sind noch heute stolz darauf, daß er am Ende gesagt hat: »Ich bin es müde, über Sklaven zu herrschen.«
Die Ostjuden kommen aus Rußland, wo sie keine gute Zeit gehabt haben. Wenn dort einer bildungsbeflissen war, und das waren nicht wenige von ihnen, und er streckte den Kopf über den Talmud heraus, so las er Goethe. Er las Schiller. Er las Kant und Schopenhauer. Sie sprachen ohnehin jiddisch, von da ist es nicht weit bis zu deutsch. Und wenn einer von ihnen begann, sich der westlichen Kultur zu nähern, so war es die deutsche Kultur.
Die richtigen Russen sprachen und lasen französisch. Aber die russischen Juden, die erwacht waren aus der hebräischen Welt der Synagoge, erfüllten sich mit den Schätzen der deutschen Poesie und der deutschen Philosophie. Und sie richteten sehnsüchtig ihre Augen über die Westgrenze. Dorthin, wo keine Sondergesetze die Juden einengten, wo kein grausamer Polizeimeister sie peinigte, wo nicht die schwarzen Hundert[12], die Hooligans der Pogrome, auf sie losgelassen wurden. Wo Ordnung herrschte. Wo die Menschen nach den Idealen des Marquis Posa regiert wurden und nach den Weisheitsregeln des Faust lebten. Dorthin, dorthin ...
Als in dem großen Kischinewer Pogrom[13] von 1903 die Grausamkeiten ihren Höhepunkt erreicht hatten, wurden mehrere Juden wahnsinnig. Einer von ihnen irrte in der Stadt umher und schrie, er müsse dem Kaiser Wilhelm telegraphieren. So groß war das Vertrauen der russischen Juden zu der deutschen Gerechtigkeit, daß es noch laut aus dem Wahnsinnigen

sprach. Und sie gewöhnen sich nur schwer an den Gedanken, daß sie sich geirrt haben.

Der deutschen Ostarmee, Hindenburg und Ludendorff, hatte jemand eingeredet, wahrscheinlich war es ein jüdischer Gefreiter im Pressequartier, sie würden die besten Bundesgenossen im Lande finden an den Juden, die den blutigen Zarismus haßten und die deutsche Gerechtigkeit liebten. Und also erließ das Oberkommando Ost jenen berühmten oder berüchtigten Aufruf, der begann: »Ze meine libben Jüdden in Poilen …«[14] und der tausendfältige Frucht getragen hat. Wer im Osten gekämpft hat, kann davon erzählen.

Nein, die deutschen Ostkämpfer erzählen nicht von den vielfältigen Diensten, die ihnen die Juden geleistet haben, höchst freiwillig und unentgeltlich aus Liebe und Bewunderung. Denn sie haben die Erinnerung daran verdrängt, daß man sie lieben kann. Wir verraten kein Geheimnis, wenn wir sagen, warum. Weil sie sich selbst nicht liebenswürdig finden.

* * *

Der junge Arzt aus Berlin W., wir kennen ihn von früher, glaubt an Friedrich den Großen, ja sogar an seinen bösen Vater. Er glaubt an die Regierungskunst der preußischen Landräte. Er glaubt, daß nur die Deutschen in seiner Wissenschaft, in der Medizin und besonders in der Gynäkologie etwas geleistet haben. Er glaubt, daß nur die Deutschen Ordnung auf der Straße halten können. Er glaubt daran, daß nur Moselwein ein guter Wein ist. Er glaubt, daß das deutsche Heer »im Felde unbesiegt« aus dem großen Krieg heimgekehrt ist und daß es auch in Zukunft unbesiegbar sein wird. (»Wie lange, meinense, wird der Schwindel hier dauern?«) Er glaubt, daß nur Berliner Weihnachtsstollen ein guter Kuchen ist. Und er hätte, ach wie gern, an Hitler geglaubt, wenn man ihn nur gelassen hätte!

Auch andere Vertriebene haben manchmal Heimweh. Aber mit den Ostjuden ist es etwas anderes. Sie haben nicht nur ihr Land, sie haben ihr Ideal verloren.

Es hätte wenig Zweck, das den Deutschen zu erzählen, sie werden ja auch dieses Buch nicht lesen. Und wenn sie es läsen. »Alles Schwindel! Weil sie bei uns verdient haben, ja deshalb … Weil wir zu dumm und zu gutmütig sind, deshalb haben sie uns übers Ohr gehauen.« Nein, sie würden es nicht glauben. Sie plustern sich auf und reden von der deutschen Herrlichkeit und Macht und davon, daß die Welt an ihrem Wesen genesen soll. Aber heimlich und in ihren Träumen wissen sie: uns kann man nicht lieben. Und auch das, daß die Ostjuden uns lieben sollen, ist nur wieder ein ostjüdischer Betrug.

Meine Geschichte von dem Weihnachtsabend in dem kleinen Café zwischen Sorbonne und Boul' Mich hat ein bißchen lange gedauert. Aber vielleicht hat sie einen Teil der Emigranten-Tragik geklärt.
Ein Korydon wird sich unter denen, die wir meinten, so leicht nicht finden, auch kein Alkibiades. Bei anderen mag die verschmähte Liebe zum Haß werden.

VI. Die »Messieurs chez nous.«
»Zu Straßburg auf der Schanz
da fing mein Trauern an ...«

Ich weiß nicht mehr, welcher französische Philosoph es war, der, gefragt, was Heimweh sei, geantwortet hat: »Eine Erfindung der Schweizer.« Das ist eine schöne, französische, rationalistische Definition aus dem achtzehnten Jahrhundert.
Kann man eine solche Auffassung überhaupt noch zur Diskussion stellen? Oder kann man, wenn nicht verächtlich, noch den alten Römer zitieren: »Ubi bene, ibi patria ...«?
Die öffentliche Debatte in Deutschland war seit langem davon ausgefüllt, daß Einer dem Anderen vorwarf, er ermangle des Nationalgefühls, und daß der Andere dem Einen den diffamierenden Vorwurf zurückgab.
Daß Grillparzer dichtete:
»Von Humanität durch Nationalität zur Bestialität ...«
wie lange ist das her!
Oder daß Goethe ohne Bedauern sagte:
»Zur Nation Euch zu bilden, ihr hoffet es, Deutsche, vergebens ...«
In besseren Zeiten hatte ein deutscher Sozialistenführer[1] den Satz geprägt, für den Arbeiter gebe es »kein Vaterland, das Deutschland heißt«. Und da er damit sagen wollte, der ausgebeutete Proletarier genieße keine Vorteile davon, daß sein Land groß und mächtig und reich sei, sein Vaterland, kapitalistisch wie es jetzt noch ist, sei ein Stiefvaterland, und es werde erst ein echtes Vaterland sein, wenn es allen seinen Söhnen gleiche Rechte gewähre, so war der Ausspruch, im Rahmen sozialistisch-proletarischer Ideologie verstanden, logisch und verständig und dazu eine recht gelungene Prägung.
Aber es ist schon lange her, daß ein deutscher Sozialdemokrat das Schlagwort zu verteidigen gewagt hätte.
Es war schon gegen Schluß der öffentlichen Debatte in Deutschland – wo jetzt Kirchhofsruhe herrscht, unterbrochen durch die Ausbrüche der Parteigrößen und der Verkündung von Todesurteilen, und wo keine öffentlichen Debatten mehr geführt werden –, daß auch die Kommunisten sich zu den

Vaterlandsverteidigern gesellten und ein Wahlprogramm erließen, das man »das nationalistische Manifest« genannt hat.[2] Es war am Ende eine geschlossene Front von rechts bis links, eine einige Front der National-Psychose, und der Streit ging nur darüber, welche Partei am geeignetsten sei, Deutschland zu »befreien«. Zu befreien wovon? Niemand hätte wagen dürfen, die Frage zu stellen.

(Es hatte nur noch gefehlt, das Problem zu stellen, über das jetzt noch nicht volle Einigkeit herrscht, ob der Befreier, also Herr Hitler, mehr oder weniger als Christus ist und ob wirklich die christliche Religion ihren Ursprung unter den Juden gehabt haben kann.)

Das war die Luft, aus der die Emigranten kamen, als sie die Grenzen überquerten. Sollen sie etwa jetzt glücklich sein, auch soweit sie keinen Mangel leiden? Sie waren ja ebenso nationalistisch gewesen wie die anderen, und vertrieben sind sie nur deshalb, weil es ihnen nicht lag oder nicht gelang, den Mund so weit aufzureißen, wie jene.

Wir haben den Nationalismus weder erfunden noch gepachtet, das ist wahr. Die Geschichte von dem Douglas, die Fontane berühmt gemacht hat ...

»Ich hab es getragen sieben Jahr',
Und ich kann es nicht tragen mehr ...«

hat sich in unseren Tagen wiederholt, und nicht mit einem Deutschen. Es war der ungarische Schriftsteller Ludwig Hatvany[3], der mit vielen anderen vor dem Terror der Konterrevolution weichen mußte und der sieben Jahre, wirklich auch sieben Jahre, ängstlich und begierig um die Grenzen Ungarns irrte, bald in Preßburg, bald in Fünfkirchen, bald in Klausenburg literarisch-patriotische Vorträge hielt, bis er bei Nacht und Nebel jene heiß begehrte Grenze überschritt und ohne zu zögern zu dem königlichen Staatsanwalt in Budapest fuhr. Er sagte, als er ins Gefängnis gebracht wurde: »Lieber zu Hause im Kerker, als im fremden Land in der Loge ...« und wurde zu sieben Jahren Zuchthaus verurteilt.

Von der «Loge« zu reden, hatte er Grund, denn er war reich, und es ging ihm in Paris oder Rom oder Wien nichts ab. Ein Mann wie Rathenau[4], damals noch mächtig und einflußreich im liberalen Deutschland, öffnete ihm weit die Arme:

»Bleiben Sie hier, Sie werden ein deutscher Schriftsteller sein ...«

Aber er blieb nicht.

Sein Verbrechen war, daß er nicht national genug war.

Und er war ein Jude.

Was auch die deutsche Emigration an Patriotismus leisten wird, und es wird vermutlich nicht wenig sein, wird sie die Geschichte des Ludwig

Hatvany nicht übertreffen. Die Geschichte formt nicht noch einmal die Tragödie des verbannten Patrioten so einfach und klar, so klassisch.
Was die arische und proletarische Emigration angeht – die etwa ein Zehntel ausmacht – so ist ihr Fall, in diesem Zusammenhang, einfach. Die Reichsbanner- und Rot-Front-Männer, die vor oder nach dem Konzentrationslager aus Deutschland flohen, und ebenso die Parteiführer oder -unterführer, sind echte, rechte politische Emigranten, sie leben nur körperlich in den fremden Ländern, sie denken nur an die Heimat. Sie arbeiten für die Heimat, soweit die Parteien sie brauchen können. Sie sind Gäste in dem gastlichen Land, das sie aufnahm. Wenn es wahr sein sollte, was eine Zeitung meldete, daß ein paar Deutsche sich an den Februar-Straßenunruhen in Paris[5] beteiligt haben, so war das offenbar eine Ausnahme. Auch der weitestgehende Internationalismus des politischen Bekenntnisses macht aus deutschen Politikern so leicht keine französischen oder englischen Politiker. Und die Rückkehr?
Wir kannten einen Ungarn[6], der beim Film tätig war. Mehr wußten wir nicht von seiner Vergangenheit, als daß er Ungar war. Als wir ihn einmal im Gespräch fragten, wann er nach Ungarn fahre, richtete er sich – es war ein kleiner Mann – in seiner ganzen Länge auf und sagte:
»Nur an der Spitze meiner Batterie ...!«
Er war auch einmal bei der Artillerie gewesen und übrigens, was wir eben beide nicht gewußt hatten, Emigrant. Das war komisch, vor allem komisch für den, der den kleinen Mann kannte.
Aber es war voll Weisheit gesprochen.
Und es gilt für die echten, für die militanten politischen Emigranten. Sie wollen alle nur an der Spitze ihrer Batterien zurückkehren.
Eine Emigration ist eine lange, traurige Sache. Und je länger sie dauert, desto trauriger wird sie. Ein Jahr ist nichts in der Geschichte einer Emigration. Wenn Hitler nicht ein Wunder der Dummheit tut, so wird dieses Jahr nur eines von sehr vielen sein. Bei allen Emigrationen kommt der Zeitpunkt, in dem die Emigranten müde werden und alt, und während sie sich früher nicht genug ihrer revolutionären Taten und Gedanken rühmen konnten, kommt der Augenblick, in dem der Rest ihres Ehrgeizes sich darauf richtet zu beweisen, daß sie immer unschuldige Lämmer gewesen sind. Und in dem sie zurückkriechen wollen, wo sie einst nur an der Spitze ihrer Batterie zu sprengen gedachten. (Wer Emigrationen kennt, der weiß auch von ihrem Ende, von der allertraurigsten Zeit einer so traurigen Zeitfolge.)
Aber heute ist es natürlich noch nicht so. Es mögen wohl von den Parteiführern schon heute manche müde sein. Es sind die, die schon früher müde waren, deren Müdigkeit schuld daran war, daß Hitler ohne Widerstand gesiegt hat.

Die Masse der politischen Emigranten ist nicht so weit, nein, keineswegs, sie denken an Deutschland nicht nur in der Nacht, sie sprechen auch am Tag von nichts anderem. Sie sind alle noch in dem Batteriezustand. Und es sind nicht nur Batterien, es sind Divisionen und Armeekorps, wenn auch nicht von Soldaten, an deren Spitze oder in deren Reihen sie sich träumen. Das heißt, um genau zu sein, es gibt auch solche, die heute schon zurückkehren. Und solche, die das nicht einmal nur, sondern mehrfach tun. Ehre ihnen! Es wächst in der illegalen Arbeit ein neues Geschlecht heran. Vielleicht, daß von hier aus das deutsche Volk politisch wird, das heißt selbstbewußt, selbständig, unabhängig vom Befehl – alles das Gegenteil von dem, was sie in den braunen Bataillonen lernen können – und damit fruchtbarer und glücklicher, verantwortungsbewußter und erträglicher für Europa.

Aber dazu wäre notwendig, daß die Emigration siegreich zurückkehrte und daß sie nicht zu früh zurückkehrte, aber auch nicht zu spät.

Der Fall mit den Politischen ist, wie gesagt, einfach.

Aber sehr, sehr schwierig ist er mit den Juden.

Der Zionistenführer Chaim Weizmann[7] hat in einer Rede zur deutschen Emigration gesagt:

> »Wir russischen Juden haben viel zu leiden gehabt. Aber wir haben gewußt, warum wir leiden. Denn wir haben gewußt, daß wir Juden sind. Aber die Leiden der deutschen Juden sind viel schlimmer. Denn sie haben nicht mehr gewußt, daß sie Juden sind.«

Es gibt deutsche Juden, die gegen dieses kluge und tiefe Wort Protest erheben werden. Aber sie werden zu Unrecht protestieren.

Es gibt deutsche Juden, die bis zur Unkenntlichkeit assimiliert sind. Sie marschieren sogar in der SA, wie ein Führer von Brandenburg, Weitmark Bartholdy[8], dessen Vorfahre Salomon hieß, wie der Pg Oberstleutnant Benary[9], der von einem Levy abstammt. Sie sitzen in den hohen Ämtern des Dritten Reichs, wie der Staatssekretär Milch[10], Gehilfe Görings im Reichsluftfahrtministerium, der Staatssekretär Landfried[11] im Reichsfinanzministerium, der Präsident des Verwaltungsrats der Deutschen Reichsbahngesellschaft, Exzellenz (noch aus grauer Vorkriegszeit) Friebe von Batocki.[12] (Friebe war einst Fränkel.) Sie sind noch heute nach den Ariergesetzen und nach der Judenverfolgung in der Reichswehr, in der Diplomatie, in den Ministerien. Niemand hätte sie jemals als Juden angesprochen, und am allerwenigsten die Juden, die etwas auf ihr Judentum halten. Aber nach der Gesetzgebung Hitlers sind sie Juden – wenn er es auch von ihnen gerade nicht weiß. Unter den Emigranten sind nicht wenige, die ebensoviel Juden sind, wie die Staatssekretäre, Generäle und Gesandten Hitlers.

Das ist der eine Pol der jüdischen Emigration. Die bewußten Juden nennen sie »Assimilanten«. Und wenn das Wort auch nicht gerade ein Schimpfwort ist, ein Ehrentitel soll es auch nicht sein.

Der andere Pol sind Orthodoxe, Jüdisch-Nationale, Zionisten. Waren sie, sind sie nicht assimiliert? Grotesk, es zu leugnen. Wuchsen sie nicht auf in deutscher Landschaft, in deutschen Schulen, ist deutsch nicht ihre Muttersprache, lernten sie nicht an deutschen Dichtern, lasen und lesen sie nicht deutsche Zeitungen, kämpften sie nicht im deutschen Heer, dienten sie nicht in deutschen Ämtern, wählten sie nicht zum deutschen Reichstag, liebten sie nicht deutsche Mädchen?

Wir wissen nicht genau, was ein Jude ist. Aber wir kennen den Unterschied zwischen einem Assimilanten und einem »deutschen Juden«; der erste sprach nicht unnötig davon, daß er Jude sei, oder er sprach gar nicht davon. Der zweite war einer von denen, die sich nicht so leicht etwas gefallen lassen. Deshalb bekannten sie laut und deutlich ihr Judentum.

Aber die Assimilation hatte in Deutschland ihren besonderen Charakter, sie unterschied sich von der in allen anderen Ländern in einem wesentlichen Punkt, und dieser Punkt betrifft die Konfession.

Wenn in England ein Jude Ambitionen hat, so beginnt er damit, daß er sich um Ehrenstellen in der jüdischen Gemeinde bewirbt. Je mehr er in seiner eigenen, engeren Gemeinschaft gilt, desto eher wird er auch im größeren Kreis etwas gelten. Man könnte zugespitzt sagen, es müsse erst einer Präsident der jüdischen Gemeinde gewesen sein, ehe er Minister werden könnte. In Deutschland war es umgekehrt.[13] Wer nur hoffte, sein Sohn werde einmal Leutnant der Reserve oder Corpsstudent sein, der mußte sich taufen lassen, der mußte seine religiöse Gemeinschaft aufgeben und sie verleugnen.

»Was sind die Meyers für Leute?«

»Eine sehr gute Familie, knapp vor der Taufe.«

Das ist ein sehr bitterer Sarkasmus für eine sehr trübselige Wahrheit.

Durch sie kam eine muffige Unwahrhaftigkeit in die Assimilationsbewegung, die in anderen Ländern zu ihrem Nutzen und zum Nutzen des Judentums fehlt. Trug gar der Name des Assimilanten neutralen Charakter oder änderte er ihn, nahm er einen »deutschen« Namen an, so kamen seine Söhne oder Enkel bald in die Lage, ihren jüdischen Ursprung zu leugnen oder doch zu verheimlichen. Die Assimilation, die sonst nirgendwo etwas Unehrenhaftes hat, wurde zur Unwahrhaftigkeit.

Die ersten Stände der Gesellschaft, Offizierkorps und Staatsverwaltung, waren »judenrein«. Den Judenstämmlingen, die ihnen trotzdem angehörten, mußte etwas »verziehen« werden. Andere mochten ihren jüdischen Ursprung vergessen. Sie selber vergaßen ihn nicht.

So kommt es auch, daß die ersten Familien des deutschen Judentums, die Mendelssohns[14] zum Beispiel, die den großen jüdischen Philosophen zum Ahnherrn haben, Christen sind.
Und so kommt es, daß die Assimilation bis zur Unkenntlichkeit gedieh. Daß aus Assimilierten Antisemiten und Angehörige einer antisemitischen Partei wurden.
Die Taufe aus Überzeugung ist ethisch einwandfrei. Aber wie selten war sie.
Die Taufe des gesellschaftlichen Vorteils wegen war eine Unehrlichkeit. (Und »das eben ist der Fluch der bösen Tat, daß sie fortzeugend immer Böses muß gebären.«)
Viele »Juden« sind erst von Hitler daran erinnert worden, daß sie es sind. Manche verbergen es noch heute.
Was ein Jude ist, weiß Hitler, und er hat ein Buch darüber geschrieben (oder abgeschrieben), es heißt Mein Kampf und ist ein dummes Buch. Man kann viel daraus lernen, nämlich was den Umfang der Dummheit angeht. Einmal schreibt er dort, als er noch ganz klein war, in Linz an der Donau, habe er gedacht, die Juden seien Menschen! Also kann man auch von Hitler nicht lernen, was ein Jude ist.
Unter den ehrlichsten deutschen Zionisten gab es einige, die in deutschen Ämtern und Gerichten dienten und die so treu und gewissenhaft wie irgend ein anderer Beamter ihre Pflicht erfüllten. Aber kann einer ein hochqualifizierter Staatsbeamter sein und nicht im Staat und seinem Volk assimiliert? Auch dies Wort bringt uns nicht weiter.
Es gab bewußte Juden auf den deutschen Universitäten, ihres Judentums sehr bewußte, die von Assimilation nicht hören wollten. Sie hatten einen Verband, der K.-C.[15] hieß, trugen bunte Mützen, sangen Lieder aus dem Kommersbuch, tranken zu viel Bier, trieben Wehrsport unter der Leitung von Reichswehroffizieren, und wenn einer sie schief ansah, weil sie Juden waren, so gingen sie mit ihm »auf die Mensur«. Wie soll man das aus dem Urwalddeutschen ins Europäische übersetzen? Sie duellierten sich auf die besonders stupide, lächerliche und entstellende Weise, die von den Deutschen allein betrieben und geliebt wird.
Es mag ein Riesenunterschied zwischen Deutschen und Juden sein. Aber die deutschen Juden haben alle Tugenden und auch alle Fehler der Deutschen. Das ist leider nicht zu leugnen.
Es passieren darum auch ärgerliche Irrtümer. Ein Rabbiner, Maybaum[16], Zionist, schrieb, als die Wogen der Judenhetze am höchsten gingen, in einer deutschen jüdischen Zeitung: das deutsche Volk sei nun einmal das Volk ohne Land. Immer müßten Deutsche auswandern und trügen dann deutsche Art und Sitte ins ferne Ausland. Diesmal träfe es die deutschen Juden, und sie würden deutsche Kultur in Palästina verbreiten.

Offenbar kann man im deutschen Nationalismus nicht weiter leben. Er ist hier schon ad absurdum getrieben.

Ein Jahr später, als inzwischen Zeit genug gewesen wäre, Atem zu schöpfen und nachzudenken, erließ die »Reichsvertretung der deutschen Juden«[17] einen Aufruf, der so begann:

»Die Aufgabe, der sich die Regierung mit tiefem Ernst und sichtbarem Erfolg widmet,
den deutschen Individualisten zum Dienst an der Gemeinschaft zu führen, gilt
erst recht für die deutschen Juden ...«

Nicht nur die Fehler der Deutschen teilen die deutschen Juden, auch die Laster, und sie beglückwünschen ihre Mitdeutschen zu ihren deutschen Verbrechen.

Es gibt eine »Erneuerungsbewegung der jüdischen Deutschen«.[18] Dort wird versichert: »Wir sind und bleiben jüdische Deutsche.« Und es wird den Anhängern versprochen, wenn sie nur wieder religiöse Juden würden, so würden »die nicht-jüdischen Mitbürger« – das sind die Nazis – »die Juden ganz zu den ihren zählen«.

Was vor hundert Jahren Vernunft und Anstand verlangt hätte, ist heute Schmach und Perversion.

Man darf glauben, daß sie eine »jüdische Legion« vorbereiten, die im kommenden Krieg die neue Emanzipation erkämpfen soll.

Deutschland hatte eine halbe Million Juden, als der Rassenwahn methodische Formen annahm. Fünfzigtausend von ihnen emigrierten.

Was ist nun der Unterschied zwischen denen, die bleiben, und den anderen, die gingen?

Wir könnten ihn vielleicht ganz kurz definieren: es gingen die, die sich sagten: Das lassen wir uns nicht gefallen!

Es sind im allgemeinen in der Weltgeschichte die Auswanderer die besseren gewesen, die reicheren an Initiative, an Selbstbewußtsein, an Mut, an Lebensfreude, an Trotz, an Tapferkeit.

Wir wollen die Emigranten nicht verherrlichen. Nicht um ihr Lob zu singen, wird dies Buch geschrieben, sondern um die Wahrheit über sie zu suchen.

Und wir sagen auch nur, daß es im allgemeinen mit dem Emigranten in der Welt und im besonderen mit den deutschen jüdischen Emigranten so ist. Aber wir lieben die mehr, die sich nichts gefallen lassen.

Die Juden, die in Deutschland blieben, haben ein Programm. Das lautet: Mit dem Tag der Entrechtung beginnt der Kampf um die neue Emanzipation. Respekt der Geduld und Zähigkeit derer, die daran glauben und die daran festhalten.

Aber wie sie heute von dem »tiefen Ernst und dem sichtbaren Erfolg« der deutschen Regierung sprechen, so werden sie auch in den kommenden Zeiten alle Lügen und alle Dummheiten und alle Verbrechen des deutschen Volkes mitmachen, das auf den schiefen Weg geraten ist.
Wir glauben, das bessere Deutschland ist heute in der Emigration, und dort sind die besseren deutschen Juden.
Aber wenn sie auch ausgewandert sind, so sind sie doch geblieben, was sie waren. Sie haben früher vergessen gehabt, daß sie Juden waren – hat Weizmann gesagt – und es wird ihnen nicht so bald wieder einfallen.
Robert de Rothschild hat ihnen in einer Strafpredigt[19] gesagt, sie sollten bald gute Franzosen werden. Sie werden gute Staatsbürger sein – wenn ein Staat sie zu seinen Bürgern macht. Auch in Deutschland waren sie gute Staatsbürger.
Franzosen oder Engländer oder Palästinenser werden sie nicht so bald werden, man wird das nicht von einem Tag zum anderen.
Ein Jahr ist eine kurze Zeit.
Sie sprechen nicht von der Rückkehr, wie es die politischen Emigranten tun. Sie wissen, daß kein Regime denkbar ist, das sie im Triumph zurückführt. Sie werden nie »an der Spitze von Batterien« reiten. Sie lernen französisch oder englisch. Aber in Paris nennt man sie »Les Messieurs chez nous«, weil sie jeden Satz anfangen: »Chez nous ...« Das heißt: »In Deutschland ...«
Und wenn Ihr sie nachts weckt, so werden sie aus dem Schlaf summen:

>»Deutschland, Deutschland
>Über alles ...«

VII. *Die Grenzen sind schwimmend.*

Es gibt einen deutschen Schriftsteller[1] in Paris, einen sehr berühmten ... Nein, genauer gesagt, er war einmal sehr berühmt. Aber er ist wohlhabend von der großen Eintagsberühmtheit her geblieben. Dieser Schriftsteller hat sich kürzlich, so wird erzählt, geäußert, es sei nicht angenehm, mit Armen essen zu gehen. Denn entweder müsse man sie einladen, oder man müsse schlecht essen.
Der berühmte Schriftsteller hat unser Mitgefühl. Das heißt, er hätte es, wenn er nicht klug dem Dilemma zu entgehen wüßte.
Seine Kollegen aber kommen selten in so verzwickte Situationen.
Neulich las man in der Presse eine Aufzählung Ausgewanderter, deren »Vermögen« Hitler beschlagnahmt hat.[2] Es fiel auf, daß die meisten unter ihnen Schriftsteller waren. Politische Schriftsteller, halbpolitische Schrift-

steller, unpolitische Schriftsteller. Wir sprechen nicht vom Rang – obwohl der auch sehr verschieden war – wenn wir sagen: Kraut und Rüben. Was hat Hitler nur gegen die Schriftsteller? Oder haben sie etwas gegen ihn? Jedenfalls glauben wir, es ist nicht klug von ihm, ihr »Vermögen« zu beschlagnahmen – das ohnehin nur aus Büchern und Steuerschulden besteht, und die Steuerschulden übersteigen den Wert der Bücher – sie werden ihm noch sehr fehlen. Schon klagt Goebbels, der Verwalter der Nazi-Kultur, in beweglichen Tönen, seine Presse sei so langweilig. In Arbeitslagern wachsen die militärischen, nicht die literarischen Talente. Und ohne sie tut sich eine Diktatur schwer. Sie braucht sie noch mehr, als die Demokratie, die nicht so viel schönfärben muß.

Paris ist voll von deutschen Schriftstellern, und es sind nicht wenige unter ihnen, die einen guten Namen haben. Denkt man an die anderen, die in Nizza, in London, an den Seen der Schweiz, in Prag sitzen, so wird einem bang um ihr Schicksal. Und um das Deutschlands. Ein Land ohne Schriftsteller? Das könnte vielleicht angehen, obwohl nicht so leicht ... Aber ein Land, das seine Schriftsteller gegen sich hat? Warum das gute Geld ausgeben, um sie zu beobachten? Es wäre besser angewendet, sie zu verführen. Nicht alle würden unversöhnlich sein.

Aber wovon werden die deutschen Schriftsteller leben? Goldene Zeiten, als bei Ullstein[3] immer in irgend einer der hundert Abteilungen Vorschuß zu holen war. Und dabei hat man damals nicht gewußt, daß die Zeiten golden waren. Das Niveau in Deutschland ist gesunken, und es wird noch weiter sinken. Aber wer kann von der Überzeugung, daß er in Deutschland gebraucht würde, in Paris zu Abend essen? Man kann mit der tröstlichen Überzeugung im Herzen herrlich verhungern.

Damit sind wir wieder bei dem kleinen Café angelangt zwischen Sorbonne und Boulevard St. Michel. Nicht als ob es das einzige wäre, aber es mag als Paradigma dienen. Es sind mehrere deutsche Schriftsteller, unter ihnen ein wahrer Poet[4] und ein wirklicher Philosoph[5], die hier ihre Arbeitsstätte aufgerichtet haben. Der Jurist ist schon lange aus- und in ein elegantes Bureau in den Elyseeischen Feldern eingezogen. Man kann, wir sagten es schon, in den Pariser Gasthofzimmern prächtig schlafen, aber nicht ebenso gut arbeiten. Die hier eingezogen sind, stehen nicht so früh auf, wie der fleißige Kandidat der Licence es getan hat. Aber den langen Nachmittag hindurch kann man sie hier sitzen sehen, jeden an einem kleinen Marmortisch. Und einer der Tische wäre es wert, einmal in seinem Stein geschnitten die Worte zu tragen:

>»An diesem Tisch dichtete der deutsche Dichter J ... R ... in den Jahren seiner Verbannung von 1933 bis ...«

Wir sind keine Propheten, wir wissen nicht, wie lang die Verbannung und wie lang sein zartes Leben und was von beiden länger dauern wird. Auch ist es immerhin möglich, daß er einmal in ein anderes Café übersiedelt.

Die Schriftsteller wohnen in den kleinen Hotels, die hier und in mehreren Stadtteilen der großen Stadt in Mengen zu finden sind und eine wichtige Funktion erfüllen: Sie dienen den Armen und Ärmsten als Wohnung. Oft ist es nur ein Schritt von ihnen zum Asyl oder zu den Schlafplätzen unter den Brücken der Seine.

»Hotel«, das ist für uns Deutsche ein anderer Begriff, und es mutet uns seltsam an, ihn auf die Herbergen anzuwenden, die hier so heißen. Die Zimmer schrumpfen schneller als das Bett, und am Ende ist zwar das Bett nicht mehr so überlebensgroß und nicht mehr so sehr den Grundsatz der Philine bekundend, daß die Nacht der schönere Teil des Tages sei – aber es ist außer dem Bett fast nichts mehr vorhanden und auch kein Raum mehr für viel anderes. Ein runder Waschtisch, und der wackelt oft, ein Stuhl oder, wenn es hoch hergeht, zwei, ein schmales Tischchen. Die Treppe ist winklig und steil, die Fenster sind trüb, das Badezimmer ist eine Sage aus fernen Ländern, die Besitzerin zugleich Köchin und Concierge. Sie ist eine charmante lustige Pariserin, solange man bezahlt, und eine Hexe, wenn der Gast kein Geld mehr hat. Denn sie ist selbst arm.

Als durch jene mystische Urwaldpost der Ruf nach Berlin kam, das Komitee bringe die Emigranten in »Hotels« unter, waren es lichter- und spiegelscheibenglänzende Luxuskarawansereien. Was ist ein Hotel? Adlon, Bristol, Esplanade. Als man einzog, war es dort nicht sehr sauber, und es roch so, wie es an Stätten alter, sehr alter Zivilisation zu riechen pflegt.

In einem solchen Hotel wohnt der Philosoph. Früher einmal hat der erste deutsche wissenschaftliche Verlag mit Freuden seine Werke verlegt. Und damals trug solche Auszeichnung ein bescheidenes Kleinbürgerleben. Jetzt? Romane, Pamphlete, Leitartikel – das alles läßt sich auch in der Fremde noch als gangbare Ware vorstellen. Philosophie? Der Philosoph hat einen Teil seiner Bibliothek gerettet. Wohin damit? Sie stehen heute in einer Pariser Leihbibliothek. Der Philosoph, der sonst nicht wüßte, wohin mit ihnen, kann sich holen, war er braucht. Und er bezieht Prozente, wenn ein anderer sie ausleiht. Er wohnt mit seiner Frau und seinem Kind in einem solchen Hotelzimmer, in dem man schlafen, aber nicht wohnen kann. Eine Tasse Kaffee kostet einen Franc in dem kleinen Café. Wenn der Kaffee und der Abend zu Ende sind, so geht er »nach Hause«. Frau und Kind schlafen, und er kann ungestört auf dem wackligen Stuhl an dem wackligen Tischchen arbeiten, bis für die anderen der Tag beginnt und für ihn die Nacht.

»Ich bei Tag und Du bei Nacht« – hieß nicht so ein Film in dem noch nicht eroberten Deutschland? Ach, es war viel lustiger in dem Film, als es in der Wirklichkeit deutscher Emigration ist.

* * *

Das kleine Hotel des großen Philosophen liegt dort, wo sich die Reihe der kleinen Hotels vom Mont Parnasse nach St. Paul hinüberzieht. Wenn wir weiter gehen, so kommen wir dorthin, wo vor der Großen Revolution die Aristokraten wohnten, die, wenn man der aristokratischen Historie glauben darf, so gut zu sterben verstanden, wie sie gut gelebt hatten. Dort, wo einst die aristokratischen Opfer der französischen Revolution ein glänzendes Dasein hatten, führen heute die proletarischen Opfer vieler Revolutionen eine Existenz, die völlig ohne Glanz ist.

Der Ausdruck »Hotel« hat eine doppelte Bedeutung in Frankreich. Er meint nicht nur Gasthaus, sondern auch Stadtschloß, Patrizierhaus, Palais. Die »Hotels« der Aristokraten sind die Hotels der Elenden geworden.

In St. Paul hat sich Emigration auf Emigration geschichtet. Aus allen Ländern, wo Umwälzungen, nationale und andere, in unserer großen Zeit gewesen sind, haben sich Vertreter ihrer Nationen in diesem Teil der gastfreundlichsten Stadt zusammengefunden. Syrer, Türken, Bulgaren, Ungarn, Russen, Armenier, Italiener, Spanier – und zuletzt sind die Deutschen hier eingezogen. Welches Land wird dann seinen Überfluß, seinen Abschaum, Abhub, Abfall abladen? Es sind die Verlierer, die Verstoßenen des politischen Spiels, die Unbrauchbaren, die sich hier zusammenfinden. Ob es eine Revolution war, die sie ausspie, oder eine Konterrevolution – niemand kann es ihnen ansehen. Ob die »Erhebung« gegen oben oder unten gerichtet war, niemand vermag es an ihren Opfern zu erkennen. Was auch gekocht worden ist, die Reste tragen die gleiche graue Farbe.

Die Bewohner sind alle nur »vorübergehend« hierher gekommen. Nur auf Tage, nur auf Wochen. Aber wir haben von keinem Aufstieg gehört, der hier seinen Anfang genommen hat, und wir glauben nicht, daß hier so leicht ein Aufstieg beginnen könnte.

Hätten die deutschen Emigranten eingeordnet, assimiliert werden sollen – nun so war es nicht der richtige Weg des Comité National, so viele von ihnen hier einzuquartieren. Das einzige Französische, was hier zu bemerken ist, das ist die Großzügigkeit, mit der Frankreich den Armen und Verstoßenen seine Tore öffnet.

Man hört alle Sprachen Europas und manche Klein-Asiens, auch französisch darunter. Aber mehr als französisch die Sprachen, die von den armen Juden in aller Welt gesprochen werden und vor allem jene Mischung aus

65

dem Mittelhochdeutschen und hebräischen Brocken, die man jüdisch oder jiddisch nennt.

Ist es so, daß Juden bei allen Revolutionen beteiligt und daß sie immer auf der verlierenden Seite sind? So wird es wohl nicht sein. Aber wo auch ein Volk in Bürgerkrieg gerät, wo Mangel und Unglück ein Volk in Bewegung bringt, da sind die Juden ein Blitzableiter, ein Prügelknabe. Nicht der Zarismus allein verstand es, die Juden für Hungersnot und Mißwachs, für schlechte Politik verantwortlich zu machen. Und nicht Hitler allein hat dasselbe System angewendet, es ist von alters her bekannt und bewährt.

Darum tragen die Schilder der Geschäfte und Restaurants Namen wie: Rosenthal, Moscowicz, Blumenfeld ... »Cohn« kommt in allen nur denkbaren Schreibarten wieder. Aber nur sehr selten mischt sich ein französischer Name dazwischen.

Das Komitee hatte auch gute, saubere Hotels zur Verfügung, als es seine Tätigkeit begann. Dorthin wies es Akademiker, Dozenten, Ärzte – was nicht getadelt werden soll. Nach St. Paul schickte es die Juden, die schon vorher Schnorrer gewesen waren, and andere, aus denen nun bald Schnorrer werden sollten. Für ein Zimmer – aber eigentlich ist das Wort zu fein für die Löcher von St. Paul – zahlte das Komitee dreißig Francs die Woche, oder wenn eine Familie es bewohnen sollte, ein bißchen mehr. Es gab dazu zwei Karten für die Mahlzeiten am Tage, einen Franc für Brot täglich, auch in einer Karte, und fünf Francs bar als Taschengeld für die Woche. Das waren die großen Zeiten. Sie dauerten nicht sehr lang. Dann gab es eine Eßkarte am Tag und dazu drei Francs für das Abendbrot. Dann fielen auch die drei Francs weg, und es blieb das Zimmer und die eine Eßkarte.

Haben nun manche die generösen Anfänge des Komitees dazu benutzt, zu starten und in geordnete, bürgerliche Verhältnisse zurückzukehren? Viele nicht. Wir sagten schon, daß in St. Paul keine Aufstiege begonnen werden. Ein paar haben die Energie gefunden, von hier aus eine Arbeit zu beginnen, bescheiden genug, und nicht so weit entfernt vom Elend der Arbeitslosen. Wir werden noch von ihnen sprechen. Die meisten haben geduldig den Abstieg mitgemacht, den die schwindenden Mittel und sein Mangel an Voraussicht dem Komitee vorschrieben.

Hätte man aus kleinen Geschäftsleuten, die plötzlich ihr Geschäft, aus kleinen Angestellten, die ihre Anstellung verloren, Schnorrer machen wollen, im Wege der Gewöhnung und der Anpassung an ihre Umgebung – hätte ein schlauer Regent, unterstützt durch den Rat gelehrter Soziologen, sich ein raffiniertes Mittel erdacht, Menschen aus dem Kleinbürgerstand sanft und sicher ins Lumpenproletariat zu überführen, so hätte er so gehandelt, wie das Comité National es hier in St. Paul getan hat. Was nicht aus Wohltun werden kann!

Man lebt auch hier, wie in einer großen Familie. Da ist ein schöner Platz, Place des Vosges, mit einem Park. Dieser Park dient den Verstoßenen von St. Paul in der guten Jahreszeit als Club oder Salon. Man sagt vom Park der Place des Vosges, daß in ihm nie ein französisches Wort zu hören sei.
Aber auch im Winter ist das Wetter nicht allzu frostig – und das ist selten in Paris – will niemand in seinem Zimmer leben. Und wer, der diese »Zimmer« kennt, könnte das nicht verstehen? Dann ist die Straße der Parlour, auf dem alle Sprachen, am meisten aber die der Juden, zu hören sind. Es ist eine Familie. Nicht eine Familie, die sich besonders liebt – wie wenige Familien tun das! Aber immerhin eine Familie. Der Neuankömmling gehört bald dazu, die Anpassung wird ihm nicht schwer gemacht.
Wir gehen in eins der Restaurants: Hier gelten die Karten, die das Komitee ausgibt. Wer keine Karte hat, zahlt drei Francs. Man bringt sich das Brot selbst mit, die wenigen Franzosen, die hierherkommen, auch ihren unentbehrlichen roten Wein.
Das Essen ist ausreichend. An allem anderen herrscht ein kaum beschreiblicher Mangel, ein Mangel, der uns vermeidbar scheint. Die Tapete hängt in Fetzen. Die Tische wackeln. Jeder Stuhl ist anders. Ihre einzige Gemeinschaft ist, daß auch sie wackeln. Der Kellner duzt die Gäste, auch uns, die er nicht kennt.
An der Wand hängt ein Schild: »Auch Samstags kein Kredit«.
Die Frommen, die am Sabbath die Handreichung des Zahlens vermeiden wollen, haben einen Ausweg: Sie können schon am Freitag auch das nächste Essen zahlen. Wenn sie am Freitag schon das Geld für den Samstag haben.
Uns gegenüber sitzt ein alter Jude. Sein Mantel sieht aus, als ob er ihn seit der Emigration nicht ausgezogen hätte. Es muß nicht die deutsche Emigration, es kann auch eine der früheren gewesen sein. Dieser Mantel, der vor Schmutz starrt, an dem Fleck an Fleck und oft ein Fleck über dem anderen sitzt, symbolisiert den »Teil St. Paul« der Emigration.
Die Luft ist lähmend, hoffnungslos. Vielleicht wäre einer oder der andere von denen, die erst die deutsche Judenvertreibung hierherführte, zu retten gewesen? Genug zu wissen, daß es nicht versucht worden ist.
Nicht weit davon ist ein Café, das eine geflüchtete Bayerin gegründet hat. Sie hat eine der berühmten Kuckucksuhren aus dem Schwarzwald mit sich gebracht. Die Kuckucksuhr hängt an der Wand. Sie geht nicht, und man hat sie mit Bindfaden zusammengebunden, damit sie überhaupt zusammenhält. Der Vogel hängt halb aus seinem Haus heraus. Er wird nie wieder seinen heimatlichen Ruf erschallen lassen.
Der Käsekuchen wird uns angepriesen. Die vergleichende Reklame mag zwar gesetzlich verboten sein – unter Emigranten liegt sie so nahe: »Wissen's, Fräulein, was die Franzosen Kuchen nennen ...«

Am Nebentisch tauscht man Erinnerungen aus:
»Wenn der X mich nicht gewarnt hätte, dann hätten sie mich – unter Konzentrationslager wär es nicht abgegangen ...«
»Wie ich getürmt bin ...«
Die Zeit steht still. Sie steht still, seitdem am Tag nach dem Reichstagsbrand der Terror in Deutschland begann. Soll sie nie wieder in Bewegung kommen?
Eine Straße weiter ist das herrlichste Barock-Palais. Es ragt selbst in dieser Umgebung schöner alter Palais heraus. Das dreckigste der Mietshäuser hat sich in den klassischen Mauern breitgemacht.
Der »Eingeborene« aus St. Paul, der uns führt, macht uns auf das Gebäude aufmerksam:
»Sehnse sich das an! Bei uns wär es längst unter Denkmalschutz. Aber hier ...«
Nein, hier werden sie keine Franzosen werden.
Das modernste Haus des Stadtteils ist das Bordell. Der Preis für einen Besuch ist fünf Francs. (Die Mark wird mit sechs Francs, der englische Schilling mit vier umgerechnet.) Im »Salon« sitzen ein paar Gäste und warten.
Unser Weg führt uns weiter zum Hospital Andral. Das heißt, früher war es ein Hospital, jetzt sind deutsche Emigranten hier kaserniert. Das ist noch keine von den berühmten »Kasernen«, die werden wir später sehen. Aber es ist hier nicht so unähnlich.
Die Frau, die wir besuchen, hat ein Schild an ihrer Tür: »Sprechstunden 3 – 6.« Es sind »juristische« Sprechstunden. Sie wohnt mit ihrem alten Vater und mit einer elfjährigen Tochter hier. Wohnt? Die schmale Kammer, in der drei Menschen schlafen, in der gewaschen und nicht selten gekocht wird, ist ihre Wohnung.*
Mit den Sprechstunden habe die Frau in Deutschland gut verdient, also hat sie ihr Gewerbe hier fortgesetzt. Eine Konsultation kostet drei Francs. Sind die drei Francs nicht eigentlich herausgeworfen? Oder gestohlen? Denn die Fragen, die hier gestellt und beantwortet werden, sind immer die gleichen. Wie ist es mit dem Paß? Mit der Aufenthaltserlaubnis? Wie erreicht man etwas beim Komitee? Ist es ungerecht zu sagen, daß die beiden ersten Fragen besser im Komitee besprochen werden sollten? Und daß die dritte nicht durch die Vermittlung der Sprechstunden-Frau erleichtert werden müßte? Ist es ungerecht, den Schluß zu ziehen, daß die Führung des Komitees nicht ganz unbeteiligt daran sein kann, daß hier auf so seltsame Art Geld »verdient« wird?

---

* Am Fenster hängt ein graues längliches Etwas. Das ist der berühmte »weiße Kragen« des deutschen Paupers, der ihn von den Schicksalsgenossen aller anderer Völker unterscheiden soll.

Wir besuchen ein Ehepaar, das mit fünf Kindern eine ähnliche Kammer bewohnt. Man könnte eins der Kinder für einige Zeit in ein Kinderheim bringen. Die Eltern schwanken.
»Mein Kind verschicken? Nein, von dem trenne ich mich nicht!« Und eine Minute später:
»Fräulein, alle fünf Kinderchen brauchen Erholung, nehmense alle fünf.«
Sonst?
»Wird man uns verhungern lassen? Auf die Straße setzen? Warum soll ich mir Sorgen machen? Das Komitee wird schon wissen.«
Was hier das Komitee heißt, ist tausend Jahre alt. Es ist das Vertrauen der armen Juden, daß sie nicht ganz verkommen werden, so lange es noch einen reichen Glaubensgenossen gibt.
Aus dem Komitee konnten wir hören:
»Die Leute glauben, sie hätten ein Recht auf Unterstützung. Sie vergessen, daß das nichts ist als Wohltätigkeit.«
Was ist es nun? Ist es nur Wohltätigkeit?
Gibt es ein Recht, das durch tausendjährige Tradition begründet wird? Oder gibt es nur so eine Pflicht? Und kann es eine Pflicht geben, der kein Recht gegenübersteht?
Während wir dies schreiben, hören wir, daß das Komitee wirklich und endgültig aufgelöst werden soll. Es soll dort, wo es jetzt noch ist, nur eine Auskunftsstelle bleiben. Aber keine Stelle, die Unterstützungen gibt.
Das Komitee hat kein Geld mehr.
Gut. Wo nichts ist ...
Aber wird dadurch jene tausendjährige Tradition aufhören? Werden sich die Juden, die noch etwas besitzen, einer tausendjährigen Pflicht entziehen können?
Es ist Abend geworden, und wir gehen noch ein paar Straßen weiter bis in die Gegend der Porte d'Italie. Hier sollen Emigranten zu finden sein, die den Weg nach unten am schnellsten und gründlichsten zurückgelegt haben.
Wir warten ein bißchen und promenieren, bis eine Gestalt auftaucht, die das zu sein scheint, was wir suchen.
Ein großes schlankes Mädchen mit den langen geraden Beinen, die nicht das Merkmal der romanischen Völker sind. Man sieht diese Gestalten um den Dönhoffplatz herum, wo die »Gelbsterne«[6] der Berliner Konfektion ihr Zentrum haben. In Paris wohl auch, in den Häusern der Haute Couture. Dort sind die Mannequins für die Käuferinnen aus Amerika ausgewählt.
Sie war früher Laborantin in einer Berliner Klinik. Das ist ein Beruf, der gute Schulbildung und eine lange Spezialausbildung voraussetzt.
Der Vater ist ein Textilkaufmann. Man merkt ihr an, daß sie noch vor kurzer Zeit in einem bürgerlichen Milieu gelebt hat. Noch nichts von der Rauheit

des neuen Metiers. Sonst geben die Mädchen nicht gern Auskunft an Frauen. Diese geht mit uns Kaffee trinken.
Das Geschäft? Es geht so. Nein, kaum deutsche Kundschaft. Franzosen, Arbeiter, kleine Angestellte, Krämer, was hier so vorüberkommt.
Ja, es seien – sie zählt Namen auf – zehn, elf, zwölf deutsche Mädchen. Ja, auch Jüdinnen darunter. Aber keineswegs alle. Rassenhaß oder Nationalfeindschaft finden auf diesem Niveau nicht statt.
Aber das Arge sei – hier erwacht der Eifer unserer Landsmännin – sie könnten doch nie in eine »maison close« eintreten. Dort sei es viel besser. Man hat sein Essen. Und man ist auch geschützt.
»Was glauben Sie, ist mir neulich passiert …«
Aber wir wissen schon, daß das ein gefährlicher Beruf ist, man kann es täglich in der Zeitung lesen, wie viele Opfer er fordert.
Man sagt uns, daß das Geheimprostitution ist, Ausländerinnen bekämen die gelbe Karte nicht; wenn die Polizei sie erwischt, heißt es: Zurück in die Heimat!
Kein permis de travail, auch auf diesem Gebiet nicht. Einheimische »Arbeitswillige« und »Arbeitslose« müssen geschützt werden.

VIII. *In den Kasernen.*

Im Sommer 1933 entschloß sich das Comité National, einen Teil der Flüchtlinge zu kasernieren.
Das Wort ist hier wörtlich zu nehmen: die Regierung stellte drei Kasernen und ein Militär-Baracken-Lager zur Verfügung, umsonst, nur Licht und Heizung mußten bezahlt werden. Alte Kasernen, die für Soldaten nicht mehr gut genug waren.
Wir sagen »mußten«. Während dies geschrieben wird, im Februar 1934, existieren die Kasernen noch. Aber da das Ende des Comité National herbeigekommen zu sein scheint, so wird auch das Ende der Kasernen nicht fern sein.
Nein! Sollte auch wider Erwarten das Komitee seine Existenz weiter fristen – und eigentlich können wir uns nicht vorstellen, daß ein Loch, ein Vacuum, bleibt an der Stelle, an der es sich jetzt befindet – so werden doch die Kasernen verschwinden. Denn sie sind kein Erfolg gewesen.
Merkwürdig schon das erste Gerücht. Eine Linke brachte es uns zu. Sie kam und erzählte, nicht ohne Triumph: was nun die Bourgeoisie mit den Ärmsten der Armen beginne! »Kasernen!« Es sei doch klar, was damit gemeint sei. Die Flüchtlinge würden militärisch gedrillt, Krieg gegen Deutschland stehe vor der Tür.
Gewisse Einstellungen zu der Welt geben gewisse Bilder der Welt. Das ist rechts und links das Gleiche.

Aber zu viel Ehre für die armen Emigranten! Der Stabsarzt, der in diesen Kasernen mustern würde, hätte nicht viel Glück.
Das Komitee hatte anderes im Sinn.
Es mußten doch Ersparnisse gemacht werden, wenn man kein Geld für die Hotels ausgab.
Dann war zu erwarten: mehr Einheitlichkeit in der Administration, ein besserer Überblick.
Emigranten, deutsche und besonders deutsch-jüdische, von der Pariser Straße wegbringen, das mußte auf jeden Fall gut sein. Sie verschönern das Stadtbild nicht, das hatten die Pariser auch schon bemerkt. Es wurde zu viel von ihnen gesprochen und nicht nur Gutes. Nichtstuer! Ja, wahrhaftig, die meisten hatten nichts zu tun.
Nun sind wohlhabende Nichtstuer ein Schmuck und eine Notwendigkeit für die Stadt des großen Luxus. Aber arme Nichtstuer taugen nirgendwohin. Am allerwenigsten Fremde, die schon deshalb auffallen, weil sie ihre Sprache überall denunziert. Gute Franzosen zu werden – nein, wahrhaftig, das war ihnen noch nicht gelungen.
Dann war da die Sache, daß mit den Essenskarten gehandelt wurde, wir sprachen schon davon. Das hatte an manchen Orten übles Aufsehen gemacht. Der Erlös war hie und da in Alkohol umgesetzt worden. Trinken ist zwar keine jüdische Eigenschaft. Aber manche deutsche Juden sind zu gut assimiliert. Und Alkohol, für den das Essen geopfert worden ist, wirkt doppelt.
Endlich soll die Hoffnung auf die »Abschreckung« mitgewirkt haben – was nicht getadelt werden soll. Man dachte, der eine oder andere habe es sich zu bequem gemacht, sich das Hotel vom Komitee zahlen lassen, obwohl seine eigenen Mittel noch nicht versiegt waren. Oder obwohl ihm etwas Gescheiteres einfallen konnte, als der Wohltätigkeit auf der Tasche zu liegen. In den Kasernen, dazu an der Peripherie, werde das nicht so leicht geschehen.
Sehr berechtigte Erwägungen. Um so berechtigter, als das Komitee selbst eine bequeme Auffassung begünstigt hatte.
Um das vorwegzunehmen: die Hoffnung auf die abschreckende Wirkung – wenn sie bestanden haben sollte – hat getrogen.
Wir sprachen ein halbes Jahr später einen Mann, »wirtschaftlicher Flüchtling« nannte er sich, und war ein Schuhverkäufer aus Sachsen. Man konnte ihm glauben, daß er immer »ganz rechts« gestanden habe. Ausgerechnet ihm war »wegen politisch gefärbter Umtriebe« die Kaserne entzogen und wieder das Hotel zudiktiert worden. Inzwischen waren die »fetten« Zeiten längst vorüber, es gab nicht mehr zwei Mahlzeiten, Brotgeld und Taschengeld zu der Freiheit dazu. Sondern knapp einmal am Tag zu essen. Der »wirtschaftliche Flüchtling« dachte mit aufrichtiger Trauer

an die drei Mahlzeiten in der Kaserne. Die Vorteile der Ungebundenheit wogen sie nicht auf.

Die Kasernen waren, wie gesagt, kein Erfolg.

Erstens einmal erwies sich, daß sie nicht billiger waren als das Hotelsystem. Die Verwaltungsspesen sollen mehr als den errechneten Gewinn verzehrt haben.

Endlich trugen sie nicht dazu bei, den Ruf des Komitees zu erhöhen. Einen Ruf, den die Generosität, die anfängliche wenigstens, des Komitees und sein guter Wille nicht verdient hätten.

Übrigens war es schwer, sie zu besichtigen. Das Komitee gab ungern eine Erlaubnis. Im Verwaltungszimmer der Baracken von St. Maur z. B. prangte ein Schild, ansagend: der Besuch sei, ohne ausdrückliche Erlaubnis des Komitees, verboten.

Warum eigentlich?

War etwas zu verbergen?

Es hieß, »Hetzer« seien eingedrungen und hätten die Stimmung der Flüchtlinge verdorben.

Es gehört eine nicht geringe Naivität dazu, so etwas zu glauben. Man hätte vielmehr ein Verbot verstehen können, das den Besuchern die gute Laune erhalten wollte.

Eine befreundete Organisation versuchte, uns Eintritt zu verschaffen. Man antwortete, wir sollten schreiben. Wir schrieben – und warten noch auf Antwort. Inzwischen gingen wir hin und sahen uns an, was anzusehen war. Aber auch Kurt Grossmann[1], dem früheren Sekretär der Deutschen Liga für Menschenrechte, einem Mann also, den man in den Kreisen der Caritas kennt, sollte der Zutritt versagt werden. Zu viel zwecklose Naivität. Kurt Grossmann schrieb in einem Bericht über seinen Besuch:

»Diese Kaserne kann kein Flüchtling als seine Heimstatt betrachten, nur als ein Notquartier für kurze Zeit.«

Das war für das Haus an der Porte d'Italie gesagt. Es könnte auch für die anderen gesagt sein. Es ist ein treffendes abschließendes Urteil.

Nur, daß es in der Voraussetzung irrt. Es war ja nicht die Absicht des Komitees, »Heimstätten« zu schaffen. Man wäre geneigt zu sagen, im Gegenteil, ein solches Ergebnis hätte das Komitee in die größte Verlegenheit gebracht. Aber welche sind die Absichten des Komitees? Was sie gewesen sind, haben wir am Anfang unseres Berichts gesagt: den Flüchtlingen Essen und Wohnung »für die wenigen Wochen oder Monate ihrer vorübergehenden Abwesenheit« zu verschaffen. Und was heute seine Absichten sind? Sich aufzulösen. Nach seiner Auflösung, nicht-existent, kann das Komitee keine Absichten mehr haben.

Als ob das nicht wieder zu naiv gedacht ist?

Ein Komitee, eine juristische, eine nur gedachte Person kann verschwinden, sich in nichts auflösen, sich verflüchtigen. Aber die Menschen, die hinter ihm standen, bleiben leben. Die Familien, die Kreise, die Gruppen der Gesellschaft, die mit einer gewissen Notwendigkeit einem solchen Komitee angehören, bleiben bestehen. Sie bleiben wenigstens vorläufig noch bestehen, ihr Besitz, ihre bürgerliche Stellung, ihre Tradition, ihre Reputation, ihre Verpflichtungen – das alles bleibt bestehen, soll nach ihrem eigenen Wunsch noch lange bestehen bleiben.
Die Gemeinschaft der Juden bleibt bestehen.

* * *

Es sind vier Kasernen.
Von Andral haben wir schon erzählt, das früher ein Militärhospital war.
In der Vorstadt St. Maur liegen die Militärbaracken, von denen wir sprachen.
Die beiden Kasernen, die wirklich Kasernen sind, liegen an der Porte d'Italie und am Boulevard Brune.
Es waren bis zu neunhundert Emigranten in den Kasernen untergebracht.
Kurt Grossmann schrieb von ihnen, sie seien schlimmer dran als andere, von denen es hieß, sie sollten ausgewiesen werden, weil ihre Versorgung nicht mehr gesichert sei – deren Zukunft also vollständig in der Luft schweben würde.
Nein, das ist uns zu radikal, wir machen nicht mit.
Am Boulevard Brune gibt es, so sagte man uns, einen großen Speisesaal. Dann sahen wir die Bewohner mit ihren Eßschüsseln in die Schlafzimmer abziehen. Vermutlich haben unsere Mienen Erstaunen ausgedrückt. Die Verwalterin[2], eine gepflegte Dame, bemerkte, der Speisesaal sei zu kalt, um ihn zu benützen. Sie fügte hinzu:
»C'est déjà grand'chose de ne pas avoir froid et faim.«
Wir sagen es frei heraus:
Die Ansicht der Dame steht uns näher als die radikale Kurt Grossmanns.
Wir können auch seine Meinung mitfühlen.
Aber wir haben so viel Elend, Kummer, Not, Hunger, Unsicherheit, Schande, Erniedrigung, Verzweiflung gesehen, bevor wir diesen Bericht niederschrieben – daß wir der gepflegten Dame zustimmen.
Wie Grossmann spricht ein freier Mann mit ungebrochenem Willen, ungebrochener Lebenskraft, ungebrochenem Mut. Wir haben eine große Meinung von der Emigration im allgemeinen, von der ethischen Quelle der Emigration. Aber die Emigranten, die wir in den Kasernen sahen, besitzen jene Eigenschaften nicht in dem Maß, daß es erlaubt wäre, so radikal für sie zu sprechen. Manche ja! Aber nicht die Mehrzahl.

In St. Maur soll es gewesen sein, wo Robert de Rothschild zu den Emigranten sagte – das wird glaubhaft berichtet, aber es ist unbestätigt – sagen wir also, gesagt haben soll:
»Ihr wißt, daß Ihr unwillkommene Gäste seid, und Ihr lebt besser als französische Arbeitslose. Noch nie hat mir ein Emigrant gedankt.«
Sicherlich verdienen die jüdischen Wohltäter Dank.
Aber ihn gerade in St. Maur zu erwarten – das zeigt wieder jene Naivität, die eine verhängnisvolle Rolle gespielt hat.
Es sind Elendsquartiere, da und in den anderen Kasernen, man kann es nicht anders ausdrücken. Es gab anfangs nicht einmal Betten, nur Strohsäcke, auf den Boden gelegt. Die Zimmer sind Kasernenzimmer. Aber die Vertriebenen sind keine Soldaten.
Über das Essen wird geklagt, vor allem auch über das System, nach dem es hergestellt wurde. Pächter waren eingesetzt, von denen man sagte, daß sie an ihren Vorteil nicht vergaßen. Als in St. Maur und an der Porte d'Italie die Bereitung des Essens den Bewohnern selbst übertragen wurde, war die Laune sofort besser.
Es ist hauptsächlich das System, das falsch ist. Dieses System »Notquartier«, die Abneigung, die Flüchtlinge selbst an ihrem Schicksal zu interessieren, sie selbst aktiv zu machen, sie zu ihrem eigenen Wohl zu beschäftigen. Die Grundauffassung ist es, die alles verfahren hat.
Nur an einem Platz fanden wir Arbeit bei den Emigranten.[3] Und auch das war nicht die richtige.
In St. Maur waren ein paar von ihnen mit sogenannten »Fleckerltaschen« beschäftigt, Taschen, die aus lauter kleinen Lederflecken zusammengesetzt werden. Ein paar malten Spielzeug an, das an einer anderen Stelle – wir werden noch davon sprechen – auch von deutschen Emigranten fabriziert wird. Ein paar versuchten, Korbflechter zu werden.
Die Taschen werden vom Comité verkauft. Auch über die Spielzeugmalerei rechnet das Comité ab. Es wird behauptet, das Comité gebe den Arbeitenden nur die Hälfte des Verdienstes, die andere wird in den großen Topf geschüttet. Nicht, daß wir das tadeln wollten. Aber der Arbeitslohn ist so gering, daß die Arbeiter meinen, sie unterbieten ihre französischen Kollegen, es sei Gefängnisarbeit, die sie leisten. Es sind Deutsche aus dem alten Deutschland, nicht aus Hitler-Deutschland, sie haben die Ideen der Gewerkschaften noch nicht aus ihrem Kopf verbannt. Die Solidarität mit den Genossen sei das einzige, was ihnen geblieben sei, meinen sie.
Trotzdem, daß die Arbeiter von St. Maur glücklicher sind als alle anderen Insassen der Kasernen, daran kann kein Zweifel sein.
Sonst aber: Untätige in Kasernen – wenn man hört, daß sie zu Saboteuren wurden, darf auch das nicht verwundern.

Als der Klagen zu viel wurden und sie die Ruhe des Komitees störten, setzte man eine deutsche Kommission[4] ein, eine Kommission von Emigranten außerhalb der Kasernen, aus der Liga für Menschenrechte und ähnlichen Gemeinschaften. Die Kommission brauchte Vertrauensleute in den Kasernen, und die Vertrauensleute wurden gewählt. Der Konflikt war schnell da. Als von den Vertrauensleuten einer Kaserne eine Information an die Kommission gegeben wurde, die nicht richtig gewesen sein soll, sollten die Vertrauensleute »fliegen«. Es folgte der Hungerstreik.

Eine »revolutionäre Situation« ist leicht geschaffen – in einer Kaserne von Emigranten. Aber vielleicht sah das Komitee schon die Revolution, wo nur unvermeidbare Reibungen waren. Und vielleicht wäre es möglich gewesen, den Insassen klar zu machen, daß ein Wohltätigkeitskomitee nicht die Bourgeoisie ist und Flüchtlinge, die von Wohltaten leben, keine Arbeiter in der Hochkonjunktur sind.

Nur in einer Kaserne, am Boulevard Brune, gab es keine Vertrauensmänner, keine Flugblätter, keine Organisationsversuche. Das war die Kaserne, die rituell geführt wurde.

Die anderen sind nun einmal anders. Sie sind gierig nach Arbeit. Sie sind organisationslustig. Sie sehnen sich danach, daß man ihnen Vertrauen schenkt und ihnen ein paar Zipfel Selbstverwaltung gibt. Es ist nicht so schwer, sie zu leiten. Das wäre vermutlich möglich gewesen. Ohne daß das Komitee so viel Ärger von seinem guten Willen gehabt hätte.

Die Kasernen waren kein Erfolg. Gerade sie hätten aber ein Erfolg sein können. Wenn man es nur anders angepackt hätte, mehr nach dem, was die Flüchtlinge sind – wie sie nun einmal sind – angepackt hätte. Mehr nach den Ideen einer Gemeinschaft, die für die Dauer gedacht ist, mehr nach einer Gemeinschaft überhaupt. Die Kräfte, die das hätten leisten können – wir sagten es schon am Anfang – standen bereit.

Wer die Gestalten noch vor seinem geistigen Auge hat, die schlechtgenährten Männer, mit dem unsicheren Blick ins Ungewisse, die abgehärmten Frauen, die Kinder mit den schönen großen schwarzen jüdischen Augen – den jammert es über so viel Mißverständnis.

Die Kasernen waren kein Erfolg.

Aber was wird sein, wenn es die Kasernen nicht mehr gibt? Wenn das Komitee seine Türen und Taschen verschlossen hat?

Wohin mit den Flüchtlingen? Es waren nur neunhundert von sechzigtausend. Aber wohin mit den neunhundert?

* * *

Ende Januar des Jahres 1934 war es, daß Pariser Zeitungen mitteilten: »Zwischenfall im Comité National.«[5] Ein Flüchtling habe sich in der rue de la Durance zu Tätlichkeiten gegenüber leitenden Angestellten hinreißen lassen. Andere Angestellte seien bedroht worden und die Polizei habe eingreifen müssen.

Das ist gewiß ein schlimmes Symptom für das Verhältnis zwischen Wohlfahrt und Befürsorgten.

Die bevorstehende Schließung des Komitees wurde auch damals wieder gemeldet.

Aber wir glauben, das könnte und sollte nur eine Umformung sein. Nicht ein Ende.

IX. *Rund um Deutschland.*

Man liest gelegentlich in einer Statistik, daß noch im Jahr 1929 aus England 87 500 Personen auswanderten, im Jahr 1933 aber 33 000 eingewandert sind.

Das ist leider kein Zeichen besonderer Blüte der englischen Volkswirtschaft. Sondern es ist nur Zeichen davon, wie die Welt sich verschließt. Großbritannien, die Nation mit dem riesigen Kolonialreich! Die deutschen Kolonialschwärmer halten sich schwerlich vor Augen, daß heute Kolonien keine Aufnahme für ein »Volk ohne Land« bieten.

Die ungeheuren Schwierigkeiten, denen die deutschen Vertriebenen begegnen müssen, lassen sich an dieser Zahl erraten.

Aber die Wanderer, die nach England kommen, werden meistens Rückwanderer sein. Sie kehren dorthin zurück, von wo ihre Eltern oder Ahnen ausgingen. Englisch ist ihre Sprache, englisch ihr Denken und Fühlen.

Wer Woburn House[1], das Haus der englisch-jüdischen Hilfsstellen betritt, dem fällt ein Schild ins Auge:

> »You have been received as the guests of Great Britain. Courtesy and good manners will ensure you welcome and sympathy. Do not talk loudly in the streets, especially at night. Be mindful of other people's comfort and avoid doing damage to their property and furniture.
> Never forget that England's good or bad opinion depends on YOU.«

Eindringliche Mahnungen.

Daß die Einwanderer als Gäste in England empfangen worden sind, daß Höflichkeit und gute Manieren ihnen Sympathie verschaffen werden, daß sie fremde Möbel nicht beschädigen sollen – das sollte eigentlich allgemein bekannt sein. Charakteristischer scheint uns die Warnung, nicht laut auf den Straßen zu sprechen, »besonders nicht bei Nacht«. Es gilt als eine deutsche Eigenschaft, seine Gefühle allzu lärmend zu äußern. Und es ist die fremde Sprache, die solche Äußerung besonders auffallend macht.

Was hier den jüdischen Einwanderern gesagt wird, dürfen sich alle Deutschen, jetzt und zu irgend einer Zeit, gesagt sein lassen.
2 500 Flüchtlinge wurden bis zum Herbst von den Hilfskomitees registriert. Es wird vermutlich nicht zu wenig sein, wenn der Bericht der Hohen Kommission 3 000 im Ganzen annimmt. Auch das ist kein hoher Anteil an der Emigration. So leicht gelangt man nicht über das Wasser. Es ist atypische, aristokratische Emigration, die sich nach England gewandt hat.
Das zeigen die Zahlen, die hier mit besonderer Sorgfalt zusammengestellt worden sind. Fünfundachtzig Prozent von ihnen haben die deutsche Staatsangehörigkeit, nur vier die polnische, nur drei Prozent sind staatenlos. Während – staatenlos und polnisch zusammengenommen – vierundfünfzig Prozent solcher »Nicht-Deutscher« in Belgien, dreißig in der Tschechoslowakei – zu denen noch zwanzig Prozent »Tschechoslowaken« und »Ungarn« dazu kamen – siebzehn in Holland Aufnahme fanden. Für Frankreich haben wir leider die entsprechenden Zahlen nicht erhalten können.
Eine besondere Rolle spielen drei Prozent Emigranten mit einem englischen Paß, die in England einwanderten. Gerade von ihnen, oder besser gesagt von einigen von ihnen, hörten wir, daß sie, ganz eingedeutscht, nicht einmal die englische Sprache beherrschten.
England ist das Land der akademischen Emigration. Nicht weniger als die Hälfte der hierher Geflüchteten gehören den akademischen Berufen an. Achtzehn Prozent waren Ärzte und Dentisten, sechs Prozent Rechtsanwälte, siebzehn Prozent Studenten. Während zum Beispiel nur fünfzehn Prozent Akademiker nach der Tschechoslowakei gingen, nur zwölf nach Holland. Auch von Handelsleuten ging eine aristokratische Auslese nach England. Das Verhältnis von Unternehmern zu Angestellten war hier 28 zu 22. In Holland dagegen 32 zu 41, in der Tschechoslowakei 27 zu 58.
Von den Akademikern im engeren Sinn und von den Unternehmern, die hier etwas Neues angefangen haben, werden wir in einem anderen Zusammenhang sprechen.
Selbstverständlich, daß es auch hier nicht an den Armen fehlt, die an allem Mangel haben.

* * *

Wir besuchten »The Jews' Temporary Shelter«[2], – das jüdische Obdachlosenheim, das in der Mansell Street in Whitechapel liegt. Gedacht ist dieses Heim für den vorübergehenden Aufenthalt ostjüdischer Auswanderer, die von hier, wie es so viele Tausende in den vergangenen Jahrzehnten taten, den Weg über See, meist nach Amerika nahmen. Als die deutschen Emigranten kamen, bot es eine gute Gelegenheit, den Mittellosen unter ihnen ein Dach über dem Kopf zu geben.

Als wir dort waren, wurde der Shelter von achtzig deutschen Juden bewohnt. Aber es sind natürlich viel mehr gewesen, die sich hier auf ihrer Reise ins Unbekannte aufgehalten haben.

Whitechapel ist an sich kein sehr heiterer Platz, es ist hier noch ein bißchen dunkler als sonst in London, der durch Kohlenstaub und Nebel verfinsterten Stadt. Ein modernes und gut angelegtes Gebäude. Man geht an einer großen steinernen Tafel vorbei, auf denen die Namen der Gründer verzeichnet sind. Rothschild, Montagu, Montefiore[3], – große Namen, die überall zu finden sind, wo jüdische Wohltätigkeit geübt wird, sind unter ihnen.

Es gibt hier drei Mal am Tag genug zu essen, auch Taschengeld. Wer einen Anzug oder Wäsche haben will, findet, was er braucht.

Frauen sind nur ausnahmsweise hier. Die Männer schlafen in großen Schlafsälen. Übrigens wohnen sie dort auch mehr oder weniger, obwohl das nicht sein soll. Aber die Tagesaufenthaltsräume sind nicht genügend, damit hier ein wirkliches »Heim« entstünde. Und das ist auch nicht beabsichtigt.

Wir treffen bald Landsleute aus Berlin, die uns bereitwillig Auskunft geben. Der »Shelter« ist zwar mit den Pariser Kasernen nicht in einem Atem zu nennen, ein Palast, verglichen mit ihnen. Aber die Erscheinungen sind trotzdem nicht so verschieden. Da und dort hundertprozentig Unbeschäftigte. Sind sie lange genug hier, so verlieren sie auch die Hoffnung. Die Disziplin ist ebenso wenig vorbildlich wie die Einigkeit. Schließlich bleibt der Kampf mit dem Woburn House, das hier die Stelle des Comité National vertritt. Vor kurzem waren sie noch Juristen, Kaufleute, Angestellte – Männer mit Stellungen, Ansehen und Hoffnungen. Jetzt scheint die Welt mit Brettern vernagelt.

Es gibt englischen Sprachunterricht, natürlich kostenlos, im Haus, alles aufs Bequemste. Aber bei den Insassen, die schon länger hier sind, ist der Ehrgeiz auf ein Minimum gesunken, die Kurse werden nur wenig ausgenützt. Im Haus wird ohnehin nur deutsch gesprochen. Und die englischen Juden, denen die Shelterleute sonst begegnen, beherrschen die deutsche Sprache.

Man ist zur Nummer geworden, man fühlt sich nicht mit genug Respekt behandelt. Also führt man einen Kleinkrieg gegen die Autorität. War das Essen nicht gut, so wird ein Hungerstreik eingeschaltet. Oder man bemüht sich, die große Kasse des Woburnhauses nach Möglichkeit zu erleichtern. Ein Gast sagte uns erbittert:

»Wenn wir wie Schnorrer behandelt werden, wollen wir auch möglichst viel herausholen.«

Aber das scheint uns nicht typisch, mehr der Ausdruck schlechter Stimmung. Andere sprechen sehr vernünftig, voll Anerkennung, allerdings auch voll Resignation. Ein Altersheim für Männer von zwanzig, dreißig

Jahren – was kann da Vernünftiges herauskommen. Man gibt ihnen Brom ins Essen, behaupten sie. Ein Chemiker hat es herausgefunden. Aber was sie brauchen, ist Arbeit und Lebenshoffnung.

* * *

Wir treffen einen Insassen, der gerade aus dem Gefängnis kommt, aus Brixton, Deportationshaft.

Mit dem Hereinkommen ist es in England eine eigene Sache. Nicht nur das Meer liegt zwischen Deutschland und dieser Insel, sondern auch der »Immigration Officer«[4], der Einwanderungsbeamte, der auf dem Schiff oder im Hafen seinen Dienst versieht, steht dazwischen. Wir konnten nicht erfahren, nach welchen Grundsätzen er handelt. Aber die Fristen, die er den Fremden gibt, sind sehr verschieden lang. Und es sind auch schon deutsche Flüchtlinge, die uns von nicht zu übertreffender Harmlosigkeit zu sein schienen, kurzer Hand zurückgeschickt worden. Wir Deutschen sind ein methodisches Volk und wollen immer die Vorschriften wissen, nach denen die Behörden sich richten. In diesem Land stützt man sein Vertrauen auf Eindrücke.

Der Mann, der eben aus dem Gefängnis kommt, konnte unzweifelhaft auf kein Vertrauen rechnen. Er war in Deutschland staatenlos und mußte überdies ohne Papiere fliehen. Jude, aus dem Osten zugewandert, ohne einen schützenden Konsul, und endlich auch nicht zu Unrecht politisch verdächtigt, vereinigte er, wie ein Muster aus einem medizinischen Lehrbuch, alle Eigenschaften, die in Hitlers Deutschland bürgerliche Krankheiten sind. Wie er hierher gekommen war? Er wollte es uns nicht geradezu erzählen. Aber da er nun einmal über das Wasser gekommen sein mußte, so kann man schließen, daß es Kapitäne gibt, die sich auf solche Art einen risikoreichen Nebenverdienst verschaffen.

Als die Polizei den höchst unerwünschten Einwanderer festgemacht hatte, führte sie ihn in den Hafen in der vagen Hoffnung, er werde das Schiff wiederfinden, das ihn herübergebracht hat. Es bedarf keiner besonderen Versicherung, daß er es nicht fand. Sonst nämlich wäre er ein zweites Mal dem hilfreichen Kapitän anvertraut worden, der ihn nach Belgien oder Holland zurückbefördert hätte. Gerade das lag nicht im Sinn des Einwanderers. Er interessiert sich für einen bestimmten Zweig der britischen Industrie.

Es scheint für die Behörde eine große Verlegenheit zu sein, was sie mit so einem Fall anfangen soll. Der Richter bestrafte ihn nicht, sondern ließ ihn in Deportationshaft bringen. Dort saß er vier Wochen. Worauf man ihn entließ. Es hatte sich kein Staat gefunden, der sich seiner annehmen wollte. Der Illegale meinte, vier Wochen sei nicht zu viel für die dauernde Aufenthalts- und Arbeitserlaubnis, auf die er rechnete.

Die äußeren Verhältnisse bestimmen nicht allein die Schicksale der Menschen. Wir fanden Mißvergnügte, Erbitterte, Gebrochene unter Verhältnissen, die uns keineswegs aussichtslos vorkamen. Dieser Illegale, ein Bursch, groß wie ein britischer Gardist, schwarz wie die Nacht und mit einer Chasaren-Physiognomie, versicherte uns, er gedenke keineswegs lange im Jews' Temporary Shelter zu bleiben. Er müsse sich nur erst ein bißchen umsehen. Englisch habe er schon eine Menge im Gefängnis gelernt. Und dann werde er sich wieder selbständig machen, was er in Deutschland auch gewesen sei. Er glaubt, daß England ein ausgezeichnetes Land ist, und bangte sich keine Minute lang um seine Zukunft.

* * *

In einem Bericht des britischen Zentralkomitees heißt es resigniert, man könne es nicht jedem recht machen. Aber hauptsächlich sei es notwendig, die Möglichkeit auszuschließen, daß jemals ein deutscher Flüchtling der Öffentlichkeit zur Last fallen könnte.[5]
Ein stolzes Wort.
Aber es ist kaum daran zu zweifeln, daß es wahr gemacht wird.

* * *

Für das kleine Holland waren fünftausend Flüchtlinge natürlich eine große Last. Aber vielleicht in keinem anderen Land war die Hilfsbereitschaft so groß wie hier, so wie auch die Entrüstung über die Methoden, vor denen die Emigranten fliehen mußten. Das war gleichermaßen der Fall bei den Juden wie bei Gewerkschaftern und Sozialisten. Eine Straßensammlung brachte an einem Sonntag 30 000 Gulden ein. Im Judenviertel, rund um die Joodenbreestraat, »die Judenstraße« nahmen nicht wenige Familien kostenlos die Fremden als Gäste auf, die Solidarität wurde sehr deutlich empfunden.
In Amsterdam brachten die Komitees[6] ihre Schützlinge in Hotels und Pensionen unter. Der Verpflegungssatz betrug zehn Gulden für die Woche. Außerdem gab es wöchentlich einen Gulden Taschengeld.
Aber es konnte auch hier nicht ausbleiben, daß die Stimmung nachließ. Fromme nahmen daran Anstoß, daß die Deutschen meist nicht sehr streng nach den rituellen Regeln lebten. »Das Törichteste war« – schreibt uns ein Amsterdamer Emigrant –, »daß die deutschen Juden teilweise, aber leider kann man hier nicht von Ausnahmen sprechen, damit krebsen gingen, die Ostjuden trügen eine große Schuld an dem deutschen Antisemitismus.« Nicht nur in Holland war diese seltsame Erscheinung zu beobachten. Nirgends in den westlichen Ländern denken die jüdischen Flüchtlinge daran, daß sie selbst dorthin aus dem Osten kamen. Überall nahmen

sie ihre vorgefaßten Meinungen mit. Sie vergaßen auch darauf, daß die Westler häufig nur vor ein paar Jahrzehnten aus Rußland gekommen sind. Wer von den deutschen Juden schlecht über die Ostjuden spricht, stößt auf zweierlei Widerstand zugleich, westlichen und östlichen. Wir wissen es nicht nur aus dem Brief des Amsterdamers, daß es trotzdem häufig und manchmal mit gehobener Stimme geschieht.
Massenquartiere gibt es in Holland nicht. Die Familien sind in Einzelwohnungen untergebracht. Von kinderlosen Ehepaaren wohnen immer zwei in einer Wohnung. Es klingt fast wie ein Wunder, wenn man uns sagt, daß keine Wohnung weniger als drei Zimmer und Küche hat. Der Unterstützungssatz ist dem der Erwerbslosen gleich. Er beträgt nach Abzug der Miete, die von den Komitees direkt gezahlt wird, für ein Ehepaar je nach der Kinderzahl zwischen neun und vierzehn Gulden wöchentlich. Da die Lebensmittel niedrig im Preis sind, soll damit ein gutes Auskommen sein.
Materielle Not herrscht nicht unter den Emigranten in Holland. Aber auch sie haben keine Aussichten vor sich. Die Gewerkschaften wehren sich dagegen, daß ein Fremder Arbeit bekommt, solange noch ein Holländer in demselben Fach arbeitslos ist. Ein deutscher Bäcker hatte als Spezialist für deutsches Brot Arbeit gefunden. Durch seine Tätigkeit konnten zwei holländische Arbeiter mehr als vorher in dem Betrieb werken. Aber der Flüchtling mußte nach wenigen Tagen aufhören.
Das holländische Volk hat eine große liberale Tradition, und ihr gemäß ist man dort mit der Emigration im allgemeinen verfahren. Intransigent aber sind die Behörden mit Fremden, die irgend eine politische Tätigkeit entfalten. Es sind schon nicht wenige ausgewiesen worden. Der deutsche Schriftsteller Heinz Liepmann[7] wurde zu einem Monat Gefängnis verurteilt, weil er in einem Buch einen Arbeiter sagen ließ, Hindenburg sei durch seine Verwicklung in die Osthilfe am freien Handeln verhindert gewesen. Es mögen nicht wenige deutsche Arbeiter gewesen sein, die in Wirklichkeit so gesprochen haben. Eine Szene in einer Revue, die nicht freundlich für Hitler war, wurde von der Zensur verboten.
Am meisten Aufsehen aber hat es erregt, daß der Bürgermeister eines Städtchens im Süden des Landes vier junge deutsche Sozialisten über die deutsche Grenze abschob.[8] In der Emigrantenpresse war zu lesen, daß sie sofort in ein Konzentrationslager gekommen sind. Der Justizminister hat in der Kammer den Bürgermeister verteidigt. Die drei Deutschen seien keine Flüchtlinge gewesen, und also hätten sie nur nach Deutschland verwiesen werden können. Ein opponierender Abgeordneter hat erwidert, das sei »vollkommener Unsinn«. Und es sei notwendig, eine mächtige Protestbewegung gegen die barbarische Verletzung des Asylrechts zu entfachen.

Nach einem Jahr sind es noch vierhundert Flüchtlingsfamilien, die hier zu unterstützen sind. Und das Hilfskomitee hat kürzlich von neuem zu Sammlungen aufgerufen. In Mittelstandsversammlungen ist aber auch verlangt worden, daß die Konkurrenz der Emigranten bekämpft werde.
Die Regierung hat sich dem nicht verschlossen. Die Zulassung zu den Hochschulexamen soll beschränkt werden. Und auch die Einwanderung von Unternehmern wird einer schärferen Kontrolle unterstellt.

* * *

In Belgien gibt es in dem Badeort Adinkerke ein Flüchtlingsheim.[9] Eine alte Kaserne, wo hundert bis hundertfünfzig Emigranten aufgenommen werden können. Aber zum Unterschied von den Pariser Kasernen hört man Gutes von ihr.
Auch hier war die Hilfsbereitschaft groß. Gewerkschafts- und Parteibeamte gaben am 1. Mai ihren Verdienst an das Matteotti- Comité.[10]
Etwas Eigenes ist zu bemerken. In Antwerpen ist ein Deutscher[11] als Flüchtlingsfürsorger angestellt worden. Es scheint, daß er seine Arbeit besonders gut verrichtet.

* * *

Die kleinen Gebiete an der deutschen Westgrenze waren meist Durchgangsstationen. Besonders das Saargebiet[12] war beliebt als Ausfallstor, weil man hier ohne Visum hereinkam. Aber wenige blieben.
Nach einem Jahr waren noch dreihundert proletarische Emigranten hier, meist in Heimen untergebracht. Arbeitserlaubnis war nur in ganz wenigen Fällen zu bekommen.
Die Zahl der jüdischen Flüchtlinge ist noch geringer.
Interessanter als die jetzige Emigration ist, was das Saargebiet angeht, die kommende. Das ist ein ernstes Thema, und es geht vielleicht über den Rahmen dieses Buches hinaus. Aber es ist zu fürchten, daß es in einem Jahr bereits in diesen Rahmen hineingehören wird.
Den »Marxisten« im Deutschen Reich mußte das herrschende Regime verzeihen. Es blieb ihm nichts anderes übrig, es waren ihrer zu viele gewesen. Rache konnte nur an einer Spitzengruppe genommen werden. Die Millionen waren, so wurde gesagt, »Verführte« gewesen, und wenn sie sich dem neuen Staat einpaßten, so mochten sie noch des nationalsozialistischen Heils teilhaftig werden. Anders aber ist es an der Saar. Jetzt ist an jeden schon der Ruf ergangen, jeder hat Gelegenheit gehabt, ihm zu folgen. Die Völkerbundskommission, die dort regiert, duldet es, daß eine »freiwillige« Vor-Abstimmung stattfindet und daß die Emissäre des Dritten Reichs von jedem einzelnen Einwohner prüfen, ob er sich zu Hitler bekennt oder

nicht. Nicht allen erlaubt es ihr Temperament oder ihre Überzeugungstreue, jetzt den Nazi zu spielen, wenn sie in Wahrheit Sozialisten, Kommunisten oder Anhänger der katholischen Zentrumspartei sind. Und diese drei Parteien geboten früher über fast vier Fünftel der Wählerschaft.
Die Abstimmung wird im Jahr 1935 stattfinden, aber der Wahlkampf hat schon im Jahr 1933 begonnen. Er wird mit einer hitzigen Erregung geführt, die das Äußerste an Spannung für die kommende Zeit erwarten läßt. Das ist kein gewöhnlicher Wahlkampf. Die moralische Wertung ist an Stelle der politischen getreten. Jeder, der nicht für das »neue«, das nationalsozialistische Deutschland eintritt, der sich nicht der so genannten »Deutschen Front« einreiht, wird als Landesverräter geächtet. Die Frankfurter Zeitung hat es einmal mit bemerkenswerter Offenheit ausgesprochen, die Gegner der Rückgliederung würden sich, auch wenn eine Amnestie ergehen sollte, den Folgen ihrer Haltung nicht entziehen können.[13] Man muß dankbar sein für diese Klarheit, mit der ein ehemals liberaler Journalist[14] den kommenden Terror angekündigt hat. Klarheit ist immer gut.
Also wissen die Opponierenden an der Saar, was sie erwartet, daß die Konzentrationslager, die drahtdurchflochtenen Peitschen, die Arrestzellen, in denen ein Mann nicht liegen oder sitzen, nur stehen kann, für sie vorbereitet sind. Die Methoden der SA sind in diesem Gebiet, in dem auch nach dem Hereinbrechen des Dritten Reichs eine freie Presse erschien, nicht unbekannt. Wer also jetzt noch gegen den Anschluß an das Reich, wer für die Aufrechterhaltung der Völkerbundsregierung eintritt, wer auch nur im Gespräch, im Wirtshaus, im Betrieb erraten läßt, daß er noch der alten Fahne anhängt, daß er nicht »gleichgeschaltet« ist, der beginnt zugleich mit den Zurüstungen für die Reise.
Wir fragten einen Saarländer und aufmerksamen Beobachter, wer voraussichtlich seine Heimat verlassen werde, wenn Hitlers Herrschaft dort beginne. Er erwiderte: »Alle Juden, die etwas besitzen.« Und das werden immerhin einige Hundert sein. Nicht wenige Firmen sind schon jetzt in Erwartung der kommenden Dinge juristisch ausgewandert, das heißt, sie haben sich in die Handelsregister von Forbach oder Saargemünd, der ersten Orte jenseits der Grenze, eintragen lassen. Was aber die Arbeiter angeht, so hielt er eine Schätzung von hunderttausend nicht für übertrieben.
Die jetzige Emigration aus Deutschland umfaßt nach den offiziellen Berechnungen 60 000. Vielleicht ist das zu niedrig, vielleicht sind es unter der Hand 70 000 geworden. Die Saaremigration allein könnte diese Zahl übertreffen. Wer sich mit dem Emigranten-Problem zu beschäftigen hat, darf den Saar-Faktor nicht vergessen. Bisher konnten wir noch nicht bemerken, daß die Verantwortlichen sich mit dieser Seite des Saar-Problems befaßt haben.

Die Tschechoslowakei hat vor mehr als einem Jahrzehnt eine beträchtliche Emigration aufgenommen. Es waren zwischen 20 000 und 30 000 Russen, die hierher flüchteten. Aber es nützt wenig, die Zahlen aus besseren Zeiten zum Vergleich heranzuziehen.
Heute sind noch etwa 600 deutsche Emigranten in diesem Land, die auf Unterstützung angewiesen sind. Die Komitees sind hier fünf:
die Demokratische Flüchtlingsfürsorge[15] (die zuerst gegründet wurde und eigentlich für alle Emigranten gedacht war),
ein tschechisches,[16]
ein jüdisches,[17]
ein sozialdemokratisches[18] und
ein kommunistisches Komitee.[19]
Sie haben nicht wenig geleistet, aber sie rufen nach einem Jahr Hilfe, denn ihre Mittel sind erschöpft.
Es haben sich unter den Emigranten mehrere »Kollektive« gebildet.[20] Ihnen ist es wohl gelungen, auf diese Art die zur Verfügung gestellten Mittel besser auszunützen, nicht aber produktiv zu werden.

X *Komitees, Komitees ...*

Die Zersplitterung der Komitees ist eine allgemeine Erscheinung. Es ist für den Hilfesuchenden manchmal schwer, die richtige Stelle zu finden – und wenn er die Stelle gefunden hat, hat er darum noch nicht die Hilfe. Viel Fahrgeld ist auf diese Art verfahren, viele Schuhsohlen sind abgelaufen worden. Zählen wir auf, welche Komitees wir in Paris gefunden haben:
Comité National[1], das ist das große, viel genannte – das so viel geschmäht wird, obwohl es nicht wenig geleistet hat;
Comité Matteotti Français[2], das sozialistische Komitee der Partei und der Gewerkschaften;
Entr'Aide Européenne[3], ein Verband, hinter dem viele andere stehen, mit dem vor allem die Quäker zusammenarbeiten, die man gar nicht genug rühmen kann. Sie heißen in Frankreich Société des Amis;
Secours Rouge[4], das Komitee der Kommunisten;
Comité d'Aide aux Enfants[5], das der Secours Rouge nahesteht;
Comité Français de Secours aux Enfants[6], ein alter französischer Verein, der mit dem vorigen nicht verwechselt werden darf;
Assistance Médicale aux Enfants d'Emigrés[7];
Comité International pour le Placement d'Intellectuels Emigrés[8], eine Hilfsaktion, die ihren Ausgang in Genf hatte und die gute Idee, Renten an solche geistigen Arbeiter zu zahlen, die zwar einen Arbeitsplatz fanden, aber keinen Gehalt;

Comité Français pour la Protection des Intellectuels Juifs Persécutés[9], von dem z. B. das Paderewski-Konzert veranstaltet wurde, das einen großen Betrag brachte;
Comité de Défense des Juifs Persécutés en Allemagne[10], das ein geschäftliches Unternehmen sein soll, von dem emigrierte Kaufleute beraten werden;
Agriculture et Artisanat[11], ein jüdisches Komitee, das sich damit beschäftigt, intellektuelle Emigranten zu Handwerkern auszubilden;
ORT[12], ein alter jüdischer Verein, früher zur Hilfe für Ostjuden bestimmt, der jetzt versucht, jüdische Siedlungen in Frankreich zu gründen;
OSE[13], auch ein ostjüdischer Hilfsverein, und zwar speziell für Ärzte, der sich jetzt mit der Unterbringung deutscher jüdischer Ärzte in allen Ländern beschäftigt;
Hechaluz[14], die zionistische Stelle, die sich mit der Vorbereitung und Verschickung von Emigranten nach Palästina, und dort in die Landwirtschaft, befaßt;
HICEM[15], der Verband jüdischer Organisationen für Auswandererhilfe;
Palästina-Amt[16], das für die Besorgung von Einwanderungs-Zertifikaten und für alle anderen palästinensischen Dinge zuständig ist;
Service Juridique[17], der von der Liga für Menschenrechte unterhalten wird und in Paß- und Arbeitsfragen bei den Behörden interveniert;
Wir hoffen, wir haben kein wichtiges Komitee vergessen. Wir bitten zu entschuldigen, wenn es doch geschehen ist. Aber wir werden, da wir keinen Baedecker für die Emigration schreiben wollen, für die anderen Städte kein gleiches Verzeichnis aufstellen.
Eine besondere Rolle spielt das Comité Matteotti. Nach dem italienischen Märtyrer des Sozialismus hat sich in Paris das Komitee genannt, das von der sozialistischen Partei und den Gewerkschaften für die politischen Flüchtlinge gegründet worden ist. Seine Lage mag man aus einem Aufruf erkennen, den es im Februar 1934 in den Zeitungen erließ.
Dort hieß es:

> »Das Comité Matteotti Français sorgt seit vielen Monaten für einen wenn auch bescheidenen Lebensunterhalt von mehreren Hundert politischen Flüchtlingen, die in Frankreich das Asylrecht in Anspruch genommen haben ... Es besteht die Gefahr, daß die politischen Flüchtlinge schon in ganz kurzer Zeit kein Nachtlager und kein Essen haben werden, wenn es nicht gelingt, durch die gemeinsame Hilfe der französischen Arbeiter, ihrer Organisationen, durch die Mithilfe aller freiheitsliebenden Menschen und aller derer, für die die Solidarität kein leeres Wort ist, die Mittel aufzubringen, die zur Weiterführung des notwendigen Hilfswerks in noch so bescheidenen Grenzen notwendig sind ...«[18]

Das Komitee suchte nach tausend Kameraden, die ihm regelmäßig zwanzig Francs im Monat geben. Das wäre »die einfachste und beste Sicherstellung« des Hilfswerks.

Dann aber fordert es weiter hilfsbereite Menschen und örtliche Organisationen auf, einzelne Flüchtlinge bei sich aufzunehmen und ihnen womöglich Beschäftigung zu geben. Hier ist ein neuer Weg beschritten, und wir hören, daß auf diese Art manche Erfolge erreicht wurden. Die Verteilung der Emigranten, ihre Verpflanzung mitten unter Bürger des Landes, hat naturgemäß ganz andere Wirkungen als ihre Vereinigung oder Zusammenpferchung in Kasernen. Sie lernen die Sprache, ihre Aufsaugung wird angebahnt, menschliche Verbindungen werden geschlossen, es bietet sich wirklich eine Aussicht, daß die Fremden zu Bürgern des Landes werden. Es werden so auch andere Kräfte frei bei Einheimischen, sie treten den Gästen anders entgegen, als wenn sie sie nur in Rudeln und Haufen sehen. Die Vertriebenen gewinnen neue Interessen und damit neuen Lebensmut.

Allerdings die Krise! Sie verhindert fast immer, daß die Emigranten Arbeit finden. Und das ist das Entscheidende. Auch das stärkste Solidaritätsgefühl kann nichts daran ändern, daß sich hier die Interessen der Arbeiter, der einheimischen und der fremden, feindlich begegnen. Frankreich hat Millionen italienische, russische, polnische, ungarische Arbeiter aufgenommen, als die Wirtschaft blühte. Mit deutschen würde das nicht schwerer sein. Wenn es nur nicht an Arbeit mangelte! Wir sahen schon am Beispiel Holland, daß die Gewerkschaften selbst der Arbeit der Fremden entgegentreten mußten. Aus dem Elsaß hören wir dasselbe. Aber es wird nicht nur da und dort so gewesen sein.

* * *

Eine sehr wichtige Aufgabe hat sich der HICEM, der Verband jüdischer Organisationen für Auswandererhilfe gestellt. Im Januar teilte er darüber der Öffentlichkeit mit:

> »In enger Zusammenarbeit mit den für die Hilfsarbeit in Frankreich, Belgien, England, der Schweiz, Luxemburg, Österreich, der Tschechoslowakei usw. gebildeten besonderen Komitees und mit seinen eigenen in zahlreichen Ländern bestehenden Komitees hat HICEM alles, was ihm mit Rücksicht auf die gegebenen Verhältnisse möglich war, getan, um die Vorarbeiten für die Weiterleitung jener Emigranten zu leisten, deren dauernde Niederlassung in den Ländern, in denen sie eine feste Zuflucht gefunden hatten, nicht möglich war. Systematisch wurden Einwanderungsmöglichkeiten für diese Emigranten gesucht. Es wurden Schritte unternommen, nicht nur in der Richtung

der Zulassung der Emigranten in verschiedene überseeische Länder, sondern auch, um ihre Niederlassung in einigen europäischen Ländern, insbesondere Frankreich, Jugoslawien und Spanien, wo HICEM im Interesse der Einwanderer neue Zweigstellen errichtet hat, zu ermöglichen.
Bis zum 31. Dezember 1933 waren von den verschiedenen Komitees die Fälle von 5 257 Emigranten behandelt worden. 2 270 wurden nach verschiedenen Ländern weiterbefördert. Dies geschah hauptsächlich zum Beginn der Auswanderungsbewegung, in einem Zeitpunkt, da eine richtige Regelung noch nicht möglich war und die Emigranten planlos auf der Suche nach Niederlassungsmöglichkeit von einem Land ins andere reisten. Gegen ein solches Herumreisen hat HICEM von Anfang an Stellung genommen, und die Londoner Hilfskonferenz[19] hat sich später ebenfalls entschieden gegen diese Erscheinung gewandt, die heute bereits fast vollständig verschwunden ist. Gegenwärtig werden Auswanderer nur dann weiter befördert, wenn vorher auf Grund einer sorgfältigen Untersuchung festgestellt werden konnte, daß in den Ländern, in die sie sich begeben, die Möglichkeit ihrer dauernden Niederlassung vorhanden ist, daß sie entweder von dort ansässigen Verwandten empfangen werden oder sich eine dauernde Anstellung gesichert haben.
Nach überseeischen Ländern wurden 472 Auswanderer zu dauernder Niederlassung geschickt. 1 075 wurden in verschiedenen europäischen Ländern untergebracht. 1 440 Personen, die keine Aussicht zur Niederlassung in den Ländern hatten, in die sie gekommen waren, wurden in ihre Heimatländer, hauptsächlich nach Ost-Europa, zurückgesandt. Die Kosten dieser Umsiedlung betrugen 1 079 717 Francs, abgesehen von den zum Teil durch deutsche Organisationen getragenen Kosten der Ausreise ...«[20]

Eine ständige Emigrationskommission wurde gebildet unter dem Vorsitz von Sir Osmond d'Avigdor-Goldsmid[21] und Herrn Otto Schiff[22], zwei in England wohlbekannten jüdischen Philanthropen. Sie nennt sich »German Jewish Emigration Council – Anglo-HICEM«[23].
Nach einer Sitzung, die der HICEM Ende März in Paris abhielt, teilte er mit, es seien vom 1. Januar bis zum 15. März 1934 weitere 1 087 Fälle behandelt worden.[24]
Das sind große Ziffern. Sie zeigen, wie ungeheuer viel in der Emigration gereist wird. Eine Million Francs, allein bis zum Ende des Jahres 1933. Und das ist nur die Summe, die von HICEM kontrolliert worden ist.
Unmöglich nachzurechnen, was außerdem von den Bahnen verdient worden ist.
Und zu schweigen vom Wandern. Das war in Deutschland seit dem Beginn der Krise zu einer gewaltigen, ganz unkontrollierbaren und ganz ziellosen Bewegung geworden. Die deutschen Emigranten haben die Gewohnheit in die fremden Länder getragen. Juden und Christen unterscheiden sich

hier so wenig wie sonst. »Da, wo Du nicht bist, da ist das Glück.« Sie »trampen«. Das heißt, sie reisen wechselnd zu Fuß und in fremden Automobilen. Manchmal legt einer nur zwanzig Kilometer am Tag zurück, und manchmal fünfhundert. Um am »Ziel« festzustellen, daß auch dort kein freier Arbeitsplatz auf ihn gewartet hat.
Das hat mit keiner HICEM-Kontrolle etwas zu tun.
Aber der deutsche Arzt, der anfangs des Jahres 1934 von Paris nach Schanghai fuhr[25] und bald wieder zurück, hatte – so sagte man uns – Unterstützung von HICEM bekommen.
Wir wollen nicht behaupten, daß dieses Beispiel typisch ist. Niemand kann aber zweifeln, daß die menschliche Unvollkommenheit hier ein besonders geeignetes Feld gefunden hat. Das wissen sicher die HICEM-Leiter selbst am besten.
Die sozialistischen Matteotti-Komitees und die jüdischen Hilfskomitees schicken einander »Fälle« zu, da und dort beraten ihre Vertreter wohl auch einmal zusammen. Im allgemeinen tun sie ihre Arbeit vollkommen getrennt. Hitler hat einmal gesagt, er verfolge die Juden nur, weil sie Marxisten seien. Eben das ist nicht richtig. Das Schicksal der proletarischen und der jüdischen Emigranten ist wohl ähnlich. Die Ursache ihrer Vertreibung ist dieselbe. Und nicht wenige Einzelpersonen gehören beiden Lagern an. Aber weil die Juden eben nicht marxistisch, weil sie unpolitisch sind, weil ihre Gemeinschaft Menschen aller Stände und aller Richtungen umfaßt, deshalb war es unmöglich, das Hilfswerk gemeinsam durchzuführen. Dazu sind die Geldgeber der jüdischen Komitees meist Kapitalisten und haben wenig Grund, sozialistische Bestrebungen zu unterstützen. In der Zeit der ersten Not und Bestürzung haben einige der jüdischen Komitees jedem Flüchtling ohne Unterschied der Religion geholfen. Das hat aufgehört, als man überall daranging, haushälterisch zu verfahren.
Ein besonderes Kapitel, nein, ein besonderes Buch, müßte man den Quäkern widmen, der »Society of Friends« oder »Société des Amis«, dieser Gemeinschaft, die echte Menschenfreundschaft in die Zeit der Zersplitterung und Verfeindung hineinträgt, die, deutlicher als manche Kirche, die Wahrheit und Wirklichkeit christlichen Geistes beweist. Die Quäker helfen Juden und Christen, Bürgern und Proletariern, bei ihnen finden auch die bedauernswerten »Nicht-Arier«, die Christen, die von Hitler wieder zu Juden ernannt worden sind, ihre Stätte. Sie kennen keine Dogmen und keine Vorurteile. Jeder, der mit ihnen zu tun hatte, preist sie als wahrhafte Nachfolger Christi. Ihre Gemeinschaft verfügt über bedeutende Hilfskräfte, sie hat einen starken und freigebigen Anhang in den angelsächsischen Ländern. Sie werden als ein seltsamer Fremdkörper einer schlimmen Periode in die Geschichte übergehen.

XI. »Kolonie« der deutschen Emigranten?

Wir trafen einen sehr prominenten Emigranten in London, der uns sagte: »Wir sind Gegner Hitlers, weil er Antisemit ist. Aber sonst hat er natürlich Recht. Weil wir das einsehen, deshalb sind wir ja Zionisten.«
Es hat einmal vor ein paar Jahren in Palästina selbst ein junger Radikaler, Angehöriger der Revisionisten-Partei[1], in einer Versammlung gerufen: »Hoch Hitler!« Hier ist der Übergang zu den in Deutschland gebliebenen »nationaldeutschen« Juden[2], deren Redner zwischen Hakenkreuzfahnen sprechen und die vom Völkischen Beobachter, Hitlers Zeitung, mit Spott und Verachtung abgetan werden.
Der Prominente, den wir zitieren, wird nicht viele Gesinnungsgenossen finden. Der Weg der Juden im allgemeinen in der Welt ist der des Geistes und der Humanität, nicht der der Gewaltanbetung.
Wir erzählten von dem Gespräch nur, um zu zeigen, wie vielfältig die Anschauungen unter den Emigranten sind. Deshalb wird sich wahrscheinlich auch nie so etwas wie eine »Kolonie« der deutschen Emigranten entwickeln. Man hält uns das Beispiel der Russen entgegen, deren Zusammenhalt in Paris oder Prag noch heute deutlich spürbar ist. Aber sie waren nicht nur viel zahlreicher, sie waren im ganzen auch, trotz mancher Zersplitterung, einiger. Vor allem aber gehören die deutschen Juden auch zu der jüdischen Gemeinschaft. Viele von ihnen, die nur noch wenig von jüdischer Gemeinsamkeit wußten, haben unter den Schicksalsschlägen, die sie trafen, den Weg zurückgefunden.
Zu den Klassenunterschieden treten die Unterschiede der Rasse, der Religion, der Gesinnung. An vielen Orten treffen die deutschen Emigranten auf frühere Auswanderer, gesinnungsgleiche und feindliche. Das alles schafft, trotz der vielen Übereinstimmungen, Spaltungen. Es wird schwerlich so etwas wie eine »Kolonie« entstehen.
Trotzdem gibt es Ansätze zur Aufrechterhaltung einer Gemeinschaft. In Paris faßten ein paar Emigranten den Plan, eine »Dach-Organisation«[3] zu bilden. Aber es scheint, daß die Initiatoren nicht die richtigen waren. Sie fanden keine große und wohl auch nicht die Gefolgschaft, auf die es ankommt. Aber es gibt in Paris einen Verein der vertriebenen deutschen Ärzte[4] und einen der Juristen.[5] Es wurde aufgerufen zur Gründung eines Oratorienchors[6] und eines Liebhaber-Symphonieorchesters.[7] Es gibt eine Deutsche Emigrantenschule[8], die abendliche Vorträge veranstaltet.
Es gibt Cabarets. In Zürich die »Pfeffermühle«[9], von Erika Mann begründet und geleitet, die schon berühmt ist. In Paris die »Laterne«[10]. Dort ist auch eine Arbeitsgemeinschaft emigrierter deutscher Schauspieler[11] vor das Publikum getreten. Auch in London wurde schon auf deutsch Theater

gespielt.[12] Ein deutscher Synagogenchor[13] ließ sich im Sommer 1933 in mehreren Ländern hören. Er feierte Triumphe – dann entstand Uneinigkeit unter seinen Mitgliedern, und er löste sich auf.

Wichtiger als die Ansätze zu einem Vereinswesen sind die Schulen der Emigranten. Es sind verhältnismäßig sehr viele Kinder emigriert. Ihr Anteil ist zahlenmäßig nicht zu erfassen. Aber es ist klar, daß sie prozentual die Zahl der Erwachsenen übertreffen. Die Kinder politischer Gefangener wurden von Genossen ins Ausland gerettet. Viele Juden, die heute Deutschland noch nicht verlassen können, weil ihnen mobile Mittel fehlen, schicken ihre Kinder fort. Sie wissen, daß zu Hause keine Zukunft für sie sein wird. Frauen reisen ins Ausland, damit ihre Kinder nicht in Deutschland geboren werden: »Emigranten im Mutterleib«. Kinder, die in England zur Welt kommen, besitzen von Geburt die britische Staatsangehörigkeit. In Frankreich genügt eine Erklärung des Vaters, um sie zu erwerben.

Viele Eltern wagten es, ihre Kinder sofort in eine Schule des anderen Landes zu schicken. Sie sollten sehen, wie sie sich mit der fremdem Sprache abfanden, um so schneller würden sie sie lernen. Das Experiment ist in mehreren Fällen, von denen wir wissen, geglückt.

Es gibt aber auch Schulen, die langsam den Übergang vorbereiten, in denen der Unterricht auf deutsch beginnt und auf englisch oder französisch fortgesetzt wird. Eine Anzahl solcher Schulen sind von emigrierten Pädagogen begründet worden.

Ein sehr bekannter Schulmann war in Berlin Dr. Karsen[14], der Leiter der großen Karl-Marx-Schule in Berlin-Neukölln. Er hat heute eine Schule in der Nähe von Paris. Der Freund des ehemaligen Reichskanzlers Prinz Max von Baden[15], Dr. Kurt Hahn[16], der eine Schule in Salem am Bodensee leitete, setzt heute seine Arbeit in Schottland fort. Das Landerziehungsheim Herrlingen bei Ulm ist als ganzes ausgewandert und residiert in England.[17]

Aber am bedeutendsten von allen kulturellen Erscheinungen der Emigration ist die Literatur.

Es ist nicht ungerecht zu sagen, daß das Nazi-Regime literaturfeindlich ist. Selbst die radikalsten unter den nationalistischen und bellizistischen deutschen Schriftstellern waren nicht gleichzuschalten. Der Kreis um Ernst Jünger[18] steht abseits, wenn er auch nicht emigriert ist. Das »liberalistische« Deutschland druckte und las diese Feinde ihrer Grundsätze gern. Der Nationalsozialismus, dem sie so viel genützt hatten, ehe er an die Macht kam, hatte keine Verwendung für sie.

Die höchste Auszeichnung, die das heutige Deutschland zu vergeben hatte, die Ausbürgerung, hat es vor allem Schriftstellern verliehen. Heinrich Mann[19], Lion Feuchtwanger[20], Ernst Toller[21], Oskar Maria Graf[22], Theodor Plivier.[23] Auch eine Gestalt, die der heutigen Generation fast unbekannt ist, Edward Stilgebauer.[24] Noch immer ist es rätselhaft, wer die Listen in Nazi-Deutschland zusammenstellt.

Nicht viele von den angesehenen deutschen Schriftstellern, die man unpolitisch nennen konnte, waren neutral genug, um heute in Deutschland gedruckt und verkauft werden zu können. Es gibt ein paar böse Fälle von Kompromißlern, die ihre Überzeugungen verleugneten, um den Absatz ihrer Bücher nicht zu verlieren. Aber reden wir nicht von ihnen.
Die Frage ist: wer ist gegangen, hat sich nicht gebeugt?
Und was wird aus den Mutigen, die das Schicksal der Verbannung auf sich nahmen?

Es sind die Nazis, die Erben der Alldeutschen, die gern von den »neunzig Millionen« Deutschen sprechen, die in der Welt leben. Und von denen nur fünfundsechzig in einem Staat, jetzt unter dem Szepter Hitlers, vereint sind. Als die Ungarn ihre Emigration in die Welt schickten, 1919, und sich die Welt mit ungarischen Schriftstellern füllte, war es ihre einzige Chance, daß das zurückgelassene Vaterland »das verstümmelte Land« war. Man konnte für die Ungarn in der Slowakei, für die Ungarn in Rumänien, für die Ungarn in Jugoslawien schreiben. Viele haben es versucht, nicht vielen ist es gelungen. Viele sind zurückgekrochen, nicht wenige sind zu Grunde gegangen. Die erfolgreichsten sind englische Schriftsteller geworden. Aber die deutschen sind nicht so geschickt, noch so anpassungsfähig.
Es sind drei Millionen Ungarn, die außerhalb der ungarischen Grenzen leben, drei Millionen Leser.
Uns hat Hitler fünfundsechzig Millionen Leser genommen; aber er hat uns fünfundzwanzig Millionen lassen müssen.
Ein Glück, daß er nicht nur Schriftsteller vertrieb, er schickte ihnen nicht wenige Verleger nach in die Verbannung. Am Tag nach der national genannten Erhebung griffen sie mit ungebrochenem Mut ihr Geschäft an. Der unermüdliche Malik[25] war der erste. Er setzte in Prag fort, was er in Deutschland hatte aufgeben müssen.
Die Chancen leuchteten nicht wenigen ein, auch drei alten Verlagshäusern in Amsterdam, Querido, Kampen und de Lange.[26] Sie gliederten sich, nicht ohne den sachverständigen Rat vertriebener Deutscher, deutsche Abteilungen an. Bei Querido fand Heinrich Mann sein Unterkommen, Lion Feuchtwanger und Joseph Roth[27], Emil Ludwig[28], Valeriu Marcu.[29] Auch Jakob Wassermanns letzter Roman[30] kommt dort, nach seinem jähen Tod, heraus.
Paris folgte mit den Editions du Mercure de l'Europe,[31] die manches Verdienstliche und dieses Buch herausbringen. Einer ihrer Inhaber[32] ist Buchhändler von Beruf, Philosoph von Neigung. Der andere der Romancier Peter Mendelssohn.[33]

In Zürich waren es Oprecht und Helbling und der Europa-Verlag[34], die das von den Deutschen verstoßene deutsche Verlagsgeschäft aufnahmen. Hier erschien das bisher seltsamste Emigranten-Buch, Deutschland ist Caliban von Walther Rode[35], dem Pamphletisten. Sein neuestes Werk ist wahrhaft eine Schmähschrift. Klassischer Stil und großer Zorn machen es zu einem Meisterwerk. Aber warum ist Rode so zornig? Er ist ein Wiener und ging vor Jahren in ein freiwilliges Exil nach Lugano. Das ist es, was Hitler nie verstehen wird: daß einer irgendwo eine geistige Heimat haben kann. Und daß ihm der Verlust der geistigen Heimat näher gehen kann als anderen die leibliche Verbannung. Seine Abstammung leitet Rode von den Chasaren ab. Es denken nicht alle mit dem Blut, manche fühlen mit dem Gehirn.
Die Sammlung, eine literarische Zeitschrift, erscheint in Amsterdam, von Klaus Mann herausgegeben[36], und in Prag Die Neuen Deutschen Blätter, von Wieland Herzfelde gegründet und redigiert.[37] Dort auch der Simplicus[38], der den alten echten vorhitlerischen Simplicissimus fortsetzen will. In Paris das Pariser Tageblatt, an der Spitze Georg Bernhard, der frühere Chefredakteur der Vossischen Zeitung.
Die früheren deutschen Sozialdemokraten haben drei Organe, Die Deutsche Freiheit in Saarbrücken, der Neue Vorwärts und der Weg zum Sozialismus[39] in Karlsbad. Auch in Saarbrücken erscheint eine Wochenzeitung Westland[40], sehr polemisch und dabei sehr amüsant, was den Deutschen selten zugleich gelingt.
Das Tage-Buch lebt als Das Neue Tage-Buch[41] jetzt in Paris weiter und Die Weltbühne, die einst der tapfere Siegfried Jacobsohn[42] geschaffen hat, in Prag.[43] In jenem tobt die reine Vernunft mit großer Bitterkeit und verdammt die Blindheit und Feigheit der Welt. Dieses entwirft hoffnungsvolle Einigungsprogramme für die sozialistischen Parteien.
Die Weltbühne druckte zunächst auch Trotzki. Inzwischen hat sie ihre Redaktion gewechselt. Trotzki ist verschwunden. Sie scheint »linientreu« kommunistisch geworden zu sein.
Willi Münzenberg[44] hat seinen Konzern fortgesetzt: A-I-Z, Gegen-Angriff, Die Neue Welt. Sein Feind ist Trotzki und er vergißt darüber fast auf Hitler. In den Editions du Carrefour gibt er Bücher heraus.
Es ist nicht weniges geschehen. Rings um Deutschland schlingt sich ein Kranz deutscher Literatur. Nur, daß die Einfuhr nach Deutschland mit Zuchthausjahren bezahlt wird und mit Todesgefahr. Mögen die Redakteure und Mitarbeiter brave Leute sein, die Kolporteure, die mit ihren Erzeugnissen nächtlich die Grenze überqueren, sind Helden! Sie sind es – mit anderen ihrer Tatgenossen – die das Heroische im Deutschen verkörpern, nicht die Raufbolde der früheren, die Gleichschrittmarschierer der jetzigen SA.

Aber werden die deutschen Schriftsteller von den mutigen Verlegern leben können? Die wenigen ausgenommen, die in den angelsächsischen Ländern berühmter sind, als sie es in Deutschland waren, leben sie schon jetzt recht bescheiden. Legte man ihnen das Geld zu, das Göring dafür ausgibt, sie zu bespitzeln, es ginge ihnen besser. So geht es beiden knapp zusammen, den Spitzeln wie den Schriftstellern.

* * *

Die Reaktion vor 1848 führte Heine und Börne nach Paris. Die nach 1848 Marx und Engels nach London.
Wie werden wir bestehen?
Aber das ist nicht mehr die Frage der »Kolonie«, des Eigenlebens Ausgewanderter im fremden Land.
Hohen oder niederen Rangs, gut oder schlecht, schreiben die emigrierten deutschen Schriftsteller nicht für ihre Schicksalsgenossen. Sie schreiben für die Welt. Sie schreiben für Deutschland – auch wenn ihre Bücher dort nicht gelesen werden dürfen.
Ob sie bestehen werden, ist eine politische, keine literarische Frage.
Es ist eine politische Aufgabe, die sie zu erfüllen haben, auch wenn sie »literarische« Bücher schreiben.

XII. *Was kostet die Emigration? Oder bringt sie?*

Wir haben vom Elend der Emigration gesprochen. Vom Elend der Emigration in Paris. Und es gibt arme hungrige Emigranten nicht nur in Paris. Sondern auch in London, in Prag, in Amsterdam, in Brüssel, in der Schweiz, in Kopenhagen, in Stockholm, in Saarbrücken, in Straßburg … Da ist keine Stadt, nahe den deutschen Grenzen, kein Land, Deutschland benachbart, das nicht die Sorge für arme Deutsche trüge.
Im Januar 1934 wurden vom Großen Comité in Paris noch 1 600 regelmäßig unterstützt – besser gesagt, unterhalten. Vom Woburn House in London ungefähr 600. In Saarbrücken nicht weniger als 400. In Amsterdam 600. In Prag 600. Nun denke man an Straßburg, Belgien, Schweiz, Polen, Skandinavien.
Und man muß in Rechnung ziehen, was, durch kein Komitee kontrolliert, an direkter Hilfsleistung geschieht. Die unkontrollierte, unmittelbare Hilfsleistung ist, vor allem in Holland und England, sehr umfangreich.
Professor Weizmann hat auf einer Konferenz[1] in London im Februar 1934 die damals aus öffentlichen Fonds Unterstützten auf 4 000 geschätzt. Wir halten die Schätzung für zu niedrig. Selbst dann, wenn er nur an die Juden-Emigranten gedacht haben sollte. Er hatte schwerlich die private Wohltätigkeit in Betracht gezogen.

Und die christlichen, proletarischen Flüchtlinge? Es werden nicht unter 10 000 sein, sie haben kein Geld mitgebracht und nur wenige von ihnen haben Arbeit gefunden. Wenn wir meinen, es werden – jetzt im März 1934 – noch immer 15 000 Emigranten sein, die fremde Mittel brauchen, so wird es nicht zu viel sein.

* * *

Nazi-Deutschland, das so stolz auf sich ist, das behauptet, es habe gerade jetzt die früher verlorene Ehre wiedergewonnen, ist in diesem Punkt nicht stolz. Es läßt es ruhig zu, daß Fremde in fremden Ländern ihm einen Teil seiner Wohlfahrtslasten abnehmen. Ja, es bemüht sich, diesen bequemen Abwälzungsprozeß fortzusetzen. Warum eigentlich nimmt die Welt diese Bequemlichkeit der neudeutschen Machthaber mit Ruhe hin? Muß sie sie mit solcher Ruhe hinnehmen?
Eine andere Art, die Wohlfahrtskosten hereinzubringen, wäre denkbar, eine originelle Methode, die einiges für sich hat. Der Gedanke stammt nicht von uns. Der Direktor einer Petroleumgesellschaft[2], früher in Berlin, jetzt in Paris, einer von denen, die, um mit den Nazis zu sprechen, »ruhig hätten bleiben können«, der es aber vorzog, ein Land zu verlassen, das ihm keine Bürgerrechte gewährt, hat den Vorschlag gemacht. Den Vorschlag nämlich, die reichen Emigranten zugunsten der armen zu besteuern. Der Gedanke hat etwas Bestechendes.
Zunächst aber zeigt sich: die Steuer, die mit mehr Recht für die armen Schicksalsgenossen aufgebracht würde, wird schon von Hitler erhoben, der vielleicht die Kosten der Vertreibung damit deckt. Ein deutscher Jude hat genug Mut und Phantasie aufgebracht, sich gegen die Einziehung der »Kapitalfluchtsteuer« zur Wehr zu setzen. Er hat argumentiert:

> »Du, Staat, nimmst mir den Beruf und stellst mich auf eine Stufe zweiten Ranges. Du fügst mir auch den empfindlichsten materiellen Schaden zu. Du kannst mir nicht zumuten, hier zu bleiben. Also darfst Du mich auch nicht besteuern dafür, daß ich gehe.«

Wenn er nicht nur mutig, sondern tollkühn gewesen wäre, so würde er hinzugefügt haben:

> »Dein Führer, der Reichs- und Volkskanzler Hitler, hat zu einem amerikanischen Journalisten[3] gesagt, er würde gern jedem Juden, der freiwillig auswandere, noch tausend Mark aus seiner Tasche – oder, das ist wohl dasselbe, aus der Tasche des Staates – dazugeben.«

Aber der Leichtsinnige hätte keinen ebenso leichtsinnigen Anwalt gefunden, um solche Argumente vorzutragen.

Der Reichsfinanzhof hat den Einspruch des Juden zurückgewiesen und hat ihm erwidert:

> »Du lügst, Jude, wenn Du sagst, Du mußtest gehen. Man hat Dir zwar Deinen Beruf genommen. Aber Du kannst Dich ja ›umstellen‹. Nach dem Großen Krieg sind so viele bedauernswerte Offiziere brotlos geworden und haben sich auch umstellen müssen. Wie willst Du Dich je beschweren können? Du gehst freiwillig. Wenn Du Dein Vermögen mitnimmst, so schädigst Du dadurch die deutsche Wirtschaft. Darum ist es richtig, Dich vorher einmal noch ordentlich zu schröpfen. Von Rechts wegen!«

Wenn sich die Aufnahmeländer das gefallen lassen, obwohl es, z.B., in Haag einen Gerichtshof gibt, so darf man sich nicht wundern. Sie lassen sich noch mehr gefallen.

Auch dem Gedanken, die besitzenden Emigranten zugunsten der besitzlosen zu besteuern, wird von Anfang an mit der Einhebung der Kapitalfluchtsteuer seine beste Stütze genommen.

Aber wäre selbst dieser Gedanke an allen Seiten lückenlos verstrebt, so bliebe doch die Frage, wie er in die Tat umgesetzt werden soll. Wenigstens in einem gewissen Umfang, mit vielen Lücken und Ungerechtigkeiten, wäre er wohl durchzuführen. Aber nur dann, wenn sich die Aufnahmestaaten zusammentäten und energische Entschlüsse faßten. Beides ist ins Reich der Phantasie zu verweisen. Es ist so, als ob nur noch die Polizei Energie aufbrächte. Das ist fast schon eine internationale Erscheinung.

Es heißt außerdem, niemand sei weniger gebelustig als die reichen Emigranten. Darüber wird an mehreren Stellen geklagt. Hellmut von Gerlach[4], der pazifistische Publizist, heute Emigrant in Paris, hat in der Weltbühne darüber geschrieben, und seiner Anklage ist niemand entgegengetreten. Gerlach als Repräsentant der Deutschen Liga für Menschenrechte bei der französischen Liga sollte etwas von solchen Dingen wissen. Auch in Holland wird das gleiche berichtet.

Das Pariser Tageblatt hat im März gemeldet, die französische Regierung habe einen deutschen Bankier, der sich weigerte, nach seinen Kräften zu geben, aufgefordert, binnen vierundzwanzig Stunden abzureisen.[5] Wir wissen nicht, ob die Meldung richtig war. Inzwischen aber wird von den armen Emigranten viel gesprochen, zu viel, mehr als gut wäre für ihr Fortkommen, wenn sie überhaupt eins finden sollen.

Nicht, als ob nicht auch von den reichen gesprochen würde. Im Gegenteil, gerade das Zusammenspiel macht das Gespräch peinlich und gefährlich.

Das ist in London nicht anders als in Paris oder Amsterdam.

Wir sprachen in der englischen Hauptstadt bei einem Komitee vor, um einen konstruktiven Hilfsplan zu befürworten.

»Wie geht es den englischen Arbeitslosen?« wurden wir gefragt.
In Nordengland ist die Not unter ihnen groß. Familien von sieben Köpfen wohnen in einem Raum, und sie haben nicht genug zu essen.

>»Und dann, zum Beispiel, die W.[6] wohnen im Carlton, sie haben dort ein großes Appartement. Wissen Sie, daß das böses Blut macht?«

Die W. sind eine sehr reiche Familie. Sie gelten für wohltätig und freigebig, und im allgemeinen genügt das in ihren Kreisen, um den Reichtum verzeihlich zu finden. Aber die W. sind deutsche Juden aus Hamburg. Und siehe da, das Schicksal wirft sie in eine Gemeinschaft, der von Gar-Nicht-Kommunisten kommunistische Grundsätze zugemutet werden.
Die M. oder die S. oder die F. sind auch reiche Juden, und sie leben, abgesehen von der Besteuerung durch verschiedene Hilfskomitees, weiter so, wie sie früher gelebt haben. Sie wohnen in ihren Villen, fahren in ihren Rolls-Royce-Wagen, sind zu Weihnachten in St. Moritz und geben in der Season große Diners. Niemand stellt an sie die Forderung, nach kommunistischen oder, besser gesagt, nach frühchristlichen Grundsätzen zu handeln. Warum an die W.? Ist das logisch?
Wir wissen nicht, ob das logisch ist. Wir können nur konstatieren, wie sich die Stimmung äußert. Sozialistische Forderungen entwickeln sich bei den merkwürdigsten Gelegenheiten. Übrigens vorzugsweise gegenüber anderen. Das ist menschlich.
In Paris zeigte sich das Gleiche und in stärkerem Maß.
Da sind die prächtigen Maybach-Wagen und die schnellen Mercedes-Benz, die man so oft zwischen der Place de la Concorde und dem unbekannten Soldaten sieht, die so sanft und sicher zu den ausnehmend guten und ausnehmend teuren Restaurants des Bois rollen.
Wem gehören sie? Wir wissen es nicht. Vielleicht Herren von der Diplomatie? Vielleicht Spezial-Emissären des Deutschen Reiches, denen es an Mitteln nicht fehlen soll? Vielleicht Männern der rheinischen Schwerindustrie, die einen Ausflug machen? Ja, zum Teufel, vielleicht auch Emigranten, wir können es nicht wissen.
Für die unlustigen Beobachter ist das alles aber gleichgültig, und sie stellen keine so minutiösen Betrachtungen an. Sie werden in den Seitenstraßen der Avenuen von Hausierern mit Putzmitteln und Sockenhaltern angesprochen, die offenkundig deutsche Emigranten sind. Und sie sehen die hundertpferdigen Luxuswagen mit den deutschen Nummern. So wenig sie für ihre eigene Gemeinschaft, für Frankreich, Kommunisten sind, so schnell formen sich ihnen die beiden Arten der Fremden in eine Zwangsgemeinschaft, in der eine gerechtere Verteilung des Vermögens Pflicht oder gar Zwang zu sein hätte.

Nichts ist recht. Nicht die Reichen, und nicht die Armen. Übrigens auch nicht der Mittelstand.

Der Mittelstand füllt die Cafés, und zwar besonders ein paar wenige von ihnen, Select auf den Champs Elysées und Deux Magots auf der rive gauche.[7] Und vielleicht wird wirklich ein wenig zu laut deutsch in den Cafés gesprochen, in denen die Emigranten verkehren.

Amsterdamer schlugen vor, in dem Café am Rembrandtplein[8] Schilder aufzuhängen:»Men spreekt ook Hollandsch.«

Wir erinnern uns, daß man 1919 in Wien die Kärntnerstraße Kärntner-Utca nannte, auch mit Mißvergnügen. Damals waren es die Ungarn, die zu laut sprachen. Es sieht so aus, als ob die Fremden schlechthin zu laut sprächen. In London gibt es keine Kaffeehäuser, dafür erlebt die Bibliothek des Britischen Museums[9], diese berühmteste der Welt-Bildungsstätten eine Inflation von Arbeitslustigen. Viele, viele Deutsche versuchen dort dem Beispiel des Berühmtesten ihrer Vorgänger zu folgen, des Autors des Kapital, das an dieser Stelle entstanden ist, Karl Marx. Vor der Enge seines Heims, der Not seiner Kinder, der Krankheit der in Sorgen dahinschwindenden Frau, rettete er sich hierher und studierte die Tabellen englischer Industrieberichte. Gleich ihm versuchen heute wieder deutsche Emigranten, hier Waffen zu schmieden gegen eine Ordnung, in der die Greuel einer nationalsozialistischen Zwangsherrschaft nicht vermieden werden können. Mißerfolge schrecken nicht ab.

* * *

Unter den Emigranten aber ist nicht so selten ein ängstliches Minderwertigkeitsgefühl. Wir sind heimatlos! Unser Konsul ist unser Feind. Und auch hier zeigen sich scharfe Formen der Krise. Man wird denken, wir essen den Franzosen ihr Brot weg, wir sitzen auf ihren Plätzen.

Um solche Bedenken nicht aufkommen zu lassen, hat der Herausgeber des Neuen Tage-Buchs, Leopold Schwarzschild[10], eine interessante Berechnung angestellt, was die Verbrauchsmittel der Emigration angeht:

»Wenn es in Frankreich ... ständig 5000 Unglückliche geben mag, die mit durchschnittlich 20 Francs täglich, sichtbar oder unsichtbar, von privater Wohltätigkeit unterhalten werden, so gibt es durchschnittlich 20000 Glücklichere, die sich mit 20 bis 100 Francs täglich von mitgebrachten Fonds unterhalten. Dies macht für die Empfänger 3 Millionen Francs im Monat, für die Bringer aber 12 – 60 Millionen. Rechnet man ein französisches Arbeiter-Einkommen mit 1500 Francs monatlich, so nehmen äußerstenfalls die Unterstützten 2000 französische Arbeiter-Plätze weg, die anderen aber schaffen 8000 bis 40000.«[11]

Wir denken, die Rechnung ist unanfechtbar.

»Die Position Emigration war bisher überall ausgesprochen aktiv.« So schließt Schwarzschild, und der Augenschein derer, die viele Aufnahme-Länder sahen, gibt ihm recht.

Wenn es wahr ist, daß den Insassen von St. Maur gesagt worden ist: »Ihr seid unwillkommene Gäste…«, so wären dagegen Einwände zu erheben gewesen. »Wir als Ganzes«, hätte ein gelernter Nationalökonom erwidern können, »und in volkswirtschaftlicher Hinsicht doch wohl nicht. Fragen Sie die Hotelbesitzer und Restaurateure, die Zeitungsverkäufer, die Vermieter möblierter Wohnungen. Ja, es soll sogar Schneider, Garagisten und Juweliere geben, die nicht so unzufrieden sind …«

Aber kann man die Emigration als Ganzes nehmen? Oder ist hier das Wort von Anatole France anzuwenden, daß es nur zwei Nationen gibt, die Armen und die Reichen?[12]

Die Rechnung, die Schwarzschild für die Emigration in Frankreich aufgestellt hat, hätte er noch ergänzen können, indem er die Summen aufführte, die zur Unterstützung der Flüchtlinge aus anderen Ländern dorthin geflossen sind.

Das Comité National hat in einem Jahr zwölf bis dreizehn Millionen Französische Francs ausgegeben.[13] Davon ist aber nur ein Teil aus dem Vermögen von Franzosen gekommen. Das Pariser Haus Rothschild allein soll vier Millionen beigesteuert haben, eine große Summe. Dann aber waren, ebenfalls mit großen Summen, die englischen und amerikanischen Juden beteiligt.

* * *

Man wird sich im allgemeinen schwerlich Vorstellungen davon machen, welche Beträge durch die Emigration in Bewegung gekommen sind. Die Welt ist noch nicht so arm, wie sie oft zu sein scheint. Vor allem die angelsächsische Welt nicht.

Einen Begriff, einen vagen Begriff wenigstens, erhält man, wenn man ein paar Zahlen betrachtet, die von den englischen und amerikanischen Sammelkomitees mitgeteilt worden sind.

Der Central British Fund for German Jewry[14] hat vom Beginn seiner Tätigkeit bis Ende Februar 1934 £ 216 698 9s. 9d. angewiesen.

Das Jewish Joint Distribution Committee of America[15] hat im ersten Jahr für die vertriebenen deutschen Juden $ 1 080 000 aufgebracht.

Auf einen gemeinsamen Nenner gebracht, nämlich auf den des französischen Francs, ergeben diese beiden Beträge zusammen F.F. 34 620 000.

Leider stehen uns die Sammlungsergebnisse der anderen Länder nur sehr unvollständig zur Verfügung. Nach vertrauenswürdigen Angaben kann man rechnen, daß in Frankreich F.F. 8 000 000 zusammengebracht worden sind[16], in Holland Fl. 200 000.[17] Die Summe scheint uns niedrig, jedoch ist sie der Öffentlichkeit mitgeteilt worden, und wir konnten sie nicht verifizieren. In der Tschechoslowakei hat man, wie wir einem Bericht entnehmen, Kc. 3 000 000 für die Flüchtlinge ausgegeben.[18]

Die Summe, die sich aus allen diesen Faktoren ergibt, macht in französischen Francs F. F. 38 420 000.

Es fehlen Länder wie Polen, Italien, Belgien, die englischen Kolonien und Dominions, Länder, in denen gewiß nicht wenig gesammelt worden ist.

Es fehlen uns auch ganz die Beträge, die von den Gewerkschaften und sozialistischen Parteien für die Matteotti-Komitees ausgegeben worden sind. Stehen sie auch wahrscheinlich in keinem Verhältnis zu den jüdischen Sammlungen, so sind sie doch nicht ganz unbeträchtlich.

Aber wir wollen wenigstens eine vage Schätzung vornehmen. Wenn wir im ganzen einen Betrag von [F. F.][19] annehmen, so ist das wohl nicht so fern von der Wirklichkeit.

Die Vermögen, die auf diese Art aufgebracht worden sind, haben mancherlei Reisen gemacht. Sie sind keineswegs dort ausgegeben worden, wo sie gesammelt worden sind.

Amerika und England sind die Überschußgebiete. Die Länder rings um Deutschland sind die Gebiete des Zuschusses.

Das stärkste Zuschußgebiet aber ist Deutschland selbst. Wieviel Geld durch die jüdische Wohltätigkeit in das Land der Judenverfolgung geströmt ist, davon hat die Öffentlichkeit im allgemeinen sicher keinen Begriff. Es ist auch nicht wahrscheinlich, daß es in der gleichgeschalteten Presse mitgeteilt worden ist.

Einzelheiten über die Bewegung des Geldes können wir dem Bericht[20] entnehmen, den der Central British Fund im März 1934 erstattet hat.

Dieser größte Fonds hat nach Frankreich £ 17 940 0s. 0d. überwiesen. Das sind [F. F.].

Der genannte Bericht bemerkt, daß das amerikanische Joint seinerseits eine beträchtlich größere Summe nach Frankreich geschickt hat. Die Schwarzschildsche Rechnung stellt sich also noch wesentlich günstiger für die deutschen Emigranten, wenn man in Betracht zieht, was aus den angelsächsischen Ländern der französischen Volkswirtschaft zugeflossen ist.

Führen wir endlich an, daß nach dem englischen Bericht mehr als £ 30 000 nach Deutschland gegangen sind, und, wie derselbe Bericht bemerkt, »eine ähnliche Summe« von dem amerikanischen Joint. In einer Mitteilung des Joint selbst fanden wir $ 825 000 ausgewiesen »für die deutsche Judenschaft in allen Ländern« und »nur ein bißchen weniger als zwei Drittel dieser Summe für das Hilfswerk in Deutschland selbst.« Wir können also annehmen, daß mindestens $ 500 000 aus Amerika nach Deutschland gegangen sind.[21]

Allein von den beiden jüdischen Vereinen in England und Amerika ist die deutsche Wirtschaft durch diese beträchtlichen Summen gestärkt worden. Was mag aber an privaten Unterstützungen, z.B. von früher Ausgewanderten an notleidende Verwandte dorthin gegangen sein. Hätte Deutschland nicht zugleich durch die Judenverfolgung seinen Export beträchtlich geschädigt – man müßte sagen, daß es das beste Geschäft mit ihr gemacht hat. Wir können nicht umhin, diese Wirkung der jüdischen Wohltätigkeit zu bedauern.

Wir wissen noch einiges über die Sammlungspläne für das kommende Jahr. Der Britische Fonds hat einen neuen Sammlungsfeldzug[22] begonnen. Sofort sind £ 56573 gezeichnet worden, davon von drei großen Firmen, Rothschild, Samuel und Marks und Spencer[23] je £ 10000. Die Amerikaner, an ihrer Spitze Felix Warburg[24], haben sich zum Ziel gesetzt, in diesem Jahr drei Millionen Dollar aufzubringen[25], die kanadischen Juden eine Viertel Million Dollar.[26] Wenn man zu etwas einer Bilanz entfernt Ähnlichem kommen will, so muß man die Summen, die für die vertriebenen Deutschen gesammelt und ausgegeben werden, vergleichen mit den Summen, die durch die Emigration aus Deutschland ins Ausland gekommen sind. (Worauf von diesen allerdings abzuziehen wäre, was von den gesammelten Geldern nach Deutschland gewandert ist.)

* * *

Es ist sicher, daß aus Deutschland Massen von Geld herausgeströmt sind, seitdem man dort die Juden verfolgt und die Freiheit unterdrückt.
Geld in den verschiedensten Formen.
Legal und illegal.
Kapital, Ersparnisse, Unterstützungen, Reisegeld, Renten, Juwelen und Antiquitäten, Geld, Geld, Geld in jeder Art, die sich denken läßt.
Ich kenne einen Nicht-Arier, der heute ein Geschäft in Paris hat, ein Geschäft, das Gutes verspricht. Der ging zu Fuß über die Grenze, an einem schönen Frühlingstag. In der Hand ein Buch, sonst trug er nichts mit sich. In dem Buch lagen zwanzig Tausendmarkscheine. Es war nicht leicht gewesen, sich die Scheine zu verschaffen, darauf wurde von den Banken sehr geachtet. Dann aber war die Schwierigkeit nicht mehr groß.
Wer kann auch nur daran denken zu kontrollieren, wieviel Geld in der Hand über die Grenze getragen worden ist? Die primitivsten Mittel sind am wenigsten in ihrer Reichweite zu überschauen. Und es gibt keines, auf das nicht Flüchtlinge verfallen wären.
Erst sehr viel später und als es längst zu spät war, ist Nazi-Deutschland zu der Erkenntnis gekommen, daß sehr viele Broschüren ins Ausland geschickt wurden. Broschüren harmlosen Inhalts und mit einer harmlosen

Adresse, so gleichgültig, daß nicht einmal ein Absender verzeichnet war. Gerade deshalb, weil es schwierig wurde, große Scheine zu bekommen, nahm der Broschürenversand einen so großen Umfang an. Zwischen Seite 26 und 27 lag ein Hundertmarkschein.
Zugegeben, es ist ein bißchen mühsam. Aber schließlich lohnt es sich. Und in einer Zeit, in der die Grenzorgane den seltsamen Ehrgeiz hatten, Literatur zu kontrollieren, sowohl solche, die gegen die Nazis, wie solche, die allzu hitzig für die Nazis geschrieben war – in derselben Zeit häufte sich der Export von Broschüren über Wärmewirtschaft und Gartenkultur in einer Weise, die der Reichsbank wahrscheinlich nicht erwünscht sein kann. Die Empfänger rechneten mit einer Verlustquote, die der bei den berüchtigten Scrips gleich war, aber gerade in Broschüren scheint die Post besonders zuverlässig zu sein. Soviel wir von Interessenten erfahren konnten, sind sie angenehm enttäuscht worden.
Damals wurden auch gern Weltreisen unternommen. Man kaufte für Frau, Kind und Tante Karten erster Klasse für erstklassige Schiffe, Verpflegung, im besten Hotel vom Yokohama und San Francisco mit eingeschlossen – und überlegte sich in Paris die Tour. Verlust bei Rückgabe zehn Prozent. Das ist nicht zu viel.

* * *

Man hat einen Berliner Rechtsanwalt[27], Jude, wegen Organisation der Kapitalflucht zu zehn Jahren Zuchthaus verurteilt. Zu zehn Jahren Zuchthaus ... Die Welt, die mit Greuelnachrichten überfüttert ist, hat dem Urteil keine Aufmerksamkeit geschenkt. Es war auch, wie begreiflich, aus der gleichgeschalteten Presse nicht zu erfahren, nach welcher Methode der Anwalt gearbeitet hatte. Man las nur, daß er im Interesse von Verwandten gehandelt hat, die auswanderten.
Wir sind geneigt, uns der Meinung der unaufmerksamen Welt entgegenzustellen. Wenn es eine Greuel-Justiz gibt, so ist sie hier geübt worden.
Wir wissen nicht, ob man uns versteht.
»Wie?« wird der naive Ausländer fragen – und Ausländer sind immer naiv – »dieser Mann verstößt gegen klare Gesetze, Gesetze, die ihm als Juristen wohlbekannt sind. Er macht sein Vaterland ärmer, während patriotische Pflicht verlangt, es reich zu wollen. Und er tut das aus gemeiner Habsucht. Wer könnte ihn verteidigen!« Er hat wahrhaftig keinen Kollegen gefunden, der ihn vor dem Nazi-Gericht verteidigt hätte. Es gibt – weiß man es? – keine freie, auch keine pflichtbewußte Anwaltschaft mehr in Deutschland. Es kann sie nicht geben.
Wir wollen allen diesen Argumenten ausdrücklich widersprechen. Was der Mann getan hat, der zehn Jahre im Zuchthaus verbringen soll und der

sie vielleicht dort verbringen wird, war nichts anderes, als daß er sich gegen einen ungerechten und lebensbedrohenden Angriff gewehrt hat. Hitlers Reich nahm ihm und seinen Verwandten ihren Beruf, es nahm ihnen auch die Luft zum Atmen. Es blieb ihnen nur die Möglichkeit, weiter zu leben, wenn sie ins Ausland gingen, in ein Land, in dem sie zwar Fremde, aber nicht mißachtet, nicht minderen Rechts wären. Indem man ihnen aber verbot, ihr Vermögen mit sich zu nehmen, nahm man ihnen die materielle Möglichkeit, dort zu leben, wo es ihnen moralisch möglich gewesen wäre. Es wird ein letztes Argument dagegen geben. Warum gingen sie nicht arm heraus, da sie ihren Besitz nicht beweglich machen konnten? Nun, es ist nicht jedermanns Sache, fremde Mildtätigkeit zu erbitten. Wir sagen nicht, daß es nicht ehrenhaft sei, es zu tun. Aber alter Besitz macht überempfindlich in diesem Punkt. Und wenn wir die Schnorrer in Schutz genommen haben, so wollen wir uns auch derer annehmen, die um keinen Preis Schnorrer werden wollen. Der Preis war nicht hoch, so scheint uns. Denn ungerechte Gesetze sind keiner Achtung wert. Und auch das Kapitalfluchtgesetz ist ungerecht, wenn der Gesetzgeber zugleich einem Teil seiner Bürger ihre Rechte nimmt.
Nicht der Preis war hoch. Nur das Risiko war es. Der Anwalt nahm ein hohes Risiko auf sich, um sich und seinen Verwandten ein würdiges Leben, ein Leben, das ihnen würdig schien, zu erhalten.
Das ist Notwehr und Notstand. Dem Juristen sind die Begriffe wohlbekannt. Sie machen jeden Täter straffrei. Überall. Nicht im Nazi-Land.
Wir kennen zwei Fälle, zwei traurige Fälle, in denen Emigranten, beide hervorragende Männer, der eine der Wissenschaft, der andere der Politik[28], das Leben von sich warfen, weil sie nicht die Kraft in sich fühlten, im fremden Land, in der fremden Sprache von neuem zu beginnen. Wir wollen die Namen nicht im Zusammenhang mit Geld nennen, man soll den Vorurteilen keine Nahrung geben. Aber es ist uns bekannt, daß in beiden Fällen der letzte Grund zum Selbstmord war, daß die Mittel ausgingen. Der eine war reich gewesen, der andere hatte nichts als sein Gehalt gehabt. Beide wollten nicht zu den Komitees gehen und Essenskarten holen.
Ihr Schicksal war es, gegen das sich der Berliner Rechtsanwalt zur Wehr setzte – der heute im Zuchthaus sitzt. Gegen dessen Verurteilung sich niemand gewehrt hat, da es auch eine Justizkritik in Deutschland nicht mehr gibt – oder doch nur dann, wenn Sozialisten nicht zum Tod verurteilt werden. Und die das Ausland nicht verstanden hat.

* * *

Aber es sind viele, die das gleiche Risiko auf sich nehmen, wie der Mann mit den zehn Jahren Zuchthaus, und die kein Staatsanwalt erwischt.

Es gibt, zum Beispiel, einen sehr populären Weg, von nicht wenigen eingeschlagen, der durch Aktenmappen führt, die nach internationalem Gebrauch selbst von Nazi-Grenzwächtern nicht geöffnet werden dürfen. Niemand hat mehr Grund als das »neue« Deutschland, um seine eigene Kuriermappen besorgt zu sein. Denn vielgestaltig und oft dunkel sind seine Interessen im Ausland. Darum, nur darum, sind ihm auch die fremden Koffer heilig.

Einem deutschen Geschäftsmann, der nicht wenig Drangsal hatte leiden müssen, weil er erfolgreicher als die Konkurrenten operiert hatte, war es gelungen, seine Firma – wenn auch um ein Zehntel des Wertes – zu verkaufen und den Kaufpreis in bar zu erhalten. Das war die Bedingung für den Verkauf gewesen, den man besser Geschenk nennen würde. Ein gemeinsamer Freund berichtete uns von der Abreise des Geschäftsmannes. Irgend ein Zwischenfall trat im letzten Augenblick ein. Wir geben ihm das Wort:

»Die Wohnung war schon ausgeräumt, das Gepäck auf der Bahn, die Möbel beim Spediteur, das Geld beim Diplomaten ...«

Das rollt so durchs Gespräch, wie irgend Altgewohntes. Was der Spediteur für die Möbel, ist »der Diplomat« fürs Geld (Wobei die Bezeichnung »Diplomat« schwerlich korrekt ist, aber immerhin ...).

Der Geschäftsmann hat heute ein neues Geschäft in einer großen westlichen Stadt. Wieviel wird auf diese Art einem Stief-Vaterland entzogen worden sein?

Wir konnten nichts anderes tun, als ein paar von den Methoden zu schildern, die angewandt worden sind, um Vernichtungsmaßregeln, mögen sie sich auch Gesetze nennen, unwirksam zu machen.

Es gibt verwickeltere, die wir nicht beschreiben wollen. Es gibt Büros in mehreren Ländern, die damit beschäftigt sind, Kapitalflüchtigen zu helfen. Und die Büros gehen nicht schlecht, sie nähren ihren Mann.

Der Besitzer trägt kein Risiko, der seinen Besitz in Deutschland liquid zu machen vermochte, wenn er nur selbst schon draußen ist. Er übergibt die Vollmachten, der Gegenwert wird zu treuen Händen erlegt. Der Prozentsatz, den die Vermittler verdienen, ist in Anbetracht der Wichtigkeit nicht hoch zu nennen, die Konkurrenz hat ihn schon erheblich heruntergedrückt. Trotzdem hörten wir von mehreren solchen Unternehmern, die sich schon nach einem Jahr zur Ruhe gesetzt haben. Denn es sind enorme Summen, die umgesetzt werden.

Ein Nationalökonom[29], der sich – er hat jetzt viel freie Zeit – mit dieser interessanten Frage beschäftigt hat, ist schon im August 1933 zu dem Ergebnis gekommen, es müßten bis dahin zwei Milliarden Francs gewesen sein, die den Weg aus Deutschland heraus gefunden hatten.

Aber die Emigration des Geldes geht weiter, sie hat noch lange kein Ende gefunden.
Man mag jene Zahl für zu hoch halten – was wir nicht tun. Aber nehme man auch nur einen Teil von ihr als richtig an, die Hälfte, ein Viertel, und man verzichte darauf, an das zu denken, was folgte und folgt …
So verblaßt trotzdem das dagegen, was an Wohltaten den armen Emigranten gegeben wird.
Zahlenmäßig also ist die Bilanz der Emigration nicht passiv.
Aber das halten wir nicht für entscheidend wichtig.

XIII. *Die Emigration der Tatkraft.*
Fortsetzung der Bilanz.

> »Wir sind eifrig darauf bedacht, fremdes Kapital in unser Land zu importieren. Wie viel besser ist es, fremde Geisteskräfte zu importieren und sie zu assimilieren. Ich spreche nicht vom offen zu Tage liegenden Standpunkt der Humanität aus, sondern vom Standpunkt des materiellen Vorteils, den England davon hat, solche Leute hereinzuziehen.«

Das sind Worte, die der Colonel Wedgwood[1] im englischen Unterhaus sprach. Aber die Ansicht von vielen Männern und Frauen ist anders. Gerade unter denen, die ihre Arbeit der Emigration gewidmet haben, sind allzuviele, denen die Emigration als ein Unglück für die Aufnahmeländer erscheint. Sie sagen das nicht geradezu. Aber man merkt es an ihren Handlungen an. Haben sie recht? Oder hat der Oberst Wedgwood recht?
Neuerdings ist es aufgekommen, die in einem Lande verfügbare Arbeit wie einen Kuchen zu betrachten, aus dem man nur eine bestimmte Zahl von Stücken herausschneiden kann. Kommt ein neuer Esser herein, so muß einer, der bisher gegessen hat, hungern.
Das ist Vulgär-Ökonomie, die keiner Prüfung standhält. Nur daß sie, seitdem überall Arbeitslosigkeit herrscht, überall die Köpfe beherrscht.
Natürlich ist es in Wirklichkeit anders.
Es ist so, daß eine besorgte und aufmerksame Regierung sich bei jedem Immigranten fragen müßte:
»Ißt er nur Brot oder schafft er welches?«
»Nimmt er Arbeit oder bringt er welche?«
Dieser Kuchen der nationalen Arbeit ist unendlich ausdehnungsfähig. Umgekehrt kann er zu einer minimalen Größe zusammenschrumpfen. Die nationale Arbeit ist also aus einem ganz anderen Stoff gemacht, als es gewöhnlicher Kuchenteig ist. Und also kann nicht ein gewöhnlicher Zuckerbäcker so schwierige Fragen beurteilen. Es müssen weise Männer sein, die das tun.

Auch bei der Vertreibung der Juden und Marxisten aus Deutschland hat die Kuchen-Theorie ihre Rolle gespielt. »Es sind zu viele, die an der konstanten Größe »Arbeit« kauen, werfen wir ein paar heraus, so wird auf jeden von uns mehr kommen.« So dachten nicht nur, so sprachen auch nicht wenige Nazis. Aber dort ist bekanntlich das Denken mit dem Gehirn verpönt, sie denken jetzt mit dem Blut.

Dabei hat seit der Emigration das große Schrumpfen in Deutschland eingesetzt. Alles schrumpft: die Lohnsummen, die Umsätze nicht nur der Warenhäuser, auch der Einzelgeschäfte, jeglicher Konsum. Und wenn allein die Einnahmen der Schwerindustrie wachsen, so hat das seine besonderen Gründe. Aber noch nie ist ein Land vom Rüsten reich geworden.

Bei den Anwälten ist das besonders interessant zu beobachten. Es gab, wie man weiß, sehr viele jüdische Rechtsanwälte in Deutschland, auf diesem Gebiet mußte besonders viel Luft werden, wenn man die Juden verjagte. Aber siehe, seitdem sie nicht mehr da sind, geht die Prozeßzahl ständig zurück. Schon sind ein paar Senate des Reichsgerichts, das früher ständig wuchs, eingegangen, und die Anwälte, die geblieben sind, haben weniger zu tun als früher, da die jüdische Konkurrenz sie noch bedrückte.

Übrigens muß man sich erinnern, daß Immigrationen nie gern gesehen worden sind. Selbst wenn sie von Regierungen ins Land geholt wurden, murrte die Bevölkerung. Wir Deutsche haben alle in der Schule gelernt, welchen Segen die Hugenotten nach Brandenburg und die Salzburger nach Ostpreußen gebracht haben. Als sie kamen, gab es nichts als Querelen und Konflikte. Erst die zweite Generation war wohlgelitten.

Daß das Gejammer und Gezänk heute vergessen ist – nun, die Geschichte, die wir lernen, besteht zu zwanzig Prozent aus Vergeßlichkeit und Legende. Wenn ein neuer Passagier in ein Eisenbahnabteil kommt, sehen ihn die »Alteingesessenen« mit bösen Blicken an. Am bösesten der, der zuletzt vor ihm eingestiegen ist.

Mit den Immigrationen ist es ebenso. Die in der zweiten Generation Ansässigen wollen am wenigsten von neuen Ankömmlingen hören. Sie waren, selbst in einer Zeit, die unseren Nationalismus noch nicht kannte, ablehnender als die Leute, die schon lange im Lande wohnten.

Wer an den »vorübergehenden Aufenthalt« glauben will und wer unter dem Druck der Fahrkarten-Psychose steht, der taugt schlecht zum Arbeitsvermittler.

Trotzdem geschah von Anfang einiges, und es geschieht immer mehr. Daß darauf geachtet wird, keinem Bürger des Aufnahmelandes etwas wegzunehmen – daran sind nicht nur die Emigranten selbst interessiert. Aber überdies sind in diesem Punkt die Behörden aller Länder gleich scharf. Der »permis de travail«, den alle ausländischen Arbeiter und Angestellten haben müssen, gilt noch überall als sehr schwer erreichbar. Ja, wenn Konjunktur wäre! Aber, träumen wir nicht, es ist Krise.

Um mit dem Anfang anzufangen: es war verhältnismäßig einfach, Dienstmädchen zu werden. Nirgends scheint in diesem Beruf Andrang zu bestehen, er ist offenbar nicht sehr beliebt.

Die Auswanderung von Frauen ist natürlich geringer als die von Männern. In England, z. B., ist ein Verhältnis von 35 zu 65. In anderen Ländern mögen es noch weniger Frauen sein, da nur die »Aristokraten«, die Besitzenden, im allgemeinen ihren weiblichen Anhang mit sich genommen haben.

Bei 60 000 gab es trotzdem genug Frauen, die arbeiten mußten und die meinten, sie würden jede Arbeit leisten, die sich ihnen biete.

Aber es scheint – wenigstens in Frankreich – kein Erfolg gewesen zu sein. Dienstmädchen sind wohl nicht aus Deutschland ausgewandert. Und gerade das ist ein Beruf, an den sich nur schwer gewöhnt, wer ihn nicht von Jugend auf geübt hat.

Dazu kommt zweierlei:

Erstens einmal war unter den deutschen Juden der Prozentsatz an Hausangestellten immer minimal. Das hat sicher seine Gründe.

Zweitens aber ist der Prozentsatz an Intellektuellen unter den Emigranten sehr groß. Und die Intellektuellen aller Glaubensbekenntnisse werden wenig geeignet sein für Hausarbeit.

Darum ist der Versuch meistens nicht gelungen. Gemacht worden ist er in nicht unbeträchtlichem Umfang. Wir sprachen einige Frauen und Mädchen, die, in Frankreich angekommen, sich als »bonnes à tout faire« verdingt haben. Leider haben wir keine gesprochen, die noch aktiv in diesem Beruf ist. So kam es, daß wir nur Klagen gehört haben. Was der Beruf als solcher Widriges brachte, wurde meistens der fremden Landessitte in die Schuhe geschoben. Wir hätten gern als Kompensation auch die Damen gehört, die so wenig geeignete Angestellte in ihr Haus aufnahmen. Die es meistens wohl doch nicht aus Ausbeutungslust, sondern aus Gutmütigkeit getan haben. Was die erzählt hätten!

In England dagegen, so scheint es, ist der Versuch in nicht so wenigen Fällen gelungen oder doch noch nicht mißlungen. Von dem Komitee[2], das sich mit der Vermittlung beschäftigt, hören wir, daß die dauernde Kontrolle, die es übt, positive Resultate aufweist.

Auch in Holland, wo deutsche Hausmädchen stark »gefragt« waren, scheint der Verlauf günstig zu sein.

Nein, nicht jeder gutgemeinte Versuch gelingt.

Einmal wurde dreißig Emigranten, Arbeitern, nicht Juden, Arbeit in Korsika nachgewiesen, und sie wurden dorthin auf den Weg gebracht. Erdarbeit, zu der sie natürlich, wie zu jeder anderen, bereit waren.

Wir haben von einem der Emigranten einen Bericht über das Abenteuer bekommen, den wir hier im unveränderten Original folgen lassen:

> »Wir wurden vom Comité National, Paris V., rue de la Durance, zur Arbeit nach Korsika in die Hauptstadt Ajaccio geschickt. Wir erhielten vom Arbeitsministerium einen Vertrag ausgehändigt, den wir unterschrieben haben. Für einen Tag sollte laut Vertrag F.F.30 bezahlt werden. (D. h., ein Stundenlohn von F.F.3.50.) Wir haben einige Tage gearbeitet, dann setzte Regen ein, worauf uns vom Patron erklärt wurde, daß wir die Arbeit einstellen müßten. Von uns Kameraden hätte einer weiterarbeiten können, dieser sollte dann 15 – 20 Francs erhalten, während für Kost und Logis 18 Francs aufzubringen waren. Wovon hätten wir dann also die notwendigen anderen kleinen Ausgaben bestreiten sollen, wie zum Beispiel Seife, Schuhputzzeug, Wäsche etc.? Da hätte man also das ganze Jahr schaffen müssen, nur um unsere Schulden abzuarbeiten. Laut Vertrag hätten wir noch 50 Francs von unserem Patron zu bekommen gehabt, nachdem wir keine Arbeit mehr hatten, wir haben diese aber nicht erhalten, wir besaßen also nicht einen Centime mehr, um uns auch nur ein Stück Brot kaufen zu können. Wir erhielten dann, da wir völlig mittellos waren, von der Präfektur gerade eine Schiffskarte nach Marseille.
>
> In Marseille erhielten wir vom Comité mittags und abends eine völlig unzureichende Suppe, so daß wir, um satt zu werden, betteln gehen mußten. Wir hatten ein derart mangelhaftes Quartier vom Comité, daß wir dort völlig verlausten. Nach und nach mußten wir unsere gesamten Sachen verkaufen. Ich verkaufte meinen Lederkoffer mit einem Anzug und fünf Hemden, ferner mußte ich eine Taschenuhr verkaufen, die ein altes Familienerbstück ist. Ich erhielt für Uhr und Kette, die einen erheblich höheren Wert darstellte, 15 Francs.
>
> In Marseille hatten wir vom Comité 15 Francs erhalten, die bis Paris reichen sollten, allerdings ein Rätsel, über welches sich sämtliche Weisen den Kopf zerbrechen mögen.
>
> Wir kamen dann nach Avignon zum Comité, wo wir 12 Francs erhielten. So sind wir 5 Tage in Lyon gewesen und erhielten hier eine Fahrkarte bis Dijon, dort erhielten wir 25 Francs. Mit dem Geld sollten wir nach Paris fahren.
>
> Wir schlugen uns also bis Paris auf eine andere Art durch und kamen am Sonntag in Paris an.
>
> Das Comité war natürlich geschlossen, denn Flüchtlinge, die am Sonntag ankommen, dürfen diesen Tag zur höheren Ehre Gottes hungern und unter der Seinebrücke schlafen, da die Comité-Angestellten sich an diesem Tage von ihrer schweren Arbeit des Schikanierens erholen. Zum Glück besaßen wir noch einige Francs zum Übernachten.
>
> Wir gingen dann am folgenden Tage zum Comité. Wir erhielten einen Gutschein für das Hotel und einen Eßschein für eine Mahlzeit pro Tag, davon sollen nun junge Menschen, die schon vorher 3 – 4 Wochen nichts Richtiges gegessen haben, leben und in einen arbeitsfähigen Zustand kommen.
>
> Wer noch nicht Kommunist ist, wird hier auf den richtigen Weg gebracht, aber die Sache wird mal anders werden, dann aber gute Nacht!«[3]

Dieser Bericht stammt von einem Reichsbannermann.
Man nennt so etwas Fehlleistung.
Nach Paris kam die Nachricht, nahe einem Städtchen in den Pyrenäen sei ein Haus für wenig Geld, eine leerstehende Fabrik und der Strom für ihren Betrieb umsonst zu haben. Die Stadtverwaltung habe das beschlossen, damit eine Industrie dort begründet würde.
Ein Emigrant[4], der sich nach Möglichkeiten der Niederlassung umsah, fuhr hin.
Was er vorfand, war nicht geeignet, um zu fabrizieren. Aber überdies war der Platz schon eingenommen. Sechs junge Emigranten, drei Paare, hielten das halb verfallene Gebäude besetzt. Sie waren zu Fuß bis in diese entfernte Ecke Frankreichs gewandert, es war Sommer und man lebt leicht in der schönen Jahreszeit. Der Himmel hatte ein sichtbares Zeichen gegeben, daß er sie segnen wolle. Denn hier in den Bergen war aus der Sechs eine Sieben geworden. Es ist nicht der einzige Emigrant, der schon als Franzose geboren wurde.
Aber die Emigration ist arm an romantischen Idyllen. Und wir wissen nicht, was aus dem Idyll in den Pyrenäen geworden ist oder was noch aus ihm werden mag.
Arbeitslosigkeit ist unromantisch.
Derselbe unternehmende Mann, der die fast sagenhafte Fabrik im Süden aufsuchte, hat ein anderes Unternehmen in der Nähe von Paris begründet, das auf sicheren Füssen zu stehen scheint.
Frankreich importiert einen großen Teil seines Bedarfs an Spielzeug aus Deutschland. Darauf begründete er seinen Plan. Er mietete in St. Maur ein Haus und bildete ein Kollektiv zur Produktion von Spielwaren.[5] Zwei Bauhausschüler machen die Entwürfe, vierundzwanzig Arbeiter sind bei der Ausführung am Werk. Alle leben in einer Gemeinschaft, zwei Frauen führen die gemeinsame Wirtschaft. Zu Anfang des Jahres verdiente jeder nicht nur seine Wohnung und sein Essen, sondern auch 40 Francs Taschengeld in der Woche. Als wir ankamen, um den Betrieb anzusehen, war eine Pause in der Arbeit. Ein paar jüngere Arbeiter wuschen sich mit großem Eifer. Sie wollten ins Dorf, um ihre Bräute, französische Mädchen, zu besuchen.
Das ist der wahre Weg, damit aus den Emigranten gute Franzosen werden. Der Gründer und Leiter der Fabrik hat, wie er uns sagte, genug Aufträge und kann hoffen, daß das Unternehmen sich rentieren wird.
Ob kollektiv oder individualistisch – immer ist das der Weg, um der Emigration zu helfen und dem Aufnahmeland zu nützen. Die Handelsbilanz zwischen Frankreich und Deutschland ist hoch aktiv zugunsten Deutschlands. Die deutschen Produkte, die Frankreich braucht, in Frankreich

herstellen – das ist der einzige Weg, um Harmonie zwischen den Gästen und dem Gastland zu schaffen.
Immer und überall besteht die größte Schwierigkeit mit Anstellungen. Hier herrscht souverän die Kuchen-Theorie. Was einer kann, wird auch ein anderer können. Es ist fast unmöglich, den Behörden das Gegenteil zu beweisen. Wobei nicht verschwiegen werden soll, daß die Behörden meistens Recht haben werden. »Niemand ist unersetzlich« – ein triviales Sprichwort. Trivial, darum nicht weniger gültig.
Wir trafen einen liebenswürdigen jungen Emigranten[6] in London, der in einem sehr großen deutschen Verlagshaus eine wichtige Vertrauensstellung gehabt hatte. Er war weggegangen, ehe man ihn gehen hieß – weil er nicht in einem Lande bleiben wollte, in dem er minderen Rechts ist.
Er sprach bei einem berühmten englischen Verleger vor. Kein Bedarf, natürlich, aber »wenn Sie den Betrieb kennenlernen wollen, so seien Sie unser Gast für vier Wochen«.
Nach vier Monaten lief der Verleger die Ämter ab um die Erlaubnis, dem jungen Mann Gehalt zahlen zu dürfen – und da die Ämter unerbittlich blieben, so nahm er den Emigranten als Partner.
Aber bedenkt, das ist, obwohl Wahrheit, doch schon ein Märchen, ein happy-end-Kinostück, und der liebenswürdige junge Mann ist ein Wunderkind. Er hat einen Bruder, der mit ihm Berlin verließ und heute eine ausgezeichnete Stellung in einem altberühmten Pariser Bankhaus hat.
Zwei Wunderkinder, zwei happy ends, zwei ganz unwahrscheinliche, außergewöhnliche, unglaubliche Fälle.
Soziale Fragen – und auch das Schicksal der Emigration ist eine soziale Frage – werden nicht nach der Sonderklasse entschieden, sondern nach dem Durchschnitt.
Für den Durchschnitt läuft sich kein Chef die Hacken ab, wozu?
Die Stimmung, in der die Emigranten kamen, war eine Mischung von Verzweiflung und hoffnungsvoller Sicherheit. Wenige, die den neuen Dingen mit nüchterner Energie gegenübertraten.
Wer nachts erwachte, geschüttelt von SA-Träumen, tappte nach dem Veronal auf dem Nachttisch. Und empfand freudig-traurig die Sicherheit, vor dem Konzentrationslager wie vor der Not durch den letzten Freund, den Freitod, gesichert zu sein. Denn er wußte, die Hoffnung war nicht groß.
Viele waren am Anfang in einem Zustand der Euphorie, des fiebrisch gesteigerten Wohlbefindens. Es war zu furchtbar, das, dem sie entgangen waren, was andere, nicht schuldiger als sie, unschuldig wie sie, erdulden mußten. Aber im Hintergrund winkte der dunkle Mann.
Am Tag aber, im Café an den Champs Elysées oder am Rembrandtplein, erzählten sie, daß sie bald das fremde Examen bestehen, wie sie hier mit

Schriftsätzen und Plaidoyers verfahren, oder welcher Spezialität der Heilkunst sie sich widmen würden.

Aus euphorischen Hoffnungen entstanden die vielen Firmen der freien Advokatur. Das war in Deutschland kein sehr angesehenes Gewerbe. »Winkeladvokaten« nannte man die, die es ausübten. Aber in Paris heißt es »conseil juridique«, man ist es gewöhnt, und es ist so viel, wie einer darausmacht.

Die deutschen Geschäftsanwälte, oder wenigstens manche von ihnen, haben sich eines notwendigen und, wir sagten es schon, nicht ungerechten Geschäfts mit Tatkraft angenommen – der Organisierung der sogenannten Kapitalflucht, der Notwehr gegen den Raub der Nazis. Sie haben, so sagt man, Beträchtliches auf diesem Gebiet geleistet.

Andere konnten hoffen, als Juristen weiter wirken und leben zu können. Professor Rheinstrom[7] aus München, der auch vorher hauptsächlich in internationalen Fällen tätig war, eröffnete Kanzleien in London und Paris. Die Spezialisten des internationalen Urheberrechts, Jacoby[8] und Wenzel Goldbaum[9] amtieren gemeinsam in der französischen Hauptstadt.

Aber es werden nicht allzu viele von denen bleiben, die sich neues Briefpapier drucken ließen, am Tag ihr Bett in eine Couch verwandeln und auf Klienten warten.

Wer, zum Beispiel, die Hälfte oder zwei Drittel seiner Mannesjahre der Strafverteidigung gewidmet hatte, was konnte der von einer juristischen Laufbahn mit fremdem Recht, in fremder Sprache, unter Fremden erwarten?

Einer, der alles mitgebracht hatte, um in jedem Land zu bestehen, der die Auswahl gehabt hätte, von einer Lehrkanzel zu sprechen oder Fälle des Handelsstrafrechts aus welchem Land immer zu bearbeiten, dem man alle Hoffnungen auf eine neue würdige Existenz machen konnte – der konnte die Minderung des Ansehens nicht ertragen und warf das Leben hin, das ihm nicht mehr lebenswert schien. Max Alsberg[10], Professor der Berliner Universität, der berühmteste Verteidiger Deutschlands, ein Mann von feinstem Judiz, von einer seltenen Fähigkeit der Einfühlung und der Menschenbeherrschung, von brennendem Ehrgeiz.

Ein Lorbeerblatt auf sein Grab!

Die deutschen Zeitungen mußten dementieren, daß er den Selbstmord in der Fremde der Verbannung aus dem Gerichtssaal vorgezogen hatte. Er starb so würdig der freien Anwaltschaft, wie andere, ihrer unwürdig, in Deutschland weiterleben, dabei mitwirkend, daß die unabhängige Justiz, der schönste Besitz eines freien Volks, unter dem SA-Stiefel getreten wird.

Andere gingen vor Alsberg den gleichen Weg.

Andere nach ihm.

Andere werden ihm folgen.

Nicht Joachim[11], Spiegel[12], Litten[13], die Rechtsanwälte, die unter den Mißhandlungen der Braunhemden ihr Blut verströmten, weil sie ihre Anwaltspflicht an den Enterbten erfüllt hatten, sind die einzigen Opfer Hitlers. Hekatomben von Opfern fallen in der Stille, allmählich, ohne daß die Welt aufhorcht. Die Welt ist sehr stumpf, sehr unempfindlich, sehr gleichgültig geworden. Andere nahmen bescheiden ein geringes Los auf sich.

Wir wissen von einem Hamburger Rechtsanwalt, der bald nach seiner Exilierung das wenige Ersparte in einen Grünkram steckte und sich tapfer hinter die Theke stellte, wo er auch heute noch steht. Seine Kinder besuchen die französische Schule und werden gute Franzosen sein.

Ein Amtsgerichtsrat a.D. betreibt ein Damenhutgeschäft in Amsterdam.

Zwei Anwälte aus Kassel haben ein vegetarisches Restaurant in der Nähe der Großen Oper eröffnet.

Wir kennen zwei Juristen, die in London Photographien für die jüdische Presse machen. Aus dem Hobby wurde der Beruf.

Im Haag ist ein Assessor »Kindermädchen«, wie er es selbst nennt. Er gibt in den Häusern wohlhabender Glaubensgenossen Unterricht und geht nachmittags mit den Kindern spazieren.

In der Nähe der Etoile in Paris hat ein deutscher Arzt einen Schönheitssalon. Ein anderer ein Atelier für Fußbehandlung. Deutsche Gymnastikschulen gibt es mehrere, in mehreren Städten der Aufnahmeländer.

In Amsterdam vertreibt ein sehr bekannter rheinischer Arzt pharmazeutische Mittel. Diesen Ausweg, der ja nicht fern liegt, haben auch in Paris mehrere emigrierte Ärzte eingeschlagen. Aber ist es ein Ausweg? Man weiß, man weiß es doppelt und dreifach in allen Ländern der Arbeitslosigkeit, was das heißt: Vertreter, Stadtreisender, Agent. Meist ist es nur ein Ausweg für den, der die armen Teufel schickt, nicht für sie. »Vertreter« wird ein Kapitel in einer Geschichte der Emigration heißen, die in fünfzig Jahren geschrieben werden wird, es wird ein trauriges Kapitel sein.

Ein Berliner Richter gibt deutschen Unterricht in Londoner Schulen. Viele möchten deutschen Unterricht geben. Aber es gibt nicht sehr viele, die deutsch lernen wollen. Heute weniger als früher. Deutsch ist nicht beliebt.

Ein Rechtsanwalt aus dem Ruhrgebiet verkauft Schuhputzmittel in Amsterdam. Ein Redakteur der größten westdeutschen Zeitung ist Hafenarbeiter in Amsterdam.

Ein Apotheker aus Köln ist Hausbursche in einer Amsterdamer Drogerie.

In Paris, avenue des Gobelins, gibt es eine Firma, die sich »Les Compagnons« nennt. Das ist ein Kollektiv von Emigranten, die, wohin man sie ruft, Hausarbeit machen, jede Hausarbeit.

Inseraten-Agenten gibt es nicht wenige, und, wie uns scheint, überall, unter ihnen Kaufleute, Angestellte, Rechtsanwälte, aber auch Beamte. Wir trafen

in Paris einen Mann, der früher der höchste Kommunalbeamte einer preußischen Provinz[14] gewesen war, Sozialdemokrat und Nicht-Arier, und jetzt Inserate für eine Zeitung sammelte.
Ein früherer Berliner Rechtsanwalt geht mit seiner Aktenmappe in Paris herum und holt Aufträge für eine Druckerei. Seine junge Frau, einst eine besonders qualifizierte Referendarin, strickt Pullovers.
In Paris haben die kleineren Wäschereien keinen Botendienst. Ein Berliner Jurist beschäftigt sich damit, gebrauchte Wäsche von den Kunden zu holen und sie gereinigt wieder zurückzubringen.
Der Senator Bérenger, Präsident des Comité National, hat in der Dezembersitzung der Hohen Kommission[15] festgestellt, daß viertausend deutsche Emigranten in Frankreich Verdienst als Kleinhändler, Angestellte und Hausbedienstete gefunden haben, sechshundert in den französischen Kolonien. Das sind, in Anbetracht der Krise, enorme Ziffern. Besser als Heldengesänge erzählen sie von Lebensmut, Tatkraft, Selbstüberwindung. Es wird kaum einer unter den viertausendsechshundert sein, der den Lebenskampf nicht unter heroischen Bedingungen neu begonnen hätte.

* * *

Nicht alle Ober- und Unter-Nazis sind reine Seelen, entrüstete Moralisten, Fanatiker des Rassengedankens. Die anderen, deren Seele nicht ganz frei von Neid war, als sie die große Juden- und Marxistenverfolgung anzettelten und betrieben, werden solche Nachrichten nicht ohne Freude erfahren. Und man weiß, daß Schadenfreude die reinste Freude ist. Gingen sie auf Rache aus – und wir fürchten, einige unter ihnen taten es – auf Rache an ihren geborenen und an ihren politischen Gegnern, nun, diese Rache ist in nicht geringem Umfang befriedigt worden. Wir können nicht anders, als ihnen Freude machen. Ja, die Emigration ist, jede Emigration ist zunächst einmal eine großmächtige Ansammlung von Not und Elend und Kummer.
Wir können nicht anders als diese Freude noch steigern, indem wir, wie es die Wahrheit erfordert, hinzufügen: Die sich in die Arbeit stürzten, in die elendste, schlechtbezahlte, unter Tarif bezahlte, sind noch die glücklicheren, glücklicher als die vielen, die Mehrzahl, die, solchen Entschluß zu fassen, nicht im Stande war.
Die den letzten Gang schon gingen.
Und die, vor denen der letzte Weg noch liegt.
Am Anfang der Emigration wechselten Klaus Mann, der Sohn von Thomas, der jetzt die *Sammlung* in Amsterdam herausgibt, und der gleichgeschaltete Dichter Gottfried Benn offene Briefe.[16]
Herr Benn sprach damals von den giftmischenden Emigranten, die in den Luxusorten der Riviera, fern den nationalen Kämpfen, ein Drohnendasein

führten. So dem Sinne nach. Herr Goebbels spricht gelegentlich ebenso oder ähnlich.
Nein, Herr Dichter, nein, Herr Minister, es ist nicht so, und wie könnte es so sein? Sondern Emigration ist zunächst einmal Elend. Und für die deutsche Emigration von 1933 hat das Elend erst begonnen.
Sind Sie zufrieden, das zu hören, Herr Benn? Und Sie, Herr Goebbels? Wir können es nicht vermeiden, Ihnen dieses Vergnügen zu bereiten.
Sondern es ist so, daß das, was Sie an der nationalen Revolution verdienen, doppelt und dreifach, nein, hundertfach durch die Zerstörung der Existenzen derer bezahlt wird, die das Vaterland verließen, um nicht Gewalt, um nicht Entrechtung, um nicht Entwürdigung zu leiden.
Sind Sie zufrieden?

* * *

Das Schicksal kann auch bunter sein, es ist nicht nur grau.
Die chinesische Regierung konnte tüchtige Verwaltungsbeamte brauchen. Es waren schon Verträge vorbereitet mit dem Regierungspräsidenten Walter [d. i. Hans] Simons[17], dem Sohn des früheren Reichsgerichtspräsidenten, mit den beiden Berliner Polizeipräsidenten Grzesinski[18] und Weiß.[19] Aber der chinesische Finanzminister Sung[20] demissionierte, ehe man zum Schluß kam. Und das war nicht das einzige Hindernis. Auch die Bedingungen, die China bot, schienen nicht allen Kandidaten ausreichend – vielleicht hatte die Emigration noch nicht lange genug gedauert, damit die Einzigartigkeit des Angebots gewürdigt wurde. Schließlich gingen nur der frühere preußische Finanzminister Klepper[21] und einer seiner früheren Untergebenen, der Oberregierungsrat Bloch[22], der Altonaer Oberbürgermeister Brauer[23] und sein Stadtverordnetenvorsteher.[24] Sie sollen sich, hört man, drüben nicht übel befinden.
Was wäre nicht der ermüdenden Untätigkeit der Emigration vorzuziehen! Aber es soll Emigranten geben, die, bietet sich eine Stellung, an die Pensionsbedingungen denken.
Eines zeigt sich in der Emigration vor allem: eine unerhörte Überlegenheit der ersten über die zweite Klasse. Im Ausland gilt nur die echte »Prominenz«, nicht die von liebenswürdigen Reportern gelegentlich zugestandene.
Das ist so bei den Schriftstellern, bei den Filmleuten, bei den Schauspielern, bei den Musikern, die aus Deutschland weichen mußten.
Wie oft muß ein Name in der Zeitung gestanden haben, damit er wirklich bekannt ist? Noch kein Statistiker hat es ausgerechnet. Aber diese Ziffer existiert. Und bei wem auch nur ein Einser an ihr fehlt, den kennt »man« nicht, und jeder wendet sich gelangweilt von ihm ab. Vergeblich würde der Unglückliche sich darauf berufen, daß das in Berlin anders gewesen ist.

Er muß wieder von vorn anfangen – wenn er es noch kann, wenn seine Kräfte noch frisch genug dazu sind.
Mit Recht feiert Elisabeth Bergner[25] Triumphe im Film und auf der Londoner Bühne. Mit Recht lädt jedes Orchester Bruno Walter[26] ein. Mit Recht fand Erich Mendelsohn[27], der Architekt, in England große Aufgaben. Klemperer[28] dirigiert in Kalifornien, Sybille Binder[29] hat in Paris debütiert. Wir Deutschen wissen, nicht die Ausländer, wieviel andere Talente noch emigriert sind. Niemand fragt nach ihnen.
Der Erstklassige wird freudig begrüßt, interviewt, auf Banketten gefeiert. Man verachtet um seinetwillen das Land, das ihn sich nicht erhalten konnte.
Der Zweitklassige bemüht sich vergeblich um die Arbeitserlaubnis. Er erhielte sie nicht und wenn er Hungers stürbe.
Nicht, daß die gleiche Ungerechtigkeit nicht schon unter normalen Verhältnissen bestünde. Man nennt sie das Star-System. Die Emigration steigert dieses System in geometrischer Progression.

***

Aber schweifen wir nicht länger ab. Es handelt sich um etwas anderes, darum, wer mit Mut wieder angefangen hat und wer dem Gast-Land etwas bieten kann.
Wir kennen auch davon nur einen Ausschnitt. Aber der Ausschnitt ist groß genug, um auf den ganzen Umkreis, von der Gegenwart genug, um auf die Zukunft schließen zu können.

XIV. *Schluß der Bilanz.*
   Umschulung – Industrielle Auswanderung – Die Emigration
   der Wissenschaft.

Bei den meisten gibt es kein Verbleiben auf der gewohnten sozialen Stufe. Hinauf – das ist sehr selten, sehr unwahrscheinlich.
Also geht es hinunter.
Aber wir sprechen jetzt nicht vom Verkommen, vom Untergehen im Schnorrertum, vom Selbstmord. Von einem Hinunter, nur den gewohnten, vielleicht überlebten Begriffen nach. Das ist sicher: Selbsterhaltung ist hier auf jeden Fall ein Sieg.
Nach der Auswanderung aus dem Vaterland hat die große Abwanderung aus der sozialen Gemeinschaft, aus der Klasse eingesetzt, die Übersiedlung ins Handwerk und in die Landwirtschaft.
Bei den Zionisten ist das, seitdem es einen praktischen Zionismus gibt, nicht als ein Abstieg betrachtet worden. Der »Chaluz«, der nationale Pionier, war vielleicht ein Doktor oder ein Student gewesen, der Sohn wohlhaben-

der Eltern. Wenn er Spaten oder Hammer zur Hand nahm, um in Zion neues Land zu erobern, so stieg er hinauf.

Für das jüdische Gemeinwesen ist es eine Lebensfrage, ob auch eine jüdische arbeitende Klasse und ein jüdisches Bauerntum entsteht. Aus Mittelständlern, Akademikern und Kaufleuten kann keine Nation aufgebaut werden. Würde die arbeitende Klasse in Palästina etwa nur oder größtenteils aus Arabern bestehen, so könnte der jüdische Traum nie Wirklichkeit werden. Dieselben Züge sind unter der deutschen Jugend verbreitet. Auch dort ist, ohne eine ebenso ausreichende Begründung, ein idealistischer Zug zum Handarbeitertum vorhanden. Deutsches und jüdisches Wesen ist, wie so oft in der Geschichte, einander ähnlich.

Diese Bewegung umfaßt nur die Jugend, die Jugend bis zu dreißig etwa. Sie hat nach kurzer Zeit einen sehr starken Umfang angenommen.

In Paris ist es die Vereinigung Agriculture et Artisanat, die Beträchtliches leistet. Sie hat es neuerdings auch durchgesetzt, daß junge Emigranten in französische Berufsschulen aufgenommen werden. Zu Anfang des Jahres 1934 waren es zweihundertfünfzig junge Leute, die so zu Handwerkern ausgebildet wurden.

Die Gesellschaft ORT widmet sich denselben Zielen. Kurse für Radio- und Elektrotechnik, Schneiderei, Frisierkunst sollen Emigranten eine neue Existenz schaffen.

Ein privates Unternehmen, Institut Montesson[1], hat ein kleines Gut in der Nähe von Paris gepachtet und bildet dort Emigranten zu Landwirten und Handwerkern aus.

Das waren Anfänge. Inzwischen hat sich die Überzeugung verbreitet, daß man zurück müsse zur »Scholle« und zum Handwerk. Schon zu Beginn des Jahres 1934 waren die Zahlen enorm, die man hörte. Vor allem in Deutschland selbst. Neuntausend junge Juden sind dort in der Berufsumschichtung, davon fünftausend auf öffentliche Kosten. Das ist Emigration, künftige Emigration, wenn sie es selbst heute noch nicht weiß. Denn die Nazi-Führer lassen keinen Zweifel daran, daß, solange es einen arbeitslosen »Arier« gibt, kein Jude einen Arbeitsplatz finden wird. Von der Siedlung sind die Juden im Dritten Reich ganz ausdrücklich ausgeschlossen worden. Die Tausende, die heute dort mit frischem Mut an etwas Neues herangegangen sind, werden erst das Land suchen müssen, in dem sie die neuen Fähigkeiten verwerten.

Die Zionisten unter ihnen wissen das, für sie ist es selbstverständlich. Unter den anderen werden nicht wenige sein, die noch eine Enttäuschung vor sich haben.

Die zionistische Gesellschaft, die sich schon seit langem mit solcher Ausbildung befaßt, der Hechaluz, hat seit kurzem einen großen Aufschwung genommen. Von den hunderttausend Mitgliedern, die er heute zählt, sind vierzehntausend Deutsche in Deutschland. Wir wissen nicht, wie viele Deutsche unter den in anderen Ländern Gezählten sind. Hechaluz ist nicht unähnlich einem Orden organisiert. In ihm herrscht eine autoritäre Demokratie von hohem Idealismus. Nur die Besten erlangen ein Zertifikat für Palästina. Das ist ein berufliches, aber auch ein moralisches Diplom. Eine Ausbildungssiedlung[2], die sehr gelobt wird, ist am Zuidersee entstanden. Andere sind in Vorbereitung.

Bald wird ein neues Problem entstehen: wohin mit den Chaluzzen, die nicht in Palästina Aufnahme finden können? Aber es wird allerdings viel leichter sein, für sie ein Stück Land zu finden, in Südamerika oder auch in Südfrankreich, als Beschäftigung für junge Juristen, Mediziner oder Kaufleute.

* * *

Ein Aktivum der Emigration, aktiv für die Emigranten wie auch für die Aufnahmeländer, sind die Industrien, die schon entstanden sind.

Die weisen Männer, von denen wir sprachen, sind hier am Werk. Sie sitzen, zum Beispiel, in England im Home Office und dulden nicht, daß ein Einwanderer irgend einen Betrieb begründet, der überflüssig ist und darum dem Land wie der Emigration schaden würde. Die Machtmittel der Landesverwaltung sind groß genug, um das zu verhindern, trotz der Gewerbefreiheit.

Aber Deutschland ist ein hochindustrialisiertes Land, es gibt genug Zweige der Fabrikation, in denen ein anderes Land bisher auf den deutschen Import angewiesen war. Nicht nur jüdische Unternehmer aus solchen Zweigen wandern aus. Sie finden auch mit Leichtigkeit die Ingenieure oder Vorarbeiter, die glücklich sind, Deutschland verlassen zu können. Daß nicht irgendeine Arbeit von einem Ausländer getan wird, die ein Engländer tun kann, dafür sorgt nicht nur die Behörde. Auch die englischen Gewerkschaften sind hier sehr aufmerksam. Im April 1934 interpellierte ein Labour-Abgeordneter[3], ob nicht deutsche Textilfirmen an Stelle englischer Arbeiter Deutsche in ihren neu begründeten Fabriken beschäftigten.

Aber bei Wahrung aller Vorsichten ist einiges entstanden, was hoffnungsvoll ist.

In England:	Chemische Fabriken,
	Pelzfärbereien,
	Ein Zweig der Gummiverarbeitung,
	Textilfabriken.[4]
Und in Frankreich:	Rauchwarenhandlungen,
	Einige Versuche in der chemischen Industrie,
	Eine Radiofabrik,
	Ein Ölunternehmen,
	Mehreres in der Versicherungsbranche.[5]

Ein sehr bekannter und einst sehr mächtiger Berliner Bankdirektor[6] ist hier damit beschäftigt, die geretteten deutschen Kapitalien nützlich unterzubringen. Es liegt am Allgemeinen, daß er noch nicht viel tun konnte. Denn Frankreich ist jetzt in seine Deflationskrise eingetreten. Sollte sich die herandämmernde Konjunktur in England bewähren, so ist kein Zweifel möglich, daß sehr bald einem Teil der Emigration geholfen sein wird. Kapital, Unternehmer, Gehirne und Hände im Überfluß warten darauf, sich zu betätigen.

* * *

Es gibt ernsthafte Betrachter der deutschen Ereignisse, die den Schaden, der Deutschland mit der Juden- und Marxistenhetz in der Wissenschaft getan worden ist, für die schlimmste unter den schlimmen Folgen der Emigration halten. Sie sagen:

> »Die Göttinger Mathematikerschule[7] ist zerstört. Die ökonomischen Schulen von Frankfurt, Heidelberg, Kiel[8] sind auseinandergesprengt. Aus den naturwissenschaftlichen Instituten der Kaiser-Wilhelm-Gesellschaft[9] sind die jüngeren und mittleren Kräfte verjagt, die wahren Träger der konstruktiven Arbeit. Es hieße zu roh, zu rational rechnen, wenn man nachwiese, daß hinter jedem Vertriebenen ein Ersatzmann bereitstand. Mit der Zerstörung wissenschaftlicher Gemeinschaften, die sich nicht zufällig gebildet hatten, ist Unwiederbringliches verloren worden. Der Geist, der hier waltete, konnte der Roheit des Eingriffs nicht standhalten.«

Mag das sein, wie es will. Eine spätere Zukunft wird zeigen, ob die Pessimisten Recht hatten.
Gewiß ist, daß auf dem Gebiet der Wissenschaften vor allen anderen Gebieten gilt, was der Abgeordnete Wedgwood gesagt hat: daß es der Vorteil der Aufnahmeländer ist, »fremde Geisteskräfte zu importieren und sie zu assimilieren«. Sein Land, England, hat vorzugsweise nach diesem Satz gehandelt. Deutschland verlor Albert Einstein.[10] Er ging freiwillig. Am Tag nach dem Beginn des Hakenkreuz-Terrors erklärte der Pazifist dem Regime der Gewalt den Krieg. Es blieb den Sprechern des »Neuen Deutschlands« nichts anderes übrig, als die Relativitäts-Theorie für einen »frechen, jüdischen Schwindel« zu erklären. So war es im Völkischen Beobachter, dem Organ des Reichskanzlers, zu lesen.
Die französische Kammer schuf durch Gesetz eine Lehrkanzel für ihn. Amerika, England, Spanien, Schweden, Jugoslawien bemühten sich, ihn zu Vorlesungen zu gewinnen.
In dem zweiten Schub der aus Deutschland Ausgebürgerten steht der Name Albert Einstein. Der amerikanische Staat New Jersey bot ihm am

anderen Tag sein Bürgerrecht an. Dem deutschen Propagandaminister wird sein Geschäft von den eigenen Parteigenossen nicht leicht gemacht.
Für die Unterbringung deutscher Professoren bildeten sich mehrere Gesellschaften. Die wichtigste von ihnen ist der Academic Assistance Council[11] in London; dann die Notgemeinschaft der deutschen Wissenschaft[12] in Zürich; der International Student Service[13] in Amerika; the Emergency Committee in Aid of Displaced German Scholars[14] in Amerika; das Comité International pour le Placement d'Intellectuels Emigrés[15] in Genf.
England hat nicht weniger als 132 emigrierte Professoren und Privatdozenten an seinen Universitäten und wissenschaftlichen Instituten untergebracht.
In Frankreich haben 40 von ihnen einen Platz zum Lehren und Forschen gefunden.
In Istanbul ist eine Universität[16] entstanden, an der 35 deutsche Wissenschaftler, fast ausschließlich frühere ordentliche Professoren, lehren.
An die Universitäten der Vereinigten Staaten sind 36 deutsche Forscher berufen worden.
Außerdem ist in New York die School for Social Research[17] entstanden, an der ausschließlich deutsche Nationalökonomen und Soziologen lehren.
Der Physiker Schrödinger[18], weder Marxist noch Jude, nahm einen Ruf nach Cambridge an, weil er es vorzog, in einem freien Lande zu leben. Gleich darauf wurde er mit dem Nobelpreis ausgezeichnet.
Für den Experimentalphysiker James Franck[19], ebenfalls einen Nobelpreisträger, wurden zwei Lehrplätze, im Massachusetts Institute of Technology und an der Johns Hopkins Universität, freigemacht.
Die drei Brüder Zondek[20], unter ihnen Bernhard, der Entdecker der Aschheim-Zondekschen Probe, lehren in Manchester.
Wir nennen von den besonders hervorragenden und schwer ersetzlichen noch:
die Physiker Polanyi[21], früher in Berlin, jetzt in Manchester; Born[22] in Cambridge; Otto Stern[23] in Pittsburgh; Simon[24] in Oxford;
den Mathematiker Weyl[25], früher in Göttingen, jetzt in Princeton, U.S.A.;
den Physiologen Höber[26] aus Kiel, der nach Amerika geht;
den Alloidchemiker Freundlich[27], der nach London berufen ist;
den Neurologen Goldstein[28]; den Nationalökonomen Marschack[29], jetzt in Oxford; den Berliner Psychologen Köhler[30], der an der Columbia-Universität in New York lehrt.
Sie alle genießen in wissenschaftlichen Kreisen Weltruf.
In Palästina wurde das Daniel-Sieff-Institut für Chemie[31] begründet, an dem sieben deutsche Emigrierte Arbeit fanden.
Die Bemühungen sind damit nicht zu Ende. Das Genfer Comité für die aus Deutschland ausgewanderten geistigen Arbeiter teilt mit, daß es zur Zeit

über 324 Arbeitsplätze verhandelt und daß »aussichtsreiche Unterhandlungen« schweben mit Südafrika, Argentinien, Siam, Indien, mit den britischen Dominions, mit Amerika und China.
Nicht allen Vertriebenen wird geholfen werden, das ist eine traurige Wahrheit. Aber noch an vielen Plätzen in vielen Ländern wird sich zum Nutzen wissenschaftlicher Erziehung und Forschung Raum für deutsche Vertriebene finden.
Das ist der fruchtbarste Teil der deutschen Emigration.
Ein Posten, der die Bilanz, wie immer es sonst stehe, aktiv macht.

XV. *Die Politischen.*

Vor uns liegt Nr. 9 des Antifaschist, Organ der Prolet. Emigranten Paris.[1] Kostet fünf Sous, ist mit der Schreibmaschine geschrieben und auf einem Wachsplatten-Apparat abgezogen.
Ein Bericht »Aus den Kasernen« erzählt, wie Vertrauensmänner der Emigranten von Herrn Stern[2] – das war einer der unbeliebtesten Verwalter – auf die Straße gesetzt wurden, wie man einen von ihnen wieder einschmuggelte, damit er nicht ohne Obdach erfriere, wie Herr Stern den »Illegalen« erwischte. Beilegung des Streits durch einen Quäker. Am anderen Tag Flugblätter, neuer Hinauswurf von sieben Flüchtlingen durch Herrn Stern ... Nun, und so weiter, die Folgen eines verfehlten Systems.
Das sind die Tagessorgen einer Emigrantenzeitung. Man kann sie nicht kleine Sorgen nennen. Denn es geht bei ihnen um Essen und Wohnen von Menschen, die nichts, nichts besitzen.
Vorne aber, auf dem ersten Blatt, wird große Politik gemacht.
Da heißt es:

> »1933 brachte die personelle Krönung der faschistischen Diktatur. Hindenburg, der ›Garant der Demokratie‹, übergab am 30. Januar Hitler den Posten des Reichskanzlers. Das Werk der SPD ging seiner Vollendung entgegen ...«

Oder:

> »Die SPD ist tot. Aber ihre Ideologie ist noch nicht ausgerottet. Das müssen wir tun. Ihre Führer hetzen im Ausland heute schon gegen das heraufziehende ›Ungewitter‹ der proletarischen Revolution. Die größte Sorge dieser Lakaien des internationalen Kapitals ist die Gefahr einer deutschen Sowjet-Republik im Bündnis mit der Sowjet-Union ...«

Aus Deutschland wird berichtet:

> »Streiks, zum Teil siegreich, flammen auf ...«

Es scheint nicht, daß zur Zeit die proletarische Revolution irgendwo eine Gefahr oder – je nach dem Standpunkt – eine Hoffnung ist. Wer aber unsere Zitate liest, der wird auf jeden Fall beruhigt oder – je nach dem Standpunkt – verzweifelt sein, was die kommunistischen Emigranten angeht. Illusionen und Bruderkampf, keine schneidigen Waffen gegen die Macht der Bourgeoisie, der Demokratie oder des Faschismus.
Aber gibt das Schreibmaschinen-Blättchen ein richtiges Bild? Wir fürchten – ja: das Ganze ist wie der Ausschnitt.
Wir sprachen schon davon, daß die kommunistischen Blätter sich hauptsächlich mit dem Kampf gegen Trotzki beschäftigen. Trotzki, der ein eigenes Organ, Unser Wort[3], herausgibt, ist allerdings in der Polemik, in der Argumentation, im Stil und im Wissen hoch über seinen Angreifern. Aber auch er ist nicht gerade ein konstruktives Element. Wenn ein Kreis von Anhängern sich um ihn gebildet hat, so fangen gleich auch die »Abweichungen« und die Verfolgungen der Abweichungen an.
Sollten die Staatslenker sich entschließen, es noch einmal mit einem Großen Krieg zu versuchen, so wird keine Versicherungsgesellschaft der Welt Schadloshaltung für Eigentumsgefahr versprechen – aber mit der deutschen Emigration hat das nichts zu tun. Auch die italienische, auch die russische haben, scheint es, den herrschenden Parteien ihrer Vaterländer keinen Schaden getan.

> »Aber die russische sozialistische Vorkriegs-Emigration war auch zerrissen und zerspalten und hat doch den Zarismus niedergeworfen.«

Hier ist das leuchtende Beispiel, und jedes Pariser oder Prager Gezänk wird in den Rang von historischen Kämpfen gehoben.
Es mag Ansichtssache sein – aber wir haben immer gemeint, nicht die Bolschewiki sondern die preußisch-deutsche Armee hat den Zaren besiegt. Nicht Lenin, sondern Ludendorff.
Die italienischen Antifaschisten haben ein paar Mal Flugzeuge über dem Heimatboden Propagandaschriften abwerfen lassen und haben durch einen so kühnen Handstreich nicht nur der Heimat, auch der Welt bewiesen, daß sie noch leben und hoffen.
Der einzige weithinwirkende Held der deutschen Revolution ist bisher der Bulgare Dimitroff[4] geblieben. (Wir sprachen schon von dem stummen Heldentum der Flugblatt-Schmuggler und Verteiler, die in den deutschen Zuchthäusern ihre Aufopferung abbüßen.)
Das Neue Tage-Buch hat von einem ängstlichen französischen Arzt erzählt, der die Einschleppung einer Syphilis-Epidemie durch die Emigranten – und von noch ängstlicheren Politikastern, die die Kriegshetze der Emigration fürchten.[5]

Aber die Emigration ist nicht syphilitisch, und sie hätte, selbst wenn sie es wollte, keine Virulenz der Kriegstreiberei. Sie will aber auch keinen Krieg. Denn sie will nichts. Sie kann nichts wollen. Sie ist politisch nicht existent, so wenig wie soziologisch. Und die wenigen in ihr, die sich nicht nur von Interessen oder Sehnsüchten führen lassen und die ein politisches Urteil haben, wünschen nichts so wenig wie einen Krieg, der sie auch noch ihres Asyls berauben würde.

Goebbels pflegt von Zeit zu Zeit zu versichern, alle Emigranten seien Kriminelle. Nur solche Deutschen hätten ihre Heimat verlassen, die eine Strafverfolgung zu gewärtigen hatten. Es ist dasselbe Niveau, wenn man sie als Syphilitiker oder als politische Faktoren anspricht.

Referieren wir, daß es in Prag eine Art von Verein gibt, der sich »Sozialdemokratischer Parteivorstand«[6] nennen soll. Wie weit reicht seine Macht oder sein Einfluß? Nicht einmal bis Paris. Denn von dort wurde berichtet, die Sozialdemokraten hätten gegen seine Ordonnanzen protestiert und »Neuwahlen« verlangt.

Herr Wels[7], der Vorsitzende, aber soll auf dem Standpunkt stehen, er könne nur in Deutschland abgesetzt werden. Er betrachtet sich als unabsetzbar, wie der Dalai Lama. Für die Angelegenheiten Europas ist der Dalai Lama wichtiger als Herr Wels.

Wir haben einmal eine ukrainische Republik gekannt, die noch Jahre lang existierte und eine gewisse Rolle spielte, als auf ihrem Boden ganz andere Staaten ein kräftiges Leben führten. Diese Traum-Republik unterhielt Gesandte und Pressebureaus und trieb Politik, weil sie ein tüchtiges Bankguthaben gerettet hatte. Aber auch das haben die deutschen Sozialdemokraten nicht gerettet. Wir haben von zwei Fällen[8] gehört, in denen Gewerkschaften beträchtliche Summen, die sie zufällig auf ausländischen Banken hatten, mit Schwierigkeiten ins Dritte Reich zurückschafften, nur um ihre Reputation nicht zu belasten. Das war brav gehandelt, aber nicht politisch.

Es muß der Vollständigkeit halber hinzugefügt werden, daß es auch liberale und pazifistische Emigranten gibt. Wir nannten schon einige von ihnen. Aber sie waren schon in Deutschland Offiziere ohne Truppen gewesen. Von ihnen kann der einzelne etwas bedeuten – als Formation sind sie nichts.

* * *

Es gibt, wir sagten es schon, Gruppen der Kommunistischen Partei, der Kommunistischen Partei Opposition, der Sozialistischen Arbeiterpartei, der Trotzkisten-Leninisten – wir zählen fünf im ganzen, aber es werden ein paar mehr sein. Und dann natürlich nicht wenige Einzelgänger, die dazwischen schwanken und von der einen zur anderen Gruppe hin- und hergehen. Als wir der Zusammenkunft einer dieser Gruppen beiwohnten,

hörten wir die Verkündung der Nachricht, die Kommunisten in den deutschen Betrieben hätten die Gewohnheit, dissentierende Genossen der »Gestapo«, der geheimen Staatspolizei, zu denunzieren, um die theoretische Konkurrenz wirksam zu beseitigen. Man vergleiche dazu, was wir zitierten über die kommunistische Überzeugung, die SPD betreibe auch heute nichts anderes als die Konterrevolution. Und der Schluß auf die politische Wirksamkeit all dieser Leutnants ohne Kompanien ergibt sich von selbst.
Es gibt politische Emigranten.
Eine politische Emigration gibt es nicht.
Und es gibt ein paar besorgte Europäer, die ihre genaue Kenntnis der deutschen Dinge mitzuteilen wünschen.
In einer Abendgesellschaft in London setzte ein deutscher Emigrant ausführlich seine Meinung von der Weltlage auseinander. Ein Engländer hörte ihm mit großer Geduld zu. Gefragt, ob er beistimme, verneinte er. Und warum er nicht widerspreche? Emigranten, Männer, die ihr Vaterland verlassen mußten, seien Leidende, man müsse sie sich in Ruhe aussprechen lassen.[9]
Nicht überall ist man so tolerant.
Das Beispiel Heinz Liepmann[10] zeigt, wie eng der Spielraum für politisierende Emigranten gezogen ist. Daß sie sich nicht um die Politik des Gast-Landes zu kümmern haben, versteht sich von selbst. Aber auch die Beschäftigung mit der des eigenen Landes ist nicht ohne Gefahren.
Trotzdem wäre hier eine Aufgabe zu erfüllen. Eine Dankespflicht abzutragen. Es wäre die natürliche Aufgabe der Emigration, dem Ausland das neue Deutschland zu erklären, dieses schwer zu verstehende, schwer zu durchdringende Land, das nur aus seiner Geschichte, aus der intimen Kenntnis seiner Führer, seiner Neigungen, seiner Gefühle, seiner Lebensgesetze gedeutet werden kann.
Man wird erwidern, es mangle nicht an Emigranten-Literatur. Allerdings, es wird genug Papier dazu verwendet. Ob nicht auch verschwendet?
Sicher nicht alles: wir nennen Heinrich Mann, *Haß*[11]; Konrad Heiden, *Geburt des Dritten Reichs*[12]; Lion Feuchtwanger, *Oppermanns*[13]; Walther Rode, *Deutschland ist Caliban*[14]; *Naziführer*[15] und *Hitler der Eroberer*[16] von ungenannten Autoren. Das *Braunbuch*[17], obwohl es viel Unrichtiges enthielt, hat nützliche Arbeit getan. Und ebenso das *Schwarzbuch über die Lage der Juden in Deutschland*.[18]
Aber ob mit dem genügenden Erfolg?
Manchmal scheint es, als ob, je länger Hitler regiere, desto undurchdringlicher die Schleier würden, die sich für den Fremden über Deutschland legen. Und als ob besonders England sich unwillig von den Möglichkeiten der Durchdringung abwendete.

Die gleichgeschaltete Presse nennt die Emigranten-Schriftsteller Landesverräter. Das kann nicht ihr Metier sein. Wenn es um die Aufrüstung geht – die Militär-Attachés, deren Beruf das ist, kennen die Fakten besser. Das war schon früher so, in der Republik. Wenn ein Publizist angeklagt wurde, weil er militärische »Geheimnisse« durch die Presse an die fremden Regierungen verraten hatte – so stammte das »verratene« Wissen meistens von einem Militär-Attaché.

Aber in Deutschland gibt es keine Pressefreiheit mehr. Daraus erwächst die Aufgabe der Emigration. Sie muß, schreibend, Deutschland fortsetzen. Sie muß Deutschland erklären, nicht nur den Fremden, auch den Deutschen. Sie muß die Kontinuität fortsetzen. Sie muß nicht nur das heutige Deutschland, das Deutschland des hysterischen Nationalismus, des barbarischen Germanismus anklagen – auch das muß sie –, sie muß das wahre Deutschland verteidigen. Von beidem ist das zweite das wichtigere.

Es ist keine Aufgabe für Parteien, es ist eine Aufgabe für einzelne. Aber wann wären die großen geistigen Aufgaben nicht die von einzelnen gewesen? Heinrich Mann hat diese Aufgabe bezeichnet:

> »Die Emigration ist eingesetzt vom Schicksal, damit Deutschland das Recht behält, sich zu messen an der Vernunft und an der Menschlichkeit! Ohne die Emigration könnte es dies heute nicht, sie allein ist übrig als ein Deutschland, das lernt, denkt und Zukunft erarbeitet.«[19]

XVI. *Der Hohe Kommissar.*

Der High Commissioner heißt James McDonald.[1] (Er ist weder identisch noch verwandt mit Ramsey[2], dem Ministerpräsidenten des Vereinigten Königreichs.)

Er ist Amerikaner und war zu Hause Präsident einer sehr großen privaten Vereinigung, die sich mit dem Studium der auswärtigen Politik beschäftigt. Einer jener großzügigen, echt amerikanischen Vereine, die über reiche Mittel verfügen, bedeutende Bildungsmöglichkeiten bieten und den unverwüstlichen idealistischen Glauben der Amerikaner an den Fortschritt durch Bildung beweisen.

Der Emigration einen großen Chef zu geben, einen Fürsorger, Vertreter und Verwalter, einen Mann in offizieller Stellung und mit hohem Rang als Schützer an ihre Spitze zu stellen – das war ein bestechender Gedanke.

Man mache sich einmal klar, was für ein verlorenes Wesen in einer Welt voll von Wirrnis und Unordnung so ein Flüchtling ist. Ein Mensch im Ausland, der sich vor dem Konsul seines Heimatlandes fürchten muß, statt bei ihm Hilfe suchen zu können. Und dazu noch ein armer Mensch! (Denn der beste und sicherste Schutz ist noch immer ein wohlassortiertes Bankkonto.)

Dieser arme Emigrant aber sollte nun einen mächtigen König bekommen. Kommt ihm jetzt einer dumm, bei der Fremdenpolizei oder irgendwo sonst, so ruft er:

»Herr, ich werde mich bei meinem Hochkommissar beschweren!«

Und sofort knickt der ungerechte Beamte zusammen, wird gefällig und entgegenkommend.

Es gibt ernstere Fälle. Der Bürgermeister einer holländischen Grenzstadt hat vier Sozialisten verhaftet und – kurzer Hand – nach Deutschland abgeschoben.[3] Bruch des Asylrechts, besser gesagt, der Asylpflicht? Auslieferung an die Konzentrationslager und Stahlpeitschen? Die Autorität des Hohen Kommissars müßte schon den Gedanken daran zurückscheuchen. Ist es geschehen, so wäre er der einzige, der Protest einlegen und die Wiederholung unmöglich machen könnte.

Wir fürchten, das sind Wunschträume, die sich noch nicht erfüllt haben. Vielleicht werden sie sich gar nicht erfüllen.

Aber wenn der Emigrant nicht weiter weiß, wenn alle seine Bemühungen, sich Unterhalt zu verschaffen, vergeblich waren – dann kann er doch bei dem Mann Schutz suchen, der zu seiner Rettung bestellt ist?

Nein, gerade das nicht. Es hat sich, erfahren wir, als untunlich erwiesen, den Hohen Kommissar mit Hilfswerk zu belasten. Das bleibt nach wie vor den privaten Organisationen überlassen.

Aber fangen wir mit dem Anfang an.

Der Hohe Kommissar ist vom Völkerbund bestellt. Ihm zur Seite steht ein Verwaltungsrat aus Vertretern von fünfzehn Regierungen, der dreimal im Jahr zusammentritt. Ihm präsidierte bei der ersten Beratung der ehrwürdige Lord Cecil of Chelwood[4], hochbewährt in praktischer Menschheitsliebe. Ein ständiger Ausschuß besteht aus Lord Cecil, dem französischen Senator Bérenger, dem Schweizer Dr. Rothmund[5], dem Holländer Doude van Troostwijk[6] und dem Uruguayaner Guani.[7]

Dazu tritt ein Beirat aus Vertretern von achtzehn privaten Organisationen, neun jüdischen und neun anderen Organisationen, unter ihnen die Caritas Catholica, die Quäker, der Weltverband der protestantischen Kirchen, der Internationale Gewerkschaftsverband, der Arbeitgeberverband des Internationalen Arbeitsamts und einige akademische Verbände. Chaim Weizmann gehört zu diesem Beirat.

Aber Verwaltungs- und Beiräte werden dem High Commissioner nichts von seiner historischen Aufgabe und Verantwortung abnehmen. Er hat ein schweres Amt auf sich genommen. Wer ist er?

Ein Vierziger, schlank und jung, Hakennase und blonder Schopf, beweglich, heiter, interessiert. Von seiner Heimat ging ihm ein ausgezeichneter Ruf voraus: aufgeschlossen, tätig, gewandt.

Einer, der jetzt mit ihm zu tun hatte, sagt uns:

> »Voll guten Willens. Von der typischen amerikanischen Naivität. Kinetische Energie. Immer unterwegs. Flugzeugpassagier. Ist nirgends länger als zwei Tage und meistens mit etwas anderem beschäftigt.«

Es mag an der kinetischen Energie liegen, daß wir nicht mit ihm sprechen konnten. Als wir uns bei ihm melden ließen, fuhr er gerade nach Berlin, um mit Hitlers Regierung zu verhandeln. Und als er von dort zurückkam, mußte er weiter nach Amerika. Aus privaten Gründen, hieß es. Ein Krankheitsfall in der Familie.

Einer seiner Mitarbeiter empfing uns an seiner Stelle. Er lud uns höflicherweise ein, uns zu setzen. Er selbst blieb stehen. Wenn wir ein politisches Buch schrieben, sagte er, wolle er uns lieber nichts sagen. Das könne anstoßen. Aber obwohl wir versicherten, das Buch werde unpolitisch sein, schien er an seinem Entschluß festzuhalten. Die Emigration müsse von Landwirtschaft und Industrie absorbiert werden. Das stehe fest. Wo und wann könne noch nicht mitgeteilt werden. Und als er uns wieder sehr höflich zur Tür führte: wir seien in einem schlechten Augenblick gekommen und sollten es in einem halben Jahr noch einmal versuchen.

Die Stellung eines High Commissioners hat einen hohen Rang in der Diplomatie, sie kommt noch vor den Botschaftern. Aber diese des High Commissioners McDonald hat daneben einen Mangel – sie ist nicht bezahlt. Wenigstens nicht vom Völkerbund bezahlt, der sie kreiert hat. Der Völkerbund hat es den Hilfsorganisationen überlassen, dafür zu sorgen. Der Hohe Kommissar selber klagte darüber – und nicht nur darüber – mit starken Worten. Die Zeitungen berichteten von der Londoner Tagung:

> »James G. McDonald stellte mit Bedauern fest, daß seit Schaffung seines Amtes sowohl Einzelpersonen als auch Leiter von Organisationen zu der Meinung gekommen sind, daß die Notwendigkeit, Fonds aufzubringen, wie durch einen Zauber geschwunden ist ...«

Das war, wenn es so war, wohl nur eine vorübergehende Erscheinung. Man hatte, begreiflich, zu viel von dem kommenden Mann in der großen Stellung gehofft.

> »Die Wahrheit aber ist die, daß wir nicht einmal für unsere administrative Tätigkeit Fonds zur Verfügung hatten; wir verfügen auch über keine Zaubermittel und magische Methoden, um an Stelle der privaten Organisationen die notwendigen Gelder aufzubringen.«[8]

James McDonald spricht eine kräftige Sprache. Und das spricht für ihn. Leider spricht er auch die Wahrheit.

Der High Commissioner hat sein Bureau in Lausanne, und sicher ist dort eine Menge zu tun, ehe man noch richtig angefangen hat. Die Kosten des Bureaus mit den Gehältern und Spesen sind auf zwanzigtausend Pfund berechnet. Die nichtjüdischen Organisationen haben anscheinend nichts übrig. Aber von den jüdischen wollen die englischen £ 3 250 und die amerikanischen £ 6 750 bezahlen. Ob der Rest einbringlich sein wird, scheint zweifelhaft. Es werde, meinte ein Skeptiker, auf Defizit gebucht werden.

Wie schlecht die Welt regiert wird, kann man leicht an diesem Beispiel sehen. Denn daß der Hohe Kommissar und seine Sekretäre von jüdischen Hilfsvereinen besoldet werden, statt, wie es richtig wäre, vom Völkerbund, der das Geld wieder von Deutschland einziehen müßte – aber das sind Utopien – das muß ihm doppelt schaden. Erstens werden die armen Juden-Emigranten, die keine Unterstützung mehr bekommen oder nicht genug Unterstützung, den Gedanken nicht los werden, daß der Mann, der für sie sorgen soll, das Geld bekommt, das ihnen helfen könnte. Und dann sind die Deutschen, wie man weiß, Antisemiten, und es kann das Prestige McDonalds bei ihnen nicht erhöhen, daß er »von den Juden bezahlt« wird.

Gerade als wir ihn nicht sehen konnten, war er nach Berlin gefahren und hatte dort verhandelt. Aber man weiß nicht recht, worüber und mit welchem Erfolg.

Zeitungen meldeten, er habe von der Reichsregierung verlangt, sie solle in der Wirtschaft keine Unterschiede mehr zwischen Juden und Nicht-Juden machen, damit die Emigration aufhöre. Aber es ist nicht wahrscheinlich, daß er das wirklich getan hat. Denn er muß wissen, daß die deutsche Regierung das selbst schon ein paar Mal von ihren Untertanen verlangt hat und daß nur die Nationalsozialistische Partei sich nicht daran hält, sondern den Boykott weiter betreibt. Und weiter, meldeten die Zeitungen, habe er den freien Export der jüdischen Vermögen verlangt. Aber auch das ist nicht wahrscheinlich, denn er muß wissen, daß kurz vorher der Reichsfinanzhof das Gegenteil als Rechtens festgesetzt hat.

Eine Zeitung brachte den Bericht unter dem Titel »Hans Naivus«[9]. Damit war der Hohe Kommissar gemeint. Aber sicher war der ganze Bericht falsch und darum der Titel unberechtigt. Nur, was eigentlich in Berlin gewesen war, konnte man nicht erfahren.[10]

Die Zeitungen sind nicht sehr zuverlässig in diesen Dingen, wie es scheint. Oder sie werden unzureichend informiert. (Das Pressebureau des Hohen Kommissars funktioniert noch nicht.) Denn gerade vor dem Berliner Besuch McDonalds, so hatten sie gemeldet, habe er in Amerika gesagt: »Die Hitleristen haben im Namen des Christentums ein Verbrechen gegen die Juden begangen ...«[11] Und es ist nicht wahrscheinlich, daß er das gesagt hat, gerade ehe er nach Berlin fuhr.

Sicher ist nur, daß der High Commissioner sich darum kümmert, den Emigranten Pässe zu beschaffen. Denn es gibt jetzt schon ein paar Hundert von ihnen, die ohne Paß dastehen. Da sind welche, denen die Reichsregierung ihn abgenommen hat, und andere, die ihn zu Hause gelassen haben, und wieder andere, deren Paß abgelaufen ist.

Einer der ersten, der in Schwierigkeiten kam, war der neben Einstein vielleicht berühmteste Emigrant: Thomas Mann.[12] Er wollte von Frankreich nach Spanien reisen – und bemerkte mit Erstaunen, daß er es nicht konnte. Aus dem sehr einfachen Grund, daß sein Paß abgelaufen war. Nur mit Mühe und bei viel Entgegenkommen der Autoritäten gelangte er in die Schweiz.

Der Nansen-Paß, der für die russischen und armenischen Emigranten geschaffen worden ist, genießt keinerlei Beliebtheit. Wer mit ihm reisen will, der muß von jedem Land ein Visum haben – auch von dem, in dem er lebt, wenn er dorthin wieder zurückkehren will. Und meistens sind nicht einmal die Konsuln befugt, es ihm zu geben, sondern sie müssen erst an ihre Ministerien schreiben und um Erlaubnis bitten.

Deshalb hat der High Commissioner sich für die deutschen Emigranten ein Papier ausgedacht, das den Reisenden berechtigen soll, wenn er es bekommt, in das Land, in dem er ist, immer wieder zurückzukehren. Dies Land soll also eine Art Heimat für ihn sein.

Und er hat deswegen an die beteiligten Regierungen geschrieben.

Aber bisher haben die Regierungen noch nicht geantwortet.

In Einzelfällen ist viel Entgegenkommen gezeigt worden. Engländer, Franzosen, Tschechen haben Fremdenpässe ausgestellt. Aber es wird etwas Allgemeines, Umfassendes geschehen müssen.

* * *

Der Hohe Kommissar hat zwei Aufgaben übernommen.

Erstens, zwischen den Hilfsorganisationen auszugleichen. Wir wissen nicht, ob er dazu schon Gelegenheit hatte.

Zweitens, mit den Regierungen zu verhandeln. Das ist die wichtigere Aufgabe.

Es gibt einen Hauptpunkt, über den mit Regierungen verhandelt werden muß. Der Punkt heißt:

»Nehmt Emigranten auf!«

Die Antwort, die bisher erteilt wurde, kann man ebenfalls auf wenige Worte zusammendrängen. Sie lautet:

»Wir können keine Emigranten brauchen.«

Es gibt nur ein Land, das anders geantwortet hat: Palästina. Aber davon werden wir später noch sprechen.

Sonst war es – unter Verzicht auf Nuancen – überall dasselbe.

Auf der Konferenz, die McDonald in Lausanne abhielt, fand der hierin einige Wille der Regierungen stürmischen Ausdruck.[13]
Holland und die Tschechoslowakei erklärten, daß sie mit Flüchtlingen gesättigt seien.
Der Vertreter Polens machte darauf aufmerksam, daß in seinem Land schon vor den deutschen Ereignissen 10% Juden gewesen seien und daß ein weiterer Zustrom zu gewissen Schwierigkeiten führen könne.
Der französische Senator Bérenger aber verlangte, daß Frankreich entlastet werde. Die beiden Amerika und die englischen Dominions müßten ihm einiges von dem unerwünschten Segen abnehmen. Es seien jetzt – das war im Dezember 1933 – dreißigtausend, und immer mehr strömten zu.
(Nun darf man, wir sagten es schon früher, solche Zahlen nicht überschätzen. Wäre ein anderes Land bereit, Flüchtlinge zu übernehmen, und man riefe dazu auf, so würden auch in Frankreich nur die Unterstützten, also wenige Tausend, kommen.)
Aber kein Land, dem ein Zustrom von Emigranten zugedacht wurde, drängte sich vor. Uruguay erklärte, man müsse das nächste Mal Argentinien und Brasilien zuziehen. England stellte fest, daß es nicht für die Dominions sprechen könne. Und Nordamerika schwieg. Rußland war nicht anwesend.
Dann begab sich McDonald in seine Heimat. Aber er ist seitdem schon von dort zurückgekehrt und wieder hingefahren, und man hat noch nichts Sicheres davon gehört, daß das klassische Immigrationsland seine Arme gastfreundlich geöffnet hätte. Die Entrüsteten mögen sich daran erinnern, daß dort – trotz der außerordentlichen Anstrengungen des Präsidenten Roosevelt und seiner Mitarbeiter, die Prosperity herbeizuzwingen – noch immer zehn Millionen Arbeitslose gezählt werden.
Die Abneigung, die der Stab des Hohen Kommissars an den Tag legt, Äußerungen über den Fortgang seines Werks zu tun, erklärt sich auf die natürlichste Weise. Es ist, seitdem im Dezember in Lausanne so melancholische Reden ausgetauscht wurden, April geworden. Aber es ist nichts Neues, nichts Tröstlicheres geschehen.
James McDonald hat einen großen Vorgänger, Fridtjof Nansen.[14] Der Norweger, berühmt durch die Nordlandsfahrten seiner Jugend, hat noch größeren Ruhm erworben durch die Anstrengungen seines Alters im Dienst der Humanität. Die Aufgabe, der Helfer der deutschen Emigration zu sein, ist vielleicht noch größer als die Nansens war, und vielleicht ist sie schwerer zu erfüllen. Denn seither ist die Welt enger geworden, die Krise hat überall die Grenzen verschärft und erhöht, nicht nur zwischen den Territorien, auch zwischen den Geistern. Ein beträchtlicher Teil der Menschheit scheint überflüssig, überzählig geworden zu sein. Dieselbe

Erscheinung, die zur Vertreibung führte, gestaltet auch die Aufnahme der Vertriebenen schwierig.

Der Mann, der diese Aufgabe übernommen hat, muß ein sehr starkes Selbstbewußtsein haben, seine innere Stimme muß sehr deutlich von seiner Berufung sprechen. Sonst würde er sich ihre Erfüllung nicht zugetraut haben. Dabei wächst der Umfang dessen, was zu tun ist, jeden Tag, und an keinem Tag werden die Aussichten, es durchzuführen, besser. Wenn sich die Emigration nun plötzlich um ein Bedeutendes vermehrt? (Und das ist nur zu leicht möglich!) Aller Augen werden auf den Mann gerichtet sein, der das Mandat auf sich genommen hat, für die Vertriebenen zu sorgen.

Aber das Mandat gibt ihm auch eine sehr große Autorität. Nicht die Autorität der Macht – davon kann nicht die Rede sein. Aber eine moralische Autorität. Der Völkerbund hat ihn autorisiert, zu den Regierungen zu sprechen. Es ist also nicht anders, als wenn er im Namen aller Staaten zu einem einzelnen Staat, im Namen aller Völker zu einem einzelnen Volk spräche. Eine stärkere Befugnis läßt sich nirgendwo im Gemeinschaftsleben der Welt finden.

Wie der Hohe Kommissar diese starke Autorität ausübt, darüber läßt sich heute noch nichts sagen. Emigranten sind ungeduldig, sie verlangten, sofort zu erfahren, wie die Stimme ihres Schützers klingt, wenn er sie vor der Welt erhebt. Und da sie in einem halben Jahr noch nicht zu hören war, so sind sie unzufrieden. Das ist begreiflich. Hoffen wir, daß die Unzufriedenheit unberechtigt ist. Es mag sein, daß McDonald klug seine Stunde abwartet.

Die Mandierung des Kommissars sagt nichts darüber, daß er etwa nur leise, nur im Geheimen, zu den Regierungen sprechen dürfe. Davon kann auch nicht die Rede sein. Es würde dem Völkerbundsprinzip, das auf der Öffentlichkeit aller Verhandlungen beruht, geradezu widersprechen. Darum darf erwartet werden, daß man bald vernehmen wird, was McDonald zu sagen hat. Er hat sich mit Eifer um die Kenntnis der Materie bemüht. Bald wird er mitteilen, was er weiß und was er will. Er wird von dem Elend, der Unsicherheit und Ratlosigkeit der Vertriebenen sprechen. Und er wird verkünden, was er verlangt, um ihnen zu helfen. Hat irgendwer seine berechtigten Ansprüche zurückgewiesen, so wird er Anklage erheben. Die, gegen die er aufstehen wird, werden erzittern.

Als man in Lausanne McDonald nahelegte, als erstes ein Pressebureau zu errichten, hat er das abgelehnt und erwidert, er werde sein eigener Presseagent sein. Er hat also verstanden, was seine stärkste Waffe ist: der Appell an die Öffentlichkeit. Wann wird er die Waffe schwingen?

Wenn es wahr ist, was behauptet wird, daß in Berlin keine Stelle von Bedeutung den Hohen Kommissar empfangen habe, so ist es schwer verständlich, daß er sein Schweigen noch nicht gebrochen hat. Es wäre die Gelegenheit gewesen, nicht nur zu sprechen, nein, um zu blitzen und zu donnern. Der Rechtsverletzer weigert sich, mit dem zu sprechen, der im Namen der höchsten Autorität für den Verletzten auftritt? Ihn müßte der Donnerkeil der beleidigten Moral sofort treffen.

Wenn aber ein Unzulänglicher an eine übermächtige Aufgabe gesetzt wäre, wenn die einzige Diskussion, die er hervorruft, die ist, die sich um die Höhe seiner Bezüge entwickelt hat, so wäre das nicht nur Unheil für die Emigranten, nein, auch eine Einbuße für den Völkerbund und für die öffentliche Moral der Welt.

Daß ein Hoher Kommissar des Völkerbunds für die aus Deutschland Emigrierten existiert, die Tatsache allein ist ein Phänomen von gewaltiger Bedeutung. Die Person des Ausgewählten müßte neben der ungeheuren Wichtigkeit des Amtes verschwinden, müßte gleichgültig sein neben ihr. So wie auch ein schwacher Kaiser nicht das Gewicht des Reiches verringern konnte. Die Welt ernennt einen Führer für die Opfer eines Verbrechens, die Internationale erhebt die Hand gegen eine Tat des nationalistischen Fanatismus. Das ist inmitten eines allgemeinen Zustands, der unverkennbare Züge der Vergreisung und hoffnungsloser Verwirrung, ja, der bevorstehenden Auflösung zeigt, eine großartige Geste des Widerstands gegen die drohende Welt-Anarchie. Trotzdem ist es mit der Geste allein, mit der Einrichtung des Hohen Kommissariats allein nicht getan. Sie müßte nun ihren Inhalt und ihren vollen Ausdruck erst durch den Menschen finden, der für sie handelt und spricht. Ein Kaisertum hängt in tausendjährigen Institutionen, die von einer großen Anzahl von Menschen getragen werden, lebt in dem Glauben von Millionen. Der Hohe Kommissar steht allein. Und selbst die Instanz, die ihn ernannt hat, der Völkerbund, ist mehr bezweifelt als anerkannt. Also wird sein Wirken doch wieder von ihm selbst abhängen, von dem, was er als Mensch ist, von seiner Persönlichkeit.

Ihm selbst ist die Wahl gestellt, welchen Weg er gehen will: den der Diplomatie, der freundlichen Überredung, versucht an Vertretern der Regierungen – oder den anderen des mächtig tönenden Appells und Protestes, gerichtet an die Gesamtheit der Völker. Nur, da wir glauben, daß er auf dem ersten nicht weiter kommen wird, hoffen wir, daß er den zweiten mit innerer Kraft und heftigem Aplomb beschreiten wird. Wir wünschen ihm Rücksichtslosigkeit, Intransigenz, unbeugsames Rechtsgefühl und das Genie des großen Agitators.

Dann wird er den Emigranten und über sie hinaus der Welt nützen können.

Sonst aber wird er eine Verlegenheit für die Welt sein.

XVII. *Zurück! Zurück?*

Die Fahrkarten-Generosität hat eine neue Richtung eingeschlagen: nach Deutschland!
Wir glauben, daß das eine gefährliche Richtung ist.
Eine ostpreußische christliche Dame schrieb an ihre jüdische Freundin nach Paris:

> »Auf dem Weihnachtsbaum hatten wir neben den weißen und roten auch grüne Kerzen aufgesteckt. Grün ist die Hoffnung. Für jeden von unseren Freunden, die heute fern vom Vaterland sind, eine. Es war eine ganze Reihe von grünen Kerzen. Nicht wir allein haben das so gemacht ...«

Man braucht nicht zu beteuern, daß die Antisemiten in Deutschland nur eine Minderheit sind. Wir wissen das.
Ob es allerdings die Fremden wissen?
Man kann ihnen absonderliche Dinge erzählen ...
Und das tun die Nazi-Propagandisten auch. Als Hitler seinen großen Boykott-Tag veranstaltete, verkündete er, nur so vermöge er die Juden vor dem Zorn des »befreiten« Volks zu schützen.
Man muß immer darauf gefaßt sein, daß auch das Absurdeste Gläubige findet.
Der junge Jouvenel[1], der Sohn eines klugen Vaters, kehrte kürzlich von einem politischen Ausflug nach Deutschland zurück. Er erzählte in der Pariser Öffentlichkeit, man habe vor Hitlers Judenaustreibung in den kleinen deutschen Städten am Samstag nicht einkaufen können, weil alle Geschäfte jüdisch waren und die Juden sich weigerten, sie am Sabbath zu öffnen. Das hatte ihm Goebbels anvertraut, und er gab es treulich weiter. (Wenn die deutschen Juden nur einen kleinen Teil von solcher Überzeugungskraft besessen hätten – wer weiß, es stünde vielleicht besser.)
Also kann man Harmlosen auch vom Volkszorn erzählen. Sie wissen, daß vor allem der jüdische Anteil an der Justiz und Medizin den Nazizorn erregt hat. Und sie stellen nicht die einfache Überlegung an, daß doch auch in der Weimarer »liberalistischen« Republik oder im Kaiserreich niemand gezwungen werden konnte, sich einem jüdischen Rechtsanwalt oder Arzt anzuvertrauen.
Sogar das Reichsgericht hat kürzlich in einem Anfall von Ehrlichkeit ausgesprochen, die Stimmung gegenüber den Juden habe sich erst mit der »nationalen Erhebung« grundlegend geändert.
Aber wenn sie auch früher nicht so war, wie Hitler oder Goebbels es naiven Fremden darstellen, so ist es doch richtig – was das Reichsgericht sagte – daß sie sich geändert hat.

Propaganda kann vieles ändern. Mehr noch die Macht. Wir wollen nicht einmal vom Terror sprechen. Aber daß die Staatsmacht schlechthin antisemitisch ist, das bedeutet sehr viel. Es bedeutet bei den Deutschen noch mehr, als es bei einem anderen Volk bedeuten würde.
Tatsache ist, daß in mehreren Hilfskomitees jüdischen Flüchtlingen Geld gegeben wird, damit sie nach Deutschland zurückkehren.
Wir wären geneigt, ein paar Worte über Gefühlsdinge zu sagen. Wir wissen, daß wir uns damit dem allgemeinen Tadel aussetzen:
»Was sollen uns hier Sentimentalitäten! Den Tatsachen ins Gesicht sehen, Herr!«
Aber gar wenn es eine Frau ist, die sich solcher Sünde schuldig macht:
»Natürlich, Sie als Dame ... ein weiches Herz ...«
Sehen wir den Tatsachen ins Gesicht.
General Göring ist nicht nur oberster Intendant aller Theater, Reichstagspräsident, preußischer Ministerpräsident, sondern auch Chef des Geheimen Staatspolizeiamts. Er hat sich selbst dazu ernannt. In dieser letzten Eigenschaft hat er sich autoritär zu der Frage geäußert, was die zurückkehrenden Emigranten in Deutschland zu erwarten haben.[2]
Er hat sie in vier Kategorien eingeteilt.
Die erste Kategorie seien Kriminelle. Die Zahl der wirklichen politischen Flüchtlinge – hat der General gesagt – werde:

> »bei weitem von der Anzahl krimineller Elemente übertroffen, die nicht wegen ihrer politischen Betätigung, sondern wegen der Befürchtung, durch die nationalsozialistische Regierung auf Grund von ihnen begangener gemeiner Verbrechen belangt zu werden, ins Ausland geflohen sind.«

Ihnen droht Göring das Konzentrationslager an.
Nun ist es so, daß die deutsche Regierung auch Politische, die geflohen sind, als angebliche Kriminelle bis ins Ausland verfolgt. Einen Gewerkschaftssekretär[3], der seine Kasse mitnahm, um sie nicht den braunen Räubern in die Hände fallen zu lassen, verlangte sie von Österreich, wohin er sich begeben hatte, heraus, und es gelang ihr tatsächlich, seine Verhaftung zu erwirken. Zu hoffen ist, daß es nicht zur Auslieferung gekommen ist. Es wurde in den Zeitungen nichts davon gemeldet.
Danach kann man sich vorstellen, wie weit die Geheime Staatspolizei den Kreis der »Kriminellen« ziehen würde, wenn Mißliebige zurückkehrten.
Konzentrationslager stellt aber Göring ebenso der zweiten Kategorie in Aussicht, die keine deutsche Staatsangehörigkeit besitzen und »aus dem Osten nach Deutschland eingewandert waren«.
Dazu muß man wissen, daß solchen »aus dem Osten Eingewanderten« selbst im Ausland kurzer Hand die Pässe weggenommen werden – wenn sie

leichtsinnig genug sind, dieses unersetzbare Dokument einem Funktionär des Deutschen Reichs in die Hand zu geben. Es sind also Ostjuden schlechthin, mit und ohne deutsche Staatsangehörigkeit, denen bei der Rückkehr das Konzentrationslager angedroht wird.

Dritte und vierte Kategorie sind einmal »Zersetzer und Verhetzer«, dann »Verführte und Verängstigte«. Sie werden gleich behandelt. Es kann ihnen verziehen werden. Aber allerdings nicht unter leichten Bedingungen:

> »Sie müssen beweisen, daß sie die Hetze im Ausland gegen das neue Deutschland nicht mitgemacht und nicht dadurch unterstützt haben, daß sie Emigrantenzeitungen bezogen oder verbreitet haben.«

Die Verteilung der Beweislast ist keine gleichgültige Sache. Nicht den Rückkehrenden muß etwas nachgewiesen werden, wie es im Strafprozeß aller zivilisierten Länder vorgeschrieben ist. Sondern sie selbst müssen ihre Unschuld nachweisen.

Sie sind aber von vornherein verdächtig:

> »Bedeute schon die Tatsache der Flucht allein eine Förderung der gegen das deutsche Volk entfesselten Lügen- und Greuelpropaganda, so müsse von jedem, der guten Willens und zu loyaler Mitarbeit am Aufbau des neuen Staates entschlossen sei und seine Rückkehr anstrebe, gefordert werden, daß er von den verantwortlichen Urhebern dieser Hetze abrücke und schon jetzt durch sein Verhalten im Auslande zu erkennen gebe, daß er sich als Deutscher für die Wiedergutmachung des seinem Vaterlande zugefügten Unrechts einsetze.«

Das ist nicht sehr klar gesagt. Es handelt sich auch um eine schamhafte Angelegenheit. Man verlangt etwas von den Rückwanderern.

Nicht nur etwas Negatives. Daß sie nämlich nicht einmal eine Emigrantenzeitung gelesen haben sollen.

Sondern auch etwas Positives.

Was?

Zum Beispiel, Propaganda für das Nazi-Regime.

Aber im Ernst wird Herr Göring nicht von den gedrückten Juden, die aus Armut und Hilflosigkeit ins Dritte Reich zurückkriechen, erwarten können, daß sie vorher im Ausland eine besondere propagandistische Tätigkeit zugunsten Hitlers entfaltet haben könnten. Man würde sie wohl auch in ihren Kreisen auslachen, wenn sie es versuchten.

Wie ist es also? Man fragt den Rückkehrer:

> »Was bringst Du mit? Was hast Du im Ausland für uns getan, um unser Wohlwollen zu erwerben?«

Und da kann wohl nichts anderes gemeint sein, als daß der bedauernswerte Rückwanderer Denunziationen mit sich bringen soll. Was man ihm zumutet, ist freiwillige Spitzelei.
Wie sagt denn auch Herr Göring an einer anderen Stelle?

> »Die Kreise dieser Volksfeinde sollen damit rechnen, daß ihre Hetzarbeit einer dauernden Beobachtung unterliegt, und jede ihrer Handlungen gegen ihr eigenes Vaterland auf das genaueste festgelegt wird.«

So viele Spitzel kann sich Herr Göring nicht halten, und wenn er noch so tief in den Staatssäckel greift. Darum droht und verspricht er den Mittellosen und Ungefestigten. Es ist kaum ein Zweifel, daß er Verführbare finden wird. Soll man ihm helfen bei seiner wenig ehrenhaften Berufsausübung? Und hilft man ihm nicht, wenn man armen Emigranten zur Rückkehr verhilft? Erinnern wir uns an die 700 Fahrkarten nach Deutschland, die das Pariser Comité schon bis zum Februar 1934 gezahlt hatte. Der Krieg im Dunklen, den die Geheime Staatspolizei gegen die Emigranten führt, wird noch lange nicht zu Ende sein.
Erinnern wir uns der blutigen Leichen Theodor Lessings[4] und des Ingenieurs Bell[5], die im Ausland ermordet wurden. Erinnern wir uns der Emigranten, die aus der Schweiz, aus der Tschechoslowakei, aus dem Saargebiet entführt wurden und im Dritten Reich verschwanden.
Das ist die eine der Tatsachen, denen wir ins Gesicht sehen wollen.
Und betrachten wir dann eine andere.
Juden schicken Juden in ein Land zurück[6], das die Juden offen und klar und gesetzlich diskriminiert, zu Bürgern zweiter Klasse gemacht hat. Das muß einen Verlust an jüdischem Prestige bedeuten, den die Juden aller Länder sich nicht freiwillig zuziehen sollten. Es ist ein moralischer Gewinn für Hitler, den er nicht verdient.
Wir wollen uns nicht an Gefühle verlieren. Obwohl wir nicht leugnen, daß es unsrem Ehrgefühl zu nahe geht, was wir im Geist sehen müssen, den Zug von armen Juden, die unter das Joch der antisemitischen Gesetzgebung gebeugt in ihr ehemaliges Vaterland zurückwandern. In ein Land, das den Juden gegen Rechtsverletzung keinen Schutz gewährt, in dem sich die Judenhetze offizieller Parteizeitungen breitmacht, in dem Juden kein Notwehrrecht gegen Beschimpfungen haben.
Uns beschleicht die Erinnerung an jene Juden, deren verfeinertes Ehrgefühl die Minderstellung nicht ertrug, die den freiwilligen Tod dem Bewußtsein der Entehrung vorzogen. Wir haben solche Juden gekannt, in Deutschland wie in der Emigration, die ohne Not, ohne Sorge für das tägliche Brot, ein Leben von sich warfen, das ihnen durch die deutsche Verfemung wertlos geworden war. Wir denken an sie …

Wir fragten einen der Männer, die für die neue Taktik die Verantwortung tragen: »Warum?«
»Sie sind dort zu Hause.«
»Wovon werden sie leben?«
»Dort gibt es noch einen Onkel, einen Vetter, einen Vater. Es ist leichter ...«
»Werden sie nicht Unterstützungen brauchen? Und wer wird die Unterstützung geben?«
»Die jüdischen Gemeinden.«
»Und werden die Gemeinden nicht aus England und Amerika unterstützt?«
»Man kann die Menschen in Deutschland nicht verhungern lassen.«
»Warum behält man das Geld nicht hier und gibt es den Hilfsbedürftigen unmittelbar? Warum der Umweg? Warum die deutsche Währung mit Dollars und Pfunden stützen?«
»Sie wollen selbst nach Hause.«
Aber hat man ihnen nicht zugeredet? Hat man ihnen nicht die Heimreise nahegelegt? Hat man Heime für die nicht Arbeitsfähigen geschaffen, hat man alle Mittel, die Arbeitsbereiten zu beschäftigen, erschöpft? Hat man versucht, sie zurückzuhalten? Wir brauchen nicht zu fragen. Wir wissen, daß das alles nicht geschehen ist, weil es strikt der Politik zuwiderlaufen würde, die man in den westlichen Ländern für richtig hält. Man will die Hilfsbedürftigen möglichst billig ernähren. Das ist berechtigt und notwendig. Und man will sie hier nicht sehen und nicht sehen lassen. Man ist stolz auf Einstein, auf Huberman[7] oder Heifetz[8] oder Bruno Walter, auf Lion Feuchtwanger, auf die Bergner, auf Erich Mendelsohn. Wenn aber zu viele alte, arme, häßliche Juden zu sehen sind, so fürchtet man den drohenden Antisemitismus.
Als die deutschen Judenverfolgungen am hitzigsten waren, fand eine große Demonstration[9] im Hyde Park statt. Ganz Whitechapel war nach dem Westen gezogen. Ein Engländer, kein Antisemit, sagte uns: »Es ist besser, wenn die Londoner nicht noch einmal sehen, was alles bei ihnen lebt ...«
Nicht anders mögen die bürgerlichen und gepflegten englischen Juden empfinden, wenn sie an das proletarische und an das verelendete Judentum denken. Und sie meinen, es sei besser, die Masse der armen und arbeitslosen Glaubensgenossen nicht zu vermehren.
Wohin wird ihre Politik führen?
Betrachten wir die Frage einmal von einer anderen Seite.
530 000 Juden gab es in Deutschland bis zu Hitler. 50 000 sind ausgewandert. Und zwar waren es die aktivsten, die gingen.
Das geschah schon deshalb, weil es das Gesetz, das Anti-Juden-Gesetz[10], so befahl. Die Beamten und die Angehörigen der freien Berufe konnten bleiben, wenn sie schon vor 1914 im Dienst oder Frontkämpfer waren.

Die jüngeren hatten zu gehen. Der Sanitätsrat Cohn blieb, sein Sohn, der Dr. Cohn, ging. Der Justizrat Meyer blieb, sein Sohn, der Rechtsanwalt Meyer, ging. Der Gesetzgeber wünschte, daß die Juden aus den freien Berufen verschwinden. Das Gesetz ist geeignet, seinen Willen zu erfüllen.
Auf den anderen Gebieten geht die natürliche Auslese denselben Weg. Die Alten sind geblieben, weil sie sterben wollen in dem Land, in dem sie gelebt haben. Es gingen mehr Männer als Frauen. Und viele, die blieben, schicken schon jetzt ihre Kinder auf ausländische Schulen.
Auch vor Hitler war es so, daß die deutschen Juden immer weniger und daß sie immer ärmer wurden. Sie starben aus, weil die Geburtenbeschränkung bei ihnen nicht geringer war als bei dem übrigen intellektuellen Mittelstand Deutschlands und weil sie keinen Nachwuchs aus anderen Schichten hatten. Und sie verarmten, weil die Konzentration der Wirtschaft ihnen die Möglichkeiten nahm, selbständig zu bleiben oder selbständig zu werden. Das war vor der Krise so. Die Krise verschärfte den Prozeß. Nach Hitler hat die Entwicklung rapide Formen angenommen.
Die Gesetze und Verordnungen des Dritten Reichs vertrieben die Juden aus den Staatsstellen und aus allen Positionen, die für das öffentliche Leben von Bedeutung sind.
Die Parteiaktionen gingen weiter als die Gesetze. Auch in Handel, Gewerbe und Industrie trat – »schlagartig«, heißt es in der Nazi-Sprache – die Zurückdrängung des Judentums ein. Alle Ehrenstellen und führenden Posten hatten die »Nicht-Arier« zu verlassen. Sie mußten auch sofort von allen Plätzen weichen, die ins Auge fielen. Von den Plätzen der Bankdirektoren, der Aufsichtsräte in den großen Gesellschaften, aus den Vorständen der Warenhäuser. Dann wurde verkündet: Wer ehrsam seinem Geschäft nachgeht, soll nicht gestört werden. Oder: Die »Arbeitsbeschaffung« leidet, wenn sich Unbefugte, Unbefähigte in die Betriebe eindrängen. (Damit sollten die arbeitslosen Pg's gegen die unentwegten Antisemiten, aber auch gegen die Postenjäger aufgerufen werden.) Herr Schmitt[11], der Generaldirektor aus der Versicherungsbranche, der im Nebenamt Reichswirtschaftsminister ist, soll den Kapitalismus retten. Zugleich die Juden, die noch für unentbehrlich gehalten werden. Er gab einen Erlaß heraus gegen die Judenriecherei bei der Vergebung öffentlicher Aufträge. Aber selbst in diesem Erlaß wird gesprochen vom »selbstverständlichen Grundsatz der Bevorzugung deutschstämmiger Firmen bei gleichwertigen Angeboten.«
Das war der Höhepunkt.
Der Höhepunkt der Gleichstellung!
Wenn mutige Stimmen sich gegen die Weitertreibung des Antisemitismus erheben – zugunsten der Wirtschaft, nicht zugunsten der Juden – so berufen sie sich auf Schmitt, den höchst gerechten Minister.

Wenn alles also nur so wäre, wie es der Staat gewollt oder wie er es bestimmt hat – selbst dann wäre es so, daß eine überalternde und verarmende Gemeinschaft mit allen Mitteln einer starken Staatsgewalt gezwungen wird, noch schneller zu überaltern, noch mehr in Armut zu versinken.
Aber es ist nicht alles so. Sondern der starke Staat ist schwach, wo es sich um den Schutz der Juden handelt – auch wenn der Schutz der Wirtschaft gemeint ist.
Joseph Goebbels, der lächelnde Barde des Dritten Reichs, hat mit großmütiger Geste gesagt:

> »Wir haben an der Judenfrage das gelöst, was zu lösen war. Und haben sie dann ad acta gelegt.«

Das war im Herbst 1933 – genau, am 28. Oktober. Am Ende der Anti-Nichtarier-Gesetzgebung. Und es ist nicht unmöglich, daß einer der Großen des Dritten Reichs einmal wirklich geglaubt hat, was er sagte.
Möglich, daß der Oberste Rat, daß der Führer selbst gemeint hat, es sei genug des grausamen Spiels, es sei besser auch für die Teutonischen Untertanen, für das Dritte Reich und für seine Regenten, wenn man die Geschäftsjuden und Geldjuden, die noch aufrecht waren, nun in Ruhe ließe.
Das läßt sich nicht leugnen, daß auch Juden aus Deutschland kamen und meldeten: Das Schlimmste sei vorbei, es gehe nun wieder vorwärts oder aufwärts, da und dort blühe das Geschäft wieder. Wie denn überhaupt kein Irrtum im Judentum des Auslands entstanden ist, der sich nicht auf deutsch-jüdische Kronzeugen zurückführen ließe. Das muß – zu Ehren des Auslandsjudentums – gesagt werden. Es gab Irrende genug, die aus Deutschland kamen. Es gab auch Politiker, die eine undurchsichtige Politik trieben. Nur, warum gerade den falschen Propheten geglaubt werden mußte? Das ist wieder eine andere Frage.
Aber blieb auch alles so, wie die Gesetzgebung es wollte, und war es so, wie Goebbels sagte, daß die Judenfrage »ad acta gelegt« war – auch dann entstand ein erbärmliches Ghetto in den deutschen Städten.
»Immer noch besser als in Polen«, wirft man uns ein. Nein, nicht besser. Oder nur scheinbar besser. Denn auch in Deutschland wird von Ersparnissen gelebt, nicht nur in der Emigration. Auch in Deutschland lebt der jüdische Körper von letzten Fettresten, die er in besserer Zeit angesetzt hat. Zehren die Geschäfte Reserven auf – da ihnen verboten ist zu liquidieren. Holen die einzelnen das Letzte von der Bank und aus dem Strumpf.
Nun ist aber alles nicht so, wie Schmitt oder Goebbels oder irgend ein anderer Naziführer es verkündeten. Der nationalsozialistische Staat mag stark sein gegen den Sozialismus. Er mag sich auch heute noch stark zeigen gegen den Nationalismus. (Was seine besonderen Gründe hat, die uns hier

nichts angehen.) Aber er kann nicht stark sein gegen den Antisemitismus, dem er einmal freien Lauf gelassen hat. So wie er nicht Marxisten retten könnte, auch wenn er es wollte, so kann er keine Juden retten, wenn eifrige Parteigänger ihr Verderben verlangen. Mögen hie und da kleine Korruptionsrettungen gelingen. Aber gegen den offenen, den brutalen Antisemitismus ist kein nationalsozialistisches Kraut gewachsen. Hier führt der Weg des geringsten Widerstandes.

Auf diesem Weg wird weiter vormarschiert. Oder, wenn man will, zurückmarschiert. Unentwegt, auch noch lange nach dem Abschluß des Gesetzeswerks. Wir können nur einige Meilensteine der breiten Straße zeigen, die so bequem für die Machthaber ist. Einige von den unendlich vielen, mit denen ihre Ränder besät sind.

Wir lesen am 1. März 1934:

> »Die Adoption eines evangelischen Nicht-Ariers durch einen Deutschen arischer Abstammung wurde vom Amtsgericht Berlin nicht bestätigt.«[12]

Oder:

> »Das Oberlandesgericht Karlsruhe hat ... unter dem 2. März 1934 eine arisch-jüdische Mischehe auf die Anfechtungsklage wegen Irrtums über die Bedeutung des Rasseprinzips und der Rasseverschiedenheit aufgelöst. Aus der Begründung sind nur einige Sätze öffentlich bekannt geworden ... ›Man hat heute erkannt, daß die jüdische Rasse hinsichtlich des Blutes, des Charakters, der Persönlichkeit und der Lebensauffassung etwas ganz anderes ist als die arische Rasse, und daß eine Verbindung mit einem Angehörigen dieser Rasse nicht nur nicht wünschenswert, sondern verderblich, unnatürlich und widernatürlich ist ...‹«[13]

Die Entziehung des Connubiums? Des Rechts auf Ehegemeinschaft, mit dem die primitivste Gleichberechtigung beginnt? Ja, das ist es. Und wenn man uns zum zweiten Mal sagt, wir sollten uns nicht um Gefühlssachen kümmern, so werden wir zwar erwidern, daß Ehrensachen nicht gleichgültig für den Einfluß eines Volksteils und damit für seine materielle Stellung sind – wir werden uns aber Kundgebungen zuwenden, deren materieller Charakter auf der Hand liegt.

Wir lesen am 9. Februar 1934 in einer Rede des Herrn Reichsministers für Volksaufklärung und Propaganda, desselben Goebbels, der die Judenfrage schon »ad acta gelegt« hatte:

> »Ich habe mit Befremden festgestellt, daß die aus anderen Berufen nach und nach hinausgedrängten Juden mangels eines Arierparagraphen im Kulturleben eine neue Betätigungsmöglichkeit suchen ... Dies zu verhindern, gibt uns das Gesetz die Möglichkeit ...«[14]

Gesetzlich oder ungesetzlich, Goebbels kennt die Möglichkeiten. Am 5. März lesen wir einen von ihm gezeichneten Erlaß:

> »In zunehmendem Maße wird beobachtet, daß Nichtarier, die bereits verschwunden und größtenteils offenbar ins Ausland geflüchtet waren, in Theatern, Variétés, Kabaretts usw. wieder auftreten. Ich weise daraufhin, daß das Auftreten auf deutschen Bühnen von der Zugehörigkeit zu einem der Fachverbände der Reichstheaterkammer abhängig ist ... und daß Nichtariern die Aufnahme in diese Verbände regelmäßig verweigert wird. Ich bitte deshalb, die Polizeibehörden anzuweisen ... Ich bitte um nachdrückliche Durchführung meines Ersuchens ...«[15]

(Es sei nur der Kuriosität halber verzeichnet, daß derselbe Goebbels sich zur gleichen Zeit durch seinen getreuen Knecht Furtwängler[16] ebenso »nachdrücklich« darum bemüht, Huberman möge sich doch wieder in Deutschland hören lassen. Allerdings, es sei Huberman gedankt, vergeblich.)
Wie lesen am 14. Februar:

> »In der Hauptversammlung der NS-Hago ... Hildesheim erklärte Kreispropagandaleiter Schwalenberg, daß noch immer selbst Handwerker und Gewerbetreibende beim Kauf in nichtdeutschen Geschäften angetroffen würden. Diese Mitglieder würden für die Folge ausgeschlossen werden.«[17]

Wir lesen im Januar:

> »Der Hauptausschuß des Lindauer Stadtrats hat beschlossen, Judenfirmen zu den Lindauer Jahrmärkten in Zukunft nicht mehr zuzulassen ...«[18]

Der Eschweger Kreisleiter gibt bekannt:

> »Wer als Mitglied unserer Bewegung in jüdischen Geschäften kauft oder mit Juden handelt, wird wegen parteischädigenden Verhaltens aus der Bewegung ausgeschlossen. Nationalsozialisten kaufen nur in deutschen Geschäften ...«[19]

In der Bayrischen Volkswacht:

> »Kannst Du die Judengeschäfte nicht meiden, dann bist Du kein Deutscher und noch viel weniger ein Nationalsozialist ...«[20]

Im Stürmer:

> »Es gibt ein ungeschriebenes Gesetz für jeden anständigen Deutschen, das da lautet: ›Kauft nicht beim Juden, denn die Juden sind unser Unglück!‹«[21]

Beispiele, wie gesagt, Musterbeispiele, nichts anderes, aus einer sehr großen Fülle gleichartiger.

Man wird uns einwenden, daß das die Kampfformen in den kleinen und mittleren deutschen Städten sind. Sicherlich richtig. Auf diese Art werden nur die jüdischen Geschäftsleute in den kleinen und mittleren Städten Deutschlands ruiniert und mit ihnen die jüdischen Gemeinden in diesen Städten. Es hat auch schon eine innere Emigration in Deutschland eingesetzt aus den kleinen Städten in die großen und eine neue Anhäufung von Elend und Schnorrertum bei den großen Gemeinden.
Aber es bleibt doch keineswegs dabei.
Sondern wir lesen am 20. Februar im Westdeutschen Beobachter – und das ist die größte westdeutsche Zeitung, sie erscheint in Köln –:

> »In dem von uns angeführten Aufsatz von Dr. Otto Hirsch heißt es am Schluß, daß der jüdischen Jugend in angemessener Weise Ausbildung und Eingliederung in Arbeiterschaft, Handwerk, Land- und Forstwirtschaft ermöglicht werden muß. Um keine Irrtümer aufkommen zu lassen, stellen wir fest: Solange noch ein Deutscher arbeitslos ist, kommt eine Diskussion dieses Themas überhaupt nicht in Frage. Erst nach völliger Beseitigung der Arbeitslosigkeit kann man dem Problem nahetreten. Wir glauben jedoch nicht, daß der knappe deutsche Lebensraum auch nur im geringsten die Möglichkeit bietet, fremdrassige Elemente in den genannten Berufen unterzubringen.«[22]

Oder wir lesen im Januar unter dem Titel »Arische Konfektion« in der Frankfurter Zeitung und, da sie für das Ausland geschrieben wird, in »vornehmem« Ton:

> »Die Arbeitsgemeinschaft hat sich zum Ziele gesetzt, dem deutschen Unternehmertum in der Bekleidungsindustrie ein bisher schwer zugängliches Terrain aufzuschließen ... Es ist nötig, daß mit der Umstellung der Konfektion auf arische Volksteile ... Die ›Adefa‹ hat die große Aufgabe, daß bald von einer deutschen Konfektion gesprochen werden kann ...«[23]

Die Konfektion, das ist eines der Gebiete, auf dem sich die Judenvertreibung nicht sogleich auswirken konnte und sollte. Der Prozentsatz der jüdischen Konfektionäre war zu groß, der Export, der Absatz und die nationalsozialistischen Angestellten hätten leiden können. Aber man sieht, es wird nichts vergessen. »Nur nicht drängeln, es kommt ein jeder dran«, hat Goebbels früher einmal ungeduldige Anhänger getröstet.
Oder im März in der Frankfurter Zeitung:

> »Der Reichsverband Deutscher Makler hat soeben die Einführung des Arierparagraphen angekündigt.«[24]

Aber es ist noch ernster, wenn der Vorsitzende der Kölner Industrie- und Handelskammer, Freiherr von Schröder[25] – der wichtige Mann, der an einem deutschen Schicksalspunkt Hitlers Schulden durch die Industrie bezahlen ließ – in einer öffentlichen Rede, es war am 16. Januar 1934, gesagt hat:

> »Es sei ausdrücklich zu betonen, daß man die Mitarbeit von Juden und Judenstämmlingen ebenso deren Führung in der Wirtschaft ablehne, wie in der des übrigen Staatswesens. Man wolle auch in der Wirtschaft endlich rein arisch geführt werden ...«

Es wird uns entgegengehalten werden, daß es gerade der Freiherr von Schröder, der Erbe des berühmten rheinischen Bankiers Levy-Hagen[26], wahrscheinlich nicht sehr ernst meint mit solchen Grundsätzen.
Aber eben das ist das Gefährliche, daß jeder Geschäftsmann, der gerade irgend ein Geschäft mit der Judenhetze betreiben zu können glaubt, es unbedenklich mit der Judenhetze betreiben kann. Das ist der Knüppel, den jeder schwingen kann. Ob er seinen Prinzipal bei lebendigem Leibe beerben will. Oder seinen unbequemen Partner loswerden. Oder einem anderen Nazi Schwierigkeiten machen. Ganz gleichgültig. Der Knüppel der Judenhetze steht immer bereit, dem Größten wie dem Kleinsten paßt er in die Hand, und er trifft – vielleicht auch irgend einen Pg – aber sicher immer die Juden.
Wir haben nicht zu beschreiben, was in Deutschland ist. Wenn wir versuchen zu erkennen, wie es mit der Emigration sein wird, so können wir trotzdem an den deutschen Dingen nicht vorbeisehen.
Wir dürfen deshalb nicht vergessen, daß in Deutschland die Gesetze für die Juden nicht gelten. Gegen die Juden – ja. Aber nicht für sie.
Wir sprechen jetzt nicht von den Juden-Gesetzen. Sie sind gegen die Juden gemacht. Und sie werden eingehalten. Auch alle anderen Gesetze, gegen die ein Jude verstößt.
Aber die allgemeinen Gesetze, die auch die Juden schützen sollten, gelten nicht, wenn Juden die Geschädigten sind. Juden können sich nicht auf die Gesetze berufen.
Wer Juden nach Deutschland zurückgehen heißt, wer ihnen dazu hilft zurückzugehen, wer sie nicht daran hindert – der darf daran wenigstens nicht vergessen, der muß sich die Tatsache vor Augen halten. Oder man muß sie ihm vor Augen führen.
Der Redakteur der Zeitschrift Stürmer, die in Nürnberg erscheint, heißt Streicher.[27] Er ist auch Gauführer von Franken, ein hoher Funktionär der regierenden Nationalsozialistischen Partei. Seine Spezialität, die er schon lange Jahre betreibt, ist der Sexual-Antisemitismus. Im Februar 1934 schrieb er:

> »Die Juden Hirschberg und Schrießheim treiben ihr rassenschänderisches Verbrecherhandwerk schon lange. Herauszubekommen, wie viele deutsche Mädchen sie verseuchten und schändeten, ist jetzt Aufgabe der eingeleiteten

Untersuchung ... In einem so gelagerten Falle sollte man eigentlich das Volk nicht hindern, Justiz zu üben ...«[28]

Man weiß, daß in Streichers Residenz, in Nürnberg, häufig »das Volk« nicht gehindert worden ist, »Justiz zu üben«, daß Juden und ihre christlichen Freundinnen durch die Straßen gezerrt, an den Pranger gestellt, nachts durch die Wirtshäuser geschleppt worden sind. Zu schweigen von den Mißhandlungen, den Tötungen, die im geheimen vor sich gingen, aber doch bekannt wurden.
Wir zitierten aus einem Februarheft des Stürmer, um zu zeigen, daß das alles noch nicht aufgehört hat.
Es heißt in demselben Heft:

»Auf Grund unserer Kenntnisse in der Judenfrage sind wir der Ansicht, daß eigentlich alle Juden entmannt werden müßten.«[29]

In demselben Heft wird vom Ritualmord erzählt:

»Ich habe die fürchterlichen Tabellen zusammengestellt und möchte damit zeigen, wie in 1500 Jahren allein 92 Kinder und 23 Erwachsene unter dem blutschänderischen Messer verbluten mußten, ungeachtet der Unzahl der Verbrechen, die niemals ans Tageslicht kamen ...«[30]

Ist es erlaubt, die Lüge des Ritualmärchens öffentlich vorzubringen? Nein, nicht wenige Gerichtsurteile haben – in der vergangenen liberalistischen Periode Deutschlands – festgestellt, daß es strafbar ist.
Aber es ist auch nicht erlaubt, die Liebesbeziehungen, wirkliche und erlogene, von Privatleuten in der Zeitung zu publizieren.

»Wenn der Schandjude Lion Feuchtwanger gegen Deutschland hetzt, halte man sich an seinen Bruder Martin in Halle. Weg mit aller Sentimentalität ... Ohne einen Schuß berechtigter Brutalität ist die Judenfrage nicht zu lösen.«[31]

So heißt es in derselben Zeitschrift im Februar 1934.
Nein, die deutschen Gesetze erlauben die Aufforderung zum Mord nicht!
Nur, daß die Gesetze nicht gelten, wenn die durch die Gesetzesverletzung Getroffenen Juden sind.
Es ist auch nicht erlaubt, jüdische Geschäfte zu boykottieren. Aber es geschieht alle Tage, in vielen deutschen Städten, und von vielen Stellen der regierenden Partei.
Gewiß, es gibt deutsche Juden, das sei wiederholt, die ins Ausland kommen und sagen: »Alles nicht wahr. Man richtet sich ein ... Es wird schon wieder besser ...«

Nein, es wird nicht besser. Es wird schlimmer.
Es gibt da etwas Neues, etwas noch nicht Dagewesenes. Wenigstens in Deutschland noch nicht Dagewesenes.
Am 2. April 1934 meldete die Times:

> »Ein antisemitischer Exzeß geschah letzte Woche in Gunzenhausen, einer kleinen Stadt in Mittelfranken. Im Lauf eines Disputs soll ein Jude namens Rosenfelder einen Nazi angespuckt haben und dann davongelaufen sein. Das war der Auftakt zu einer allgemeinen Treibjagd auf Juden, an der sich hauptsächlich halbwüchsige Burschen beteiligten. Eine große Zahl von Juden wurden ins Gefängnis gebracht und erst nach einigen Stunden von dem örtlichen Nazi-Führer freigelassen. Von Rosenfelder und einem anderen Juden wird offiziell gemeldet, sie hätten Selbstmord begangen.«[32]

Was diese Meldung bedeutet? Es ist kaum ein Zweifel möglich – sie berichtet von dem ersten regelrechten Pogrom, der in Deutschland verübt worden ist.
Andere Zeitungen, englische, schweizerische und solche, die von Emigranten herausgegeben werden, bestätigten später, daß die Meldung des Times-Korrespondenten nur so richtig gelesen werden konnte: es war der erste blutige Pogrom in Deutschland. Den einen der beiden Juden, deren Selbstmord gemeldet wurde, hatte man aufgehängt. Den anderen, der Rosenau hieß, erstochen.
Man wird vergeblich auf die Verfolgung der Mörder warten. Kein Staatsanwalt wird es wagen, sie zu verhaften und anzuklagen.
Das ist auch eine Tatsache, der man ins Gesicht sehen muß.
Die deutschen Juden, die so vorsichtig im Ausland sprechen, haben Grund, es zu tun, wer wollte daran zweifeln? Einer kam wieder nach Deutschland zurück, und man lud ihn zu der Geheimen Staatspolizei vor.
»Haben Sie in Paris die Deutsche Freiheit gelesen?«
»Ja, ich weiß nicht, vielleicht ...«
»Gut, daß Sie nicht leugnen!«
Man wies ihm eine Photographie vor, ihn selbst darstellend, wie er in einem Pariser Café die Deutsche Freiheit, das bekannte sozialistische Organ der Emigration las.
Aber es mögen nicht die Vorsichtigen allein sein, die so sprechen.
Wir lasen am 9. Februar 1934 im Schild, dem Organ des Reichsbunds Jüdischer Frontsoldaten:

> »Als weltanschauliches Ereignis ... bedeutet der Umbruch der Nation jenseits aller Existenzfragen eine Erschütterung, die auch unser innerstes Erleben in Schwingung versetzt ... Wir sind nicht nur auf Gedeih und Verderb unserer

materiellen Existenz dem deutschen Volke zugehörig, sondern ihm durch unsere Verantwortung mit unserer Seele verhaftet ...«[33]

Auch die jüdischen Patrioten entsenden ihre Emissäre ins Ausland. Und wenn man ihnen gar nichts anderes vorwerfen will, so wird man ihnen den Vorwurf nicht ersparen können, daß sie die Tatsachen verfälschen. Über die Motive, die sie dazu veranlassen, sei nicht gestritten.
Der Soziologe Dr. Arthur Ruppin[34], vielleicht der beste Kenner der jüdischen Lebensverhältnisse in Deutschland, schätzte, es würden 200000 deutsche Juden keine Existenz mehr in Deutschland haben.
Aber diese Schätzung sprach er auf dem Prager Zionistenkongreß im August 1933 aus. Er konnte damals nicht wissen, daß die Gesetze in Deutschland zu Ungunsten der Juden suspendiert bleiben würden. So aber ist es geschehen.
Was wird die Wirkung davon sein? Wir meinen jetzt die Wirkung auf den Fortgang der Emigration.
Die Optimisten sagen: 2000 oder 3000 im Jahr. Professor Weizmann teilte auf der Londoner Konferenz – das war im Januar 1934 – mit, seine deutschen Freunde meinten: 20000. Aber er sagte uns bald darauf, andere, die er für autoritativer halte, schätzten 30000.
Nur, daß man dabei an eins nicht vergessen darf, daß all diese – optimistischen und pessimistischen – Schätzungen auf der Annahme beruhen, der Sturm sei vorbei und nun gehe alles den sogenannten normalen Gang.
Aber wer steht denn dafür gerade, daß es so ist? Wer kann denn darauf rechnen, daß die stürmische Bewegung, die das deutsche Volk ergriffen hat, schon zu Ende ist? Nur deshalb, weil die deutschen Zeitungen nichts anderes schreiben dürfen? Aber in keiner Diktatur dürfen die Zeitungen irgend etwas Wahres schreiben.
Wenn es nun anders geht? Wenn das deutsche Volk noch schlimmere Ereignisse erleben wird? Wird dann nicht versucht werden, wieder den Juden die Schuld zuzuschieben?
Wenn, zum Beispiel, die zweite Welle der faschistischen Revolution kommt? Die jüngeren Nazis, die dann an die Macht kommen, werden zunächst einmal entdecken, daß die »Bonzen«, ihre Vorgänger, heimliche Judenfreunde waren.
Ja, so sagt man uns noch einmal, es gehen Emigranten zurück, weil sie zurückgehen wollen. Sie gehen freiwillig ...
Gewiß, es bringen sich auch Emigranten um. Gar nicht so wenige, auch das ist fast schon ein alltägliches Ereignis. Sie sterben den »Freitod«, den freiwilligen Tod.
Freiwillig? »You take my life when you do take the means whereby I live.«
So Shakespeare.

Aber wir haben noch niemand getroffen, der sich gerühmt hätte, er liefere den Lebensmüden das Veronal. Oder den Revolver. Oder er zeige ihnen die beliebtesten Stellen an der Seine.

Muncacs ist die Hauptstadt von Karpatho-Ruß, dem Winkel im äußersten Osten der Tschechoslowakei, der noch heute schwer unter der früheren ungarischen Mißwirtschaft leidet, von dem die Tschechen selbst nicht ohne Bedauern sprechen, weil es ihnen noch nicht gelungen ist, seinen Kulturstand zu heben.

In Muncacs gibt es auch eine zahlreiche Judenschaft, und sie lebt unter denselben Bedingungen wie ihre Umwelt.

Ich fragte eine Dame, die nicht geringe Erfahrungen über das östliche Judentum hat, was sie von der Rücksendung von Emigranten nach Deutschland halte?

Sie war entsetzt. »Dort wird ein zweites Muncacs entstehen, schlimmer als Muncacs!« sagte sie.

Die Hauptsache ist Klarheit. Wenn das der Sinn wäre: daß in Deutschland ein Ghetto entstehen soll, dessen sich die Judenschaft der Welt schämen muß ... Ein Ghetto, elender als alle anderen Ghettos ...

Das ist gewiß, daß – von den pervertierten »Patrioten« abgesehen – die aktiveren, die besseren weiter auswandern werden. Wenn man weiter die Ärmsten, die Widerstandslosen, die Gebrochenen nach Deutschland zurückschickt – so kann über das Ergebnis kein Zweifel sein.

Die Hauptsache ist Klarheit.

Zurück?

Zurück nach Muncacs!

XVIII. *Die einzige Gewißheit – Palästina!*

Der achtzehnte zionistische Kongreß, versammelt im August 1933 in Prag, hat den Professor Chaim Weizmann beauftragt, um das Schicksal der aus Deutschland emigrierten Juden besorgt zu sein.

Dr. Weizmann hat das Mandat angenommen.

Der Zionismus ist voll von Parteiungen, und die Gegensätze sind so heftig, wie es den Temperamenten entspricht. So kommt es, daß Weizmann seit einigen Jahren nicht mehr Präsident der großen internationalen Organisation ist. Aber als sich eine besonders schwierige, besonders verantwortungsvolle Aufgabe bot, hat sich eine Mehrheit auf dem Kongreß, so zerklüftet er war, zusammengefunden und hat Weizmann die Aufgabe übertragen.

Er war noch nicht lang aus Amerika zurück und im Begriff, nach Palästina zu reisen, als wir ihn in London aufsuchten.[1]

Das ist eine große Persönlichkeit, der wahre Nachfolger Herzls. Er kommt aus Pinsk, einer der jüdischen Städte Polens, hat unter Entbehrungen studiert, ist Professor der Chemie in England geworden und würde ein Staatspräsident sein oder vielleicht ein Diktator – wenn es einen Judenstaat gäbe. Der Titel Diktator ist entwertet, man muß um Entschuldigung bitten, wenn man ihn anwendet. Denn dies hier ist ein Mann, der nicht nur die Dämonie des Volksführers besitzt, sondern dazu Herz und einen umfassenden Verstand. Wäre der gedachte Staat eine Monarchie, so wäre er ein jüdischer König, wie er der Vorstellung volksbewußter Juden entspricht.
Sein Programm ist einfach, hat nur eine große Linie. Er urteilt mit der Härte, mit der allein eine schwere Aufgabe unter schwierigsten Verhältnissen erfüllt werden kann.

Frage: »Paris?«
Antwort: »Wir wußten schon früher, daß es dort nicht gut ist. Aber gestern habe ich den Bericht einer vertrauenswürdigen Person bekommen. Daß es so schlimm ist, haben wir nicht gewußt. Ich bin dagegen, daß weitere Mittel in ein Faß ohne Boden geworfen werden. Es muß ein Kommissar eingesetzt werden, das ganze Personal ausgewechselt. Sonst ziehen wir uns zurück, meine Freunde und ich.«
Frage: »Soll Geld nach Deutschland geschickt werden?«
Antwort: »Wenn es nach mir ginge, hätte man nie einen Penny hingeschickt. Ich weiß, daß es hart klingt. Aber ich kann nichts anderes sagen: es werden eine Menge deutsche Juden zu Grunde gehen, so wie früher russische Juden zu Grunde gegangen sind. Aber man kann nicht helfen.
Man kann nur konstruktive Politik machen. Und die nur in Palästina.«
Frage: »Auswanderung nach anderen Ländern?«
Antwort: »Ich sehe nirgends eine Möglichkeit. Es kommen Leute mit einem Haufen Ideen. Wenn man zupackt, ist alles Unsinn. Das einzige, was man tun kann, ist: die Quote für Palästina erhöhen. Und Geld sammeln. Da sind Nicht-Zionisten, die sind nicht klar im Kopf. Und eifersüchtig. Dann wird das Geld zum Fenster hinausgeschmissen. Das ist das Unglück. Wenn es gelingt, zweihunderttausend Pfund extra zu sammeln, so werden wir jedes Jahr zehntausend deutsche Juden nach Palästina schicken. Das ist das Äußerste.«

* * *

Der Bericht der Jewish Agency for Palestine[2] sagt, daß bis zum Ende des Jahres 1933 neuntausend deutsche Juden in Palästina eingewandert sind. Tausend sind in Jerusalem, tausend in Haifa, ungefähr zweitausend in kleinen Städten und in den Dörfern, fünftausend in Tel-Aviv. »Ein hoher Prozentsatz von diesen neuntausend«, sagt der Bericht weiter, »ist schon ein integrierender Teil der palästinensischen jüdischen Gemeinschaft und vollkommen aufgenommen von dem Leben des Landes. Alle, die überhaupt geeignet sind für das jüdische Leben in Palästina, haben bestimmte Aussicht, innerhalb von ein paar Monaten für die Dauer festgesetzt zu sein«.
Im ganzen sind, nach offiziellen Quellen, im Jahr 1933 36 000 Juden in Palästina eingewandert. Am 1. Januar waren dort 245 000 Juden. Die jüdische Bevölkerung hatte sich in zwei Jahren, mit dem natürlichen Bevölkerungszuwachs, um 63 000 oder 35 % erhöht.
Alle leben. Alle arbeiten. Während die übrige Welt in Hunger und in Arbeitslosigkeit erstickt. Das hindert die Antisemiten nicht zu sagen, daß Juden zu keiner konstruktiven Aufbauarbeit befähigt seien. Die Geschichte wird die jüdische Ansiedlung in Palästina – ganz gleich, was nachkommt – als etwas Außergewöhnliches, als eine Großtat verzeichnen.
Der Bericht der Jewish Agency sagt weiter:

> »Heute kommen zahlreiche Elemente nach Palästina, die psychisch oder technisch nicht geeignet sind für das Leben, das sie in diesem Land erwartet. Die Aufsaugung dieser Elemente in das ökonomische System bereitet natürlich große Schwierigkeiten.«

Wir haben schon erzählt von dem deutschen Rabbiner[3], der schrieb: das deutsche Volk sei nun einmal »das Volk ohne Land«, und diesmal seien es die deutschen Juden, die deutsche Kultur in die Ferne zu tragen hätten.

> »Und am deutschen Wesen
> Noch einmal die Welt genesen«

– die imperialistische Erlöser-Idee spukt auch in den Köpfen deutscher Juden. Wir sagten auch das schon, daß sie die Laster der Deutschen teilen.
Vor 1933 waren nur zweitausend Deutsche unter den Juden Palästinas. In den neun Monaten seit dem Beginn des Terrors in Deutschland bis zum Ende des Jahrs sind neuntausend dazugekommen. Man kann sich nicht wundern, daß »Elemente« ins Land kamen, die »psychisch ungeeignet« waren. Sie finden den Kuchen in Frankreich nicht vergleichbar mit dem von Miericke gegenüber der Kaiser-Wilhelm-Gedächtnis-Kirche. In der jüdischen Gemeinschaft in einem orientalischen Land, die mehr jemenitische Juden und viel mehr östliche enthält als deutsche, finden sie noch weit mehr, was am Kurfürstendamm schlechthin indiskutabel gewesen wäre.

Wenn sie ihr Recht auf die vielberufene deutsche Kultur verteidigen, so werden sie schwerlich auf Widerstand stoßen. Aber meistens handelt es sich um Dinge, für die das große Wort Kultur anzuwenden unbestreitbar eine Überheblichkeit ist.

Überhaupt handelt es sich nicht selten um Überheblichkeit. Daß die Deutschen »Meckerer« sind, ist nichts Neues. Nur das schöne Berliner Wort ist eine Neuprägung. Der Begriff ist uralt.

Der Zionismus lebt als messianischer Traum, als eine brennende Hoffnung in den Herzen von Millionen von Juden. Aber das sind Ost-Juden. Oder es sind doch zu allermeist Ost-Juden. Und wie die deutschen Juden zu den Ost-Juden stehen – man vergleiche darüber das Kapitel »Ein Neujahrsabend in einem kleinen Café«.

»Was ist ein Zionist?«

»Ein Jude, der einem anderen Juden zuredet, er soll einen dritten Juden nach Palästina schicken.«

Der erste Jude ist ein deutscher Jude. Der zweite ein amerikanischer. Der dritte ein russischer.

So war es im allgemeinen.

Und so kommt es, daß man in Palästina Ankömmlinge fragt: »Kommen Sie aus Überzeugung? Oder aus Deutschland?«

Ein Chaluz, das ist ein jüdischer Pionier, es ist ein hebräisches Wort. Palästina war ein Sumpfland, als der praktische Zionismus begann. Kein Land, in dem Milch und Honig fließen, und ein Land, in dem nur wenige Orangen wuchsen. Chaluzzim waren die Pioniere jüdischer Zukunft, die ihre schwachen Leiber dem Fieber entgegenstemmten, beharrlich und bis zur Selbstaufopferung, um aus Sumpfland Orangenland zu machen. Der Chaluz – das ist die heroische Legende von Palästina. Aber diese Legende war noch gestern Wirklichkeit. Nein, sie ist es auch heute noch. Es muß nicht gerade Sumpf sein. Noch heute arbeiten tausende junge Juden, nicht wenige Intellektuelle, Studierte unter ihnen, unter den primitivsten Verhältnissen, unter Entbehrung von allem, was eine europäische Stadt an Komfort wie an Bildung bietet, daran, Land für die jüdische Landwirtschaft zu gewinnen. Unter ihnen sind heute viele Deutsche. Manche fielen wieder ab, versagten, wanderten weiter. Nicht wenige blieben, harren aus, verwandeln sich.

Unter dem klugen Titel *Das erlaubte Land*[4] erschien vor kurzem eine Studie über Palästina, gleichfalls im Verlag des Europäischen Merkur. Dort sind die mancherlei Schwierigkeiten geschildert, die den Einwanderer aus Deutschland erwarten. Obenan unter ihnen steht breit das Versagen der Spediteure. Die Koffer und Kisten werden nicht schnell genug, nicht prompt genug geliefert.

Aber es handelt sich nicht nur um Meckern, auch um tiefer liegende Hemmungen. In einem überaus klugen palästinensischen Brief[5], der im März 1934 in der Londoner Jewish Review erschien, lasen wir von dem Mißtrauen und der Melancholie, von der oft die deutschen Einwanderer beherrscht seien, Stimmungen, die durch die Erfahrungen in Deutschland erzeugt seien. Und gerade bei Wohlhabenden sei das zu beobachten. Sie verharrten oft in einer tiefen Depression, die ihre Initiative lähmt.
Überall sind den Emigranten die Pforten in das Arbeitsleben verrammelt. Oder sie werden doch nur ungern für einen Spalt geöffnet. Und den Einwanderer empfängt bestenfalls Wohlwollen und Mitleid der Fremden.
Hier sind die Tore zu fruchtbarer Arbeit weit geöffnet, hier ist ein Land, das den Einwanderer zum Bürger macht.
Ein Teil der Emigration verkommt schon in Elend, ist schon am Ende, seine Hand zuckt schon nach der Veronal-Schachtel.
Ein anderer Teil hat noch gar nicht verstanden, was ihm geschehen ist.
Aber das sind Nebenerscheinungen. Und das ist nicht Palästina.
Palästina, das sind die anderen, die aus Überzeugung kommen, auch wenn sie aus Deutschland kommen. Es fehlt an ihnen nicht, sie sind die Mehrheit. Sie gehören zu denen des dritten Teils, die ihrem Unglück mit erhobener Stirn begegneten, die ihr Schicksal mit Tatkraft meistern, die das Aktivum in der Bilanz der Emigration darstellen, denen dieses Buch gewidmet ist.
Palästina hat die Auswahl. Aber es trifft auch die Auswahl. Dieses Land hat den unschätzbaren Vorteil vor allen anderen Kolonialländern, daß es seine Einwanderung gestalten kann. Große reiche Länder sind aus Verbrecherkolonien entstanden. Andere haben Jahrhunderte lang eine Auslese an Abenteurern, aber auch an Abhub aufgenommen. Und sind reich und mächtig geworden. Diese Kolonie braucht nur das Beste zu nehmen aus dem Überfluß, der sich bietet.
So war und ist es mit Ost-Europa.
So wird es auch mit Deutschland sein.
Zweihundertfünfzigtausend deutsche Juden werden auswandern müssen, so rechnet die Jewish Agency. Achtzigtausend davon will Palästina aufnehmen. Es bietet den Einwanderern Außergewöhnliches. Es nimmt auch nur das Aussichtsvolle.
Sechzehnhundert junge Deutsche werden zur Zeit in Palästina selbst für die Arbeit geschult, die das Land verlangt. Davon elfhundert in Siedlungen. Von ihnen wieder dreihundert im Emek.[6] Fünfhundert bei Einzelfarmern.
Aber das ist nur ein Ausschnitt aus dem, was geschieht. In Frankreich, in Holland, in anderen Aufnahmeländern geht zur gleichen Zeit die zielbewußte Schulung vor sich. Überall ist der Hechaluz am Werk, eine Gesellschaft von Fach- und Landeskundigen, die sich ausschließlich der Heran-

bildung des kommenden palästinensischen Geschlechts widmet. Aber auch in Deutschland selbst wird an vielen Orten im gleichen Sinn mit gleicher Zielbewußtheit gearbeitet.

Es ist, man achte wohl darauf, nicht allein die Landwirtschaft oder das Handwerk, das den jungen Menschen gelehrt wird.

In Gemütern, die das Unglück aufnahmebereit gemacht hat und die entschlossen sind, dem Schicksal entgegenzutreten, wird die Tatkraft gestählt, die notwendig ist, um ein neues Land aufzubauen.

Es wird planmäßig gearbeitet. Die Welt ist hinaus über den Glauben an die prästabilierte Harmonie des Laissez-faire. Schon heute findet der Einwanderer in Palästina den Platz, für den er geeignet ist – wenn er nur überhaupt geeignet ist für ein neues Leben.

Abgestuft nach den Mitteln, die er mit sich bringt, kann er in Landwirtschaft oder Industrie eingereiht werden. Dreitausend Pfund oder mehr gibt schon große Möglichkeiten. Wieviele sind mit vierzigtausend Mark nach Paris gekommen, essen sie auf, verlieren sie an der Börse und entgehen nicht dem Elend!

Es sind ebenso die Plätze da für Einwanderer mit tausend Pfund, wie für solche mit fünfhundert.

Es ist auch vorgesorgt, daß die Einwanderer nicht ihr Geld ausgeben, während sie sich nach einem Wohnplatz umsehen. Sie werden untergebracht, wo sie ein Minimum verbrauchen und sich zugleich in die neuen Verhältnisse einleben.

Natürlich ist nie genug Geld da. Nie genug vor allem für die, deren Lebenseifer an das große Werk gewendet ist. Nie für Weizmann und seine Helfer. Aber man höre ein paar Ziffern. Zwölftausend Pfund hat Palästina selbst für die deutschen Juden aufgebracht. Der Central British Fund steuerte fünfzigtausend Pfund bei, davon dreißigtausend für Häuserbau, zwanzigtausend für Berufsumschichtung. Aus anderen Ländern kamen sechzigtausend. Die Komitees in Alexandrien und Kairo haben eine eigene Kolonie, »Maimonia«[7], nach dem großen jüdischen Philosophen genannt, für die deutschen Juden errichtet.

Es ist nie genug. Wir haben erzählt, was Weizmann erwartet, verlangt. In Amerika steht ein großer »drive«, ein großer Feldzug gegen die Börsen der Juden bevor, und es wird nicht der letzte sein. Es ist nicht genug. Aber es sind, in einer Zeit der Verarmung, sehr große Ziffern. Die Geschichte wird urteilen, ob jemals ein Volk mit so großzügigen Opfern gesiedelt hat.

Wir haben im Lauf dieses Berichts manchmal unsere Zweifel, unsere Bedenken, unsere Befürchtungen gegenüber der jüdischen Politik nicht unterdrücken können. Aber die palästinensische Politik, daran ist ein Zweifel unmöglich, ist von größtem Format.

Natürlich steht die Jugend im Vordergrund der Palästina-Politik. Dreihundertundfünfzig deutsche Kinder treffen gerade jetzt in Palästina ein. Die doppelte Zahl, siebenhundert, sollen im ersten Halbjahr 1934 eingeschult werden.[8]
Wir sahen einen Transport junger deutscher Juden, die von Hitler vertrieben wurden, von der Gare de Lyon in Paris Frankreich verlassen, wo sie für ihre neue Heimat ausgebildet worden waren.[9] »Es lebe Frankreich«, »Wir danken Frankreich für die Gastfreundschaft, die es den Flüchtlingen gewährte«, so las man auf mächtigen Streifen, die die Wagen schmückten. Dankbar für Frankreich aber ohne Bedauern verließen sie Europa. Nein, nie ist ein Trupp Auswanderer freudiger, nie hoffnungsvoller, siegesgewisser, ausgezogen. Ihre Stimmung teilte sich der Menge mit, die zum Abschiednehmen auf dem Bahnsteig stand. Keine Vertreibung, ein Auszug ins gelobte Land.
Kinder, Jugendliche, Zwanzig-, Fünfundzwanzigjährige sind es, die vor allem nach Palästina gehen. Die Judenheit in Deutschland überaltert, stirbt aus. In Palästina wird auf lange hinaus die Jugend vorherrschen.

* * *

Licht und Schatten sind in diesem Buch sehr einseitig, sehr parteiisch verteilt.
Das ist nicht die Schuld der Autoren, es war nicht ihr Wille, es ist nicht Deutung.
Es sind die Tatsachen, die schwarz und weiß, düster und sonnig, ein Bild der heftigen Kontraste malen.
Alles Licht fällt auf Palästina. Dort ist Unternehmungslust, ist Arbeit, ist Tatkraft, ist Jugend.
Im Halbschatten liegen die Länder Europas, die den Flüchtigen Aufnahme gewährten. Gutes ist dort, aber auch Schlimmes. Und wo jetzt noch Licht ist, dorthin rückt schon schwarz der Schatten vor. Wo noch Leben ist, dort droht schon Tod. Wo heute Fröhlichkeit ist, dort kann morgen Trauer sein. In tiefem Dunkel liegt Deutschland.

ABKÜRZUNGEN

R. O. Rudolf Olden
I. O. Ika Olden
PT Pariser Tageblatt
NTB Das Neue Tage-Buch
NWB Die Neue Weltbühne
CN Comité national de secours aux réfugiés
 allemands victimes de l'antisémitisme

Im allgemeinen beschränkt sich die Information in den Anmerkungen lediglich auf die Zeit bis zur Abfassung dieses Manuskriptes 1934.

ANMERKUNGEN

I. *Paris sagt: »Die Emigration ist zu Ende«.*

1 Das CN (5 rue de la Durance, Paris 12e) war der einzige offizielle Gesprächspartner der französischen Regierung in Angelegenheiten der deutschen Emigration; es bestand vom Juni 1933 bis Ende Juli 1934 (Beratungsstelle bis Juli 1935). Es ging aus mehreren Hilfskomitees hervor und wurde ins Leben gerufen, um die französische Hilfe für deutsche Flüchtlinge zu beaufsichtigen. Es wurde von Spenden französischer Juden und – vorwiegend – von internationalen jüdischen Vereinen, z. B. dem American Jewish Joint Distribution Committee, finanziert und verfügte über weit größere Mittel als alle übrigen Hilfskomitees. (Zum Comité de patronage s. IV, Anm. 7; Präsident: IV, Anm. 4; Sekretär: IV, Anm. 12; Vorsitzender des Comité exécutif: IV, Anm. 8.) Letzteres schloß Juden mit sehr unterschiedlichen Einstellungen den Emigranten gegenüber ein, z. B. Pierre Dreyfus (1891 – 1946) und Jacques Helbronner. Die Ressortchefs waren Mitglieder jüdischer Organisationen, und das Komitee beschäftigte bis zu 60 Mitarbeiter, Franzosen wie auch Emigranten, litt aber an schlechter Organisation und an Arbeitsüberlastung. Offizielles Ziel des CN war es, den Emigranten die notwendigste Hilfe zukommen zu lassen (Nahrung, Unterkunft, Kleidung, Beschaffung von Ausweisen), die bis Juli 1933 auch großzügig gewährt werden konnte. Heimliches Ziel aber war es, so vielen Emigranten wie möglich zur Ausreise aus Frankreich zu verhelfen. Anfangs kümmerte sich das CN auch um nichtjüdische Emigranten.

2 Neues großes jüdisches Nachtasyl in Montmartre mit 190 Schlafgelegenheiten, das die ersten Flüchtlinge Mitte März 1933 unter guten Bedingungen beherbergen konnte. Bis Februar 1934 veränderte sich die Lage total: Im PT, 13. Februar 1934, S. 3, wird das Asyl als »letzter Ausweg ... seit Wochen überfüllt ...« beschrieben. Weiter heißt es: »ab und zu gelingt es vielleicht einem einzelnen, dort unterzukommen, niemals aber könnten dort solche Massen Obdach finden«.

3 Wegen der judenfeindlichen Vorgänge in Deutschland im März 1933 war vor allem in Großbritannien und in den USA ein Boykott deutscher Waren in die Wege geleitet worden. Eine von Goebbels initiierte und von Streicher durchgeführte Boykott-Aktion »zur Abwehr der Greuel-Propaganda im Ausland« fand am 1. April 1933 vor jüdischen Geschäften und Wohnhäusern jüdischer Ärzte und Rechtsanwälte im ganzen Reich statt.

4 Der französische Zweig der Familie Rothschild (ab Mitte des 19. Jahrhunderts wichtigste jüdische Familie des Landes) spielte eine hervorragende Rolle in der Finanzwelt sowie in der jüdischen Gemeinde von Paris: So war z. B. Jacob (James) Rothschild (1792 – 1868), Gründer der Finanzmacht der Familie, zugleich Präsident des Consistoire central de France; sein dritter Sohn Edmond (1845 – 1934) beteiligte sich aktiv an jüdischen Angelegenheiten, auch in Palästina, wo er Anfang des Jahrhunderts viel zur Gründung jüdischer Kolo-

nien beitrug; sein Neffe Robert (1880 – 1946) übernahm dann seine Aufgabe und bestimmte die Politik des Consistoire in den 30er Jahren. Er fungierte auch als dessen Sprecher bei der Regierung (s. a. IV, Anm. 8).

5 Wahrscheinlich Graf Albrecht Bernstorff (1890 – 1945), Diplomat, 1922 bis 1933 Mitglied der Deutschen Botschaft in London, zuletzt als Botschaftsrat. Er stand in unversöhnlichem Gegensatz zum nationalsozialistischen Regime und äußerte auch in der Öffentlichkeit seine Ansichten darüber. Mitte 1933 trat er aus dem deutschen diplomatischen Dienst aus.

6 Konnte nicht ermittelt werden.

7 Israel Lévi (1856 – 1939), 1919 bis 1938 Großrabbiner des Consistoire, bedeutender Gelehrter.

8 Konnte nicht ermittelt werden.

9 Zeitschrift der extremistischen, antiparlamentarischen ultranationalistischen Bewegung desselben Namens, die zur Zeit der Dreyfus-Affäre gegründet worden war; von Charles Maurras (1868 – 1952) und Léon Daudet (1868 – 1942) geleitet. Das PT vom 9. März 1934 berichtete, die Bewegung habe 60 000 Mitglieder.

10 Hier ist wohl Edouard Drumonts (1844 – 1917) rechtsextreme Tageszeitung gemeint, die damals Hauptsprachrohr des Antisemitismus in Frankreich war. Sie erschien von 1892 bis 1924, hatte aber eine Reihe von Nachfolgeorganen; wahrscheinlich bezogen sich die Oldens auf La libre parole populaire, Brunoy, dann Paris, die vom August 1933 bis November 1934 erschienen ist.

II. *Wo sind die Emigranten?*

1 Der Hohe Kommissar für die Flüchtlinge (jüdische und andere) aus Deutschland, in der Person von James G. McDonald (s. XVI, Anm. 1), wurde im Oktober 1933 mit Amtssitz Lausanne vom Völkerbund bestellt. Die erste Sitzung des Verwaltungsrats der Hohen Kommission fand ab 5. Dezember 1933 in Lausanne statt.

2 Jean Chiappe (1878 – 1940), ein Korse, den Linksparteien verdächtig, weil er linken Gruppierungen mißtrauischer als rechtsradikalen gegenüberstand. Seine Entlassung (am 3. Februar 1934 aus der kurzlebigen Daladier-Regierung) war eine der unmittelbaren Ursachen der Unruhen vom 6. Februar. Sein Nachfolger war Adrien Bonnefoy-Sibour, Préfet von Seine-et-Oise. Laut Paul Allard, Les Allemands à Paris, in: Annales, 5. Januar 1934, S. 10, habe Chiappe dem Stadrat M. Le Provost de Launay im Dezember 1933 erklärt, es gebe 7 200 deutsche Emigranten in Paris und Umgebung. Vicki Caron, Loyalties in Conflict: French Jewry and the Refugee Crisis 1933 – 35, in: Leo Baeck Institute Year Book (XXXVI) 1991, S. 305 – 338, zitiert Polizei-Akten, wonach sich bis Ende 1933 etwa 10 000 deutsche Emigranten im Seine-Département befänden, von denen sich 7 304 bei der Polizei-Präfektur in Paris eingeschrieben hätten.

3 Dieser Bericht wurde in Wirklichkeit nach dreimonatiger Tätigkeit vom Central Bureau for the Settlement of German Jews erstattet, das im August 1933 vom Zionistischen Kongreß und von der Jewish Agency gegründet worden

war. Was letztere betrifft, trat die Bezeichnung »Jewish Agency« zuerst in Artikel 4 des Völkerbundmandats für Palästina auf; die erweiterte Jewish Agency existierte seit August 1929. Sie bestand z. T. aus Vertretern der Zionistischen Organisation, z. T. aus denen anderer jüdischer Organisationen, die sich mit der jüdischen Einwanderung nach Palästina befaßten, und sollte laut Völkerbundmandat beim Aufbau der jüdischen nationalen Heimstätte mit der britischen Mandatsregierung zusammenarbeiten.

4 Faschistische Verbände der Schweiz – »Nationale Front«, »Heimatwehr« und »Neue Schweiz« –, die während der 30er Jahre besonders in den Grenzgebieten und großen Städten Fuß faßten.

5 Konnte nicht ermittelt werden.

6 Das erste portugiesische Hilfskomitee für deutsche Flüchtlinge wurde als Privatinitiative von Augusto de Esagny und Simy Sequerra gegründet (später vom American Jewish Joint Distribution Committee und von der Comunidade Israelita de Lisboa übernommen). In Brasilien wurde z. B. 1933 in São Paulo das Commissão de Assistência aos Refugiados Israelitas de Alemanha (CARIA) gegründet, das zu 50 – 60 % vom Joint unterstützt wurde; es gab weitere Komitees in Rio de Janeiro und Porto Alegre. In Montevideo/Uruguay bestand die Sociedad de Protección a los Imigrantes Israelis. Ein Hilfskomitee in Estland konnte nicht ermittelt werden.

7 Die Notgemeinschaft deutscher emigrierter Ärzte wurde im September 1933 in Paris gegründet, um die Bemühungen verschiedener Gruppen zu koordinieren. Dieses Komitee arbeitete mit HICEM eng zusammen und residierte dort mit seinem Personal (26 rue de Bassano, Paris 16e). Das geschäftsführende Komitee bestand u. a. aus den Ärzten Michel, Roettgen, Endler und Mecklemburg. Die Notgemeinschaft bemühte sich vorwiegend um die Unterbringung ihrer Mitglieder in allen Ländern.

8 HICEM-Berichte vom Juli 1933 teilten mit, es gebe in Schanghai eine etablierte deutschjüdische Kolonie, die viel durchlebt habe: Das Leben dort sei äußerst schwierig. HICEM-Unterlagen vom Oktober 1933 berichteten aber, es bestünden dort gute Arbeitsmöglichkeiten für eine begrenzte Anzahl von Ärzten, vor allem erstrangige Spezialisten bestimmter Branchen (Internisten, Dermatologen, Gynäkologen und vor allem Augenärzte).

9 Der South African Fund for German Jewry wurde im Mai 1933 vom 14. Zionistischen Kongreß in Johannesburg gegründet. Sein Ziel war die Betreuung deutscher Juden in Südafrika und die Unterstützung der Emigration nach Palästina. Neuankömmlinge in Südafrika wurden von Komitees in Kapstadt, Johannesburg, Durban und Port Elizabeth beraten.

10 Dudley Leigh Aman, Baron Marley (1884 – 1952), führendes Mitglied der Labour Party im britischen Oberhaus, Präsident des World Committee for the Victims of German Fascism. Er besuchte im Oktober 1933 die Judensiedlung in Birobidschan (s. z. B. Lord Marley, Die Juden-Siedlung Biro Bigdan, in: NTB, 20. Januar 1934, S. 66 ff.; die angeführten Zitate sind aus Marleys Begleitbrief, S. 66).

11 Richtig: Birobidschan.

III. *Wie sie kamen.*

1 Wahrscheinlich R. O. selbst. Gilbert Murray beschreibt Oldens Erfahrungen in der Nacht des Reichstagsbrandes im Vorwort zu R. O., The History of Liberty in Germany, London 1946, S. 5.
2 D. i. Hubertus Prinz zu Löwenstein-Wertheim-Freudenberg (1906 – 1984), Schriftsteller, Journalist, Politiker, enger Freund von R. O.; er mußte im April 1933 nach wiederholter Bedrohung durch die SA nach Österreich fliehen. Vgl. seine eigene Schilderung der Episode im Tagebucheintrag vom 28. Februar 1933, in: Conquest of the Past, London 1938: »The square in front of the Reichstag was filled to overflowing with SA men ...«
3 August Wilhelm von Preußen (1887 – 1949), NS-Aktivist, der angeblich auf Wunsch des sterbenden Horst Wessel in die SA aufgenommen worden war.
4 Marinus van der Lubbe (1910 – 1934), holländischer Maurer, der in Leipzig wegen angeblicher Verwicklung in den Reichstagsbrand verurteilt und hingerichtet wurde.
5 Carl von Ossietzky (1889 – 1938), pazifistischer Journalist, wurde in der Nacht des Reichstagsbrandes verhaftet, kam dann ins KZ (Sonnenburg, später Papenburg-Esterwegen). Nach einer internationalen Kampagne, bei der die Oldens eine wichtige Rolle spielten, erhielt er 1936 den Friedensnobelpreis, durfte aber Deutschland nie verlassen. Die einflußreiche Zeitschrift »Die Weltbühne: Wochenschrift für Politik, Kunst, Wirtschaft«, die Ossietzky ab 1927 leitete, war schon 1905 unter dem Namen »Die Schaubühne« von Siegfried Jacobsohn gegründet worden.
6 Hans Litten (1903 – 1938), Rechtsanwalt und radikaler Sozialist, wurde in der Nacht des Reichstagsbrandes verhaftet, kam dann ins KZ, wo er nach jahrelangen grausamen Mißhandlungen angeblich Selbstmord beging. R. O. beteiligte sich energisch an der erfolglosen Kampagne für Littens Entlassung.
7 Der Rote Frontkämpferbund, Wehrverband der KPD, wurde 1924 gegründet und hatte bis zu 150 000 Mitglieder. 1929 wurde der RFB verboten, bestand jedoch jahrelang illegal weiter.
8 Erich Mühsam (1878 – 1934), Dichter, Dramatiker, Anarchist, spielte 1919 in der Bayerischen Räterepublik eine wichtige Rolle, die ihm 5 Jahre Festungshaft einbrachte. 1924 bis 1933 gab er die anarchistisch-kommunistische Monatsschrift Fanal heraus. Er wurde 1934 im KZ Oranienburg ermordet.
9 Otto Lehmann-Russbueldt (1873 – 1964), 1914 Mitbegründer des Bundes Neues Vaterland, auch der Deutschen Liga für Menschenrechte und Verfasser zahlreicher pazifistischer Schriften. Nach dem Reichstagsbrand kurz verhaftet, floh er dann nach Holland, wobei er, Wahnsinn vortäuschend, in der Begleitung von zwei katholischen Priestern die Grenze überquerte; er emigrierte noch 1933 nach England.
10 Magnus von Levetzow (1871 – 1939), Marineoffizier und Politiker, ab 1932 NSDAP-Abgeordneter im Reichstag, von Februar 1933 bis Juli 1935 Polizeipräsident in Berlin.

11 Wahrscheinlich Robert M. W. Kempner (1899 – 1993), Rechtsanwalt und Publizist (1928 – 1932), Justitiar in der Polizeiabteilung des preußischen Innenministeriums. In einem Brief an die Herausgeber (14. Mai 1991) schreibt Kempner, daß er »mit R. O. eng befreundet war und in der fraglichen Nacht und um die Tage des Reichstagsbrandes herum ständig Verbindung hatte ... Während der Tage um den Reichstagsbrand, und zwar von der Nacht an, habe ich ihn mehrfach gesprochen.« Kempner warnte u. a. auch Kurt Grossmann und Carl von Ossietzky und riet ihnen, Berlin sofort zu verlassen.

12 John Heartfield (urspr. Helmut Herzfeld, 1891 – 1968), revolutionärer Künstler, KPD-Mitglied und Mitbegründer des Malik Verlags, mußte nach Prag fliehen, wo es ihm gelang, den Verlag sowie die Arbeiter-Illustrierte Zeitung (AIZ) neu zu gründen. Als erstes Werk des Exilverlags erschien 1933 R. O.'s anonyme Broschüre »Hitler der Eroberer« mit einer berühmten Heartfield-Montage.

13 (Carl) Otto Braun (1872 – 1955), 1921 bis 1933 preußischer Ministerpräsident. Wegen drohender Verhaftung Flucht am 4. März 1933 ins Tessin, deshalb von Teilen der SPD, die seine Rückkehr eindringlich – aber erfolglos – forderten, heftig kritisiert. Als Folge hatte Braun keine Kontakte zur Exilpartei.

14 Bernhard Weiß (1880 – 1951), Beamter, erster ungetaufter Jude im höheren preußischen Verwaltungsdienst, SPD-Mitglied. Ab 1927 Polizeivizepräsident in Berlin; wegen seines scharfen Durchgreifens sowohl gegen die NSDAP als auch gegen die KPD wurde er von der Goebbels-Presse als »Isidor Weiß« verunglimpft. Nach der nationalsozialistischen Machtübernahme Flucht nach Prag.

15 Theodor Wolff (1868 – 1943), Publizist, Schriftsteller und Politiker, 1906 bis 1933 Chefredakteur des Berliner Tageblatts (mit R. O. als Stellvertreter), das unter seiner Leitung zum maßgebenden Organ des liberal-demokratischen Bürgertums wurde. Im März 1933 emigrierte er nach kurzem Aufenthalt in München über Österreich nach Zürich.

16 Georg Bernhard (1875 – 1944), Publizist und Wirtschaftspolitiker, 1913 bis 1930 Chefredakteur der Vossischen Zeitung. Im Februar 1933 emigrierte er über Kopenhagen nach Paris, wo er im Dezember 1933 die Exilzeitung »Das Pariser Tageblatt« gründete.

17 Karl August Wittfogel (1896 – 1988), Sozialwissenschaftler und Sinologe, engagiertes KPD-Mitglied, hatte die Nazis nach ihrer Machtübernahme öffentlich kritisiert. Nach seiner Verhaftung im März 1933 an der Schweizer Grenze war er bis November in verschiedenen Gefängnissen und KZ's interniert. Nach seiner Entlassung emigrierte er nach England.

18 Reichsbanner Schwarz-Rot-Gold, Bund Deutscher Kriegsteilnehmer und Republikaner, 1924 von mehreren Parteien gegründet, wurde zunehmend zum sozialdemokratischen Wehrverband zum Schutze der Republik, schloß sich dann 1932 mit den Freien Gewerkschaften und anderen Verbänden zur »Eisernen Front« zusammen; wurde 1933 von den Nationalsozialisten aufgelöst.

19 Kurt Tucholsky (1890 – 1935), Schriftsteller und Journalist, lebte seit 1929 in Schweden; unter dem Namen Kaspar Hauser schrieb er seine Geschichten

über Herrn Wendriner für die Weltbühne. (Zitat aus: Herr Wendriner steht unter der Diktatur, in: Die Weltbühne, 7. Oktober 1930, S. 560.)

20 Otto Fürst von Bismarck-Schönhausen (1815 – 1898), ab 1870 erster Kanzler des Deutschen Reichs. In einem von Bismarck in den Hamburger Nachrichten veranlaßten Artikel vom 22. Juli 1892 über die Judenfrage heißt es z. B.: »Die größere Fähigkeit der Juden zum Gelderwerb [erklärt sich] daraus, daß sie finanziell mehr wagen als der Christ ... Bei Geschäftsunternehmungen ist er entschieden kouragierter und riskiert mehr.«

21 Friedrich Wilhelm I. (1688 – 1740), König von Preußen ab 1713; unter ihm spielte die neu aufgebaute preußische Armee eine große Rolle im Staat.

22 Gustav Radbruch (1878 – 1949), Strafrechtler, Rechtsphilosoph und Politiker, bis 1933 Professor in Heidelberg, dann vom nationalsozialistischen Regime seines Amts enthoben. Er erhielt tatsächlich einen Ruf an die Universität Kowno, wurde jedoch vom Auswärtigen Amt genötigt, diesen Ruf abzulehnen. Erst 1935 bis 1936, als er eine Gastprofessur am University College, Oxford, innehatte, verbrachte er einige Zeit in Paris.

23 Armes Innenstadtviertel Berlins zwischen Alexanderplatz und Rosenthalerplatz; ab 1880 Zentrum der ostjüdischen Immigration, wodurch das Viertel einen ghettoartigen Charakter erhielt und daher wiederholt den Angriffen von Antisemiten ausgesetzt war.

24 Anton Kuh (1890 – 1941), österreichischer Schriftsteller und Kritiker, war in Prag, Berlin und Wien als Kaffeehausoriginal, Anekdotenerzähler und Redner bekannt. Als Jude und antinazistischer Satiriker hatte er ab 1933 Aufenthaltsverbot für Berlin.

25 Beliebter Treffpunkt Berliner Intellektueller und Künstler während der Weimarer Republik am Augusta-Viktoria-Platz (jetzt Rudolf-Breitscheid-Platz).

26 Alexander Roda Roda (eigentlich Sándor Rosenfeld, 1872 – 1945), österreichischer Schriftsteller, Dramatiker, Übersetzer, ab 1928 in Berlin wohnhaft, emigrierte 1933 nach Österreich.

IV. *Im Comité National.*

1 Konnte nicht ermittelt werden; möglicherweise R. O. selbst.
2 S. II, Anm. 2.
3 Paul Painlevé (1863 – 1933), hervorragender Mathematiker, Professor an der Sorbonne, Polytechnique und ENA (Ecole normale d'administration). Anläßlich der Dreyfus-Affäre Eintritt in die Politik; zwischen 1915 und 1933 mehrfach zum Minister (darunter auch mit dem Titel »chef du gouvernement«) ernannt. Befürworter der deutsch-französischen Verständigung; starb im Oktober 1933.
4 Henry Bérenger (1867 – 1952), äußerst aktiver, vielseitiger Politiker, der sich häufig für die Emigranten einsetzte; ab September 1932 französischer délégué titulaire beim Völkerbund.
5 Edouard Herriot (1872 – 1957), bekannter Politiker, Mitglied und zweimal Präsident der Parti radical, energischer Verteidiger des Völkerbunds und des

Friedens; anläßlich der Dreyfus-Affäre Eintritt in die Politik; er war sénateur und mehrmals Minister, bildete drei Regierungen (einschl. 1932) und wurde in der Regierung Doumergues nach den Unruhen vom Februar 1934 Staatsminister ohne Portefeuille. Das PT beschreibt ihn am 11. Februar 1934, S. 3, als den Mann, »der in den letzten Jahren Frankreichs Geschichte wohl am stärksten beeinflußt hat und beeinflußt, vor oder hinter den Kulissen der politischen Bühne«.

6 Henry Bertrand Léon Robert, baron de Jouvenel des Ursins (1867 – 1935), Journalist, dann sénateur und Minister, ab 1922 Mitglied der Senatskommission für auswärtige Politik; 1920, 1922, 1924 bis 1926 französischer délégué beim Völkerbund; setzte sich energisch für den Frieden ein und hatte den Ruf eines gewandten Vermittlers.

7 Im Comité de patronage waren die früheren Minister Justin Godart (1871 – 1956, Arbeit, Gesundheit); André Honnorat (1868 – 1950, Ausbildung); Lucien Hubert (1868 – 1938, Justiz); Henry de Jouvenel (s. Anm. 6 oben); und François Piétri (1882 – 1966, Kolonien, Budget, Verteidigung). Die Professoren waren Sylvain Lévi (1863 – 1935), hervorragender Indologe, Professor am Collège de France, auch Präsident der Alliance Israélite Universelle, und Léon Bernard (1872 – 1934), Professor an der Universität in Paris und Mitglied der Académie de Médecine.

8 Robert de Rothschild (1880 – 1946), Leiter der jüdischen Gemeinde, damals Vizepräsident des Consistoire (nach dem Tod seines Onkels Edmond 1934 Präsident). Er fühlte sich, wie viele Pariser Juden, den Franzosen näher als den Ostjuden und wollte die gesellschaftliche Position der assimilierten französischen Juden nicht gefährden, auch den Antisemitismus nicht wiedererwecken; daher seine vorsichtige und konservative Haltung den neuen Emigranten gegenüber.

9 Das Pariser Tageblatt, ab 14. Juni 1936 Pariser Tageszeitung genannt, wurde im Dezember 1933 von Georg Bernhard (s. III., Anm. 16) gegründet und erschien bis 1940; antifaschistische Exilzeitung, bei der R. O. vom 3. Jg. an regelmäßiger Korrespondent war. (Das Zitat erschien am 18. Januar 1934, S. 2, unter dem Titel »Baron Robert de Rothschild über die Flüchtlingsfrage: Eine große Konferenz der Hilfsorganisationen«.)

10 Walter Friedländer (1891 – 1984), Rechtsanwalt und Hochschullehrer, 1921 bis 1933 u. a. Stadtverordneter, verantwortlich für Jugendwohlfahrt und Leiter des Jugendamtes im Bezirksamt Prenzlauer Berg, Berlin; emigrierte 1933 nach Paris, 1933 bis 1936 Mitbegründer und Direktor der Sozial- und Rechtsbetreuung für Flüchtlinge der Internationalen Liga für Menschenrechte in Paris, auch Mitbegründer und Leiter der »Arbeiterwohlfahrt«, Paris.

11 Konnten nicht ermittelt werden.

12 Raymond-Raoul Lambert (1894 – 1943), ehemaliger Sekretär von Clémenceau und Herriot, eine der führenden Persönlichkeiten des Consistoire. Im Comité war er als Generalsekretär für die Ausführung der Politik zuständig und fungierte als einer der Vermittler in Flüchtlingsangelegenheiten bei Behörden. Seine Einstellung zu den Flüchtlingen war wohlwollender und großzügiger

als die Haltung anderer Comité-Mitglieder; er vertrat eine gemäßigte Position in den Auseinandersetzungen der Pariser jüdischen Gemeinde über die Flüchtlingsfrage.

13 S. VIII, unten. Die von den Militärbehörden nicht mehr benutzten und dem CN geliehenen »bastions« (bastion 79, bvd. Brune, 14e, hier »Porte d'Orléans« genannt; bastion 87,3 bvd. Kellermann, 13e, hier »Porte d'Italie« genannt; und das ehemalige hôpital Andral, bvd. MacDonald, 19e, »Porte de la Villette« genannt) und das Militärlager im südöstlichen Vorort St. Maur waren verfallene Gebäude, in denen die Lebensbedingungen für die Flüchtlinge (100 bis 300 in jeder Kaserne) miserabel waren, wie auch hier geschildert wird. Eine Kaserne wurde rituell geführt, eine beherbergte Familien; die meisten Bewohner waren ledige Männer. Die Kasernen bestanden vom Juli/August 1933 bis Frühjahr 1934. Porte d'Italie war angeblich die beste (s. VIII, Anm. 1 zu Grossmanns Bericht; auch PT, 30. Dezember 1933, S. 3, »Brief aus der Kaserne«). Die Zustände wurden nach der Intervention von Wohltätigkeitsvereinen wie der Quäker allmählich besser, die z. B. in einer Kaserne einen kleinen Krankensaal einrichteten.

14 S. I, oben.

15 Am 17. Januar 1934 gab es im Consistoire, rue de la Victoire, Paris 9e, eine große Versammlung der ostjüdischen Verbände und des CN mit dem Ziel, eine bessere Zusammenarbeit bei der Flüchtlingshilfe zu erreichen. Hier werden einige Bemerkungen des Vorsitzenden Robert de Rothschild referiert. Laut PT, 18. Januar 1934, S. 2, sagte er, er »hege ... den ernstlichen Wunsch, daß mehr und mehr die deutsch-jüdischen Emigranten sich in Wesen und Geist des Gastlandes besser einfügen und schließlich gute Franzosen werden würden«. Die Autoren erwähnen diese Rede in Kap. VI erneut, wo sie als »Strafpredigt« bezeichnet wird.

16 S. NTB, 10. März 1934, S. 223, »Das Ende einer Hilfsaktion«, über eine Liste der vom CN bezahlten Reisen: »2 000 Reisen innerhalb Frankreichs, Europas und nach Übersee wurden zuwege gebracht, davon 300 Reisen nach Palästina und (eine höchst interessante Zahl) 700 Rückreisen nach Deutschland.«

17 Die jüdischen Religionsgemeinden, Zentren jüdischer Aktivität in Deutschland, waren semiautonome Körperschaften des öffentlichen Rechts. Ab 1933 mußten sie größere Sozialämter aufbauen sowie erhebliche Geldsummen für Sozialzwecke verwenden.

18 Vielleicht der Bericht des Allocations Committee des British Central Fund for German Jewry (s. XII, Anm. 14) vom März 1934, der aber im CBF-Archiv nicht erhalten ist.

V. *Ein Neujahrsabend in einem kleinen Café.*

1 Hier ist sicher ein Café am Place de la Sorbonne, Paris 5e, gemeint, wo es heute noch vier oder fünf Cafés mit größeren Terrassen gibt. Eines davon – zwischen Nr. 3 und 5 – könnte das erwähnte sein.

2   Konnte nicht ermittelt werden.
3   Chemiker und Frau konnten nicht ermittelt werden. Nach dem Gesetz zur Wiederherstellung des Berufsbeamtentums vom April 1933 wurden »nichtarische« Hochschullehrer entlassen. Ausnahmen waren nicht nur Frontkämpfer des Ersten Weltkriegs – seit Juli 1933 konnten auch sie entlassen werden –, sondern auch Personen, deren Väter oder Söhne im Kriege gefallen waren, sowie vor dem 1. August 1914 zum Beamtentum zugelassene »Altbeamte«.
4   Alle linken deutschen Exil-Parteien waren in der Emigration in Paris vertreten. Die SPD im Exil (Sopade) hatte zwar ihren Sitz in Prag, bildete aber unter Rudolf Breitscheid (1874 – 1944) u. a. auch eine starke Gruppe in Paris. Die Auslandsleitung der SAP (Sozialistische Arbeiterpartei) unter Jacob Walcher (1887 – 1970) befand sich ebenfalls dort. Die KPD-Auslandsleitung fungierte ab Mai 1933 unter Franz Dahlem (1882 – 1981), Wilhelm Florin (1894 – 1944) und Wilhelm Pieck (1876 – 1960) in Paris. Neben den Trotzkisten hätten die Oldens noch weitere linke Splittergruppen erwähnen können, z. B. die KPO, die ISK oder die Gruppe Neu Beginnen.
5   Robert Ley (1890 – 1945), nationalsozialistischer Politiker, 1933 bis 1945 Führer der Deutschen Arbeitsfront sowie der Freizeitorganisation »Kraft durch Freude«, die deutschen Arbeitern Sport-, Kultur- und Reisemöglichkeiten bot.
6   Ernst Röhm (1887 – 1934), Stabschef der SA, galt als homosexuell.
7   Konnte nicht ermittelt werden.
8   Geheimrat Nikodem Caro (1871 – 1935), Chemiker und Industrieller, führender Wissenschaftler auf dem Gebiet der Luftstickstoffindustrie, Inhaber mehrerer Auszeichnungen, lebte zu dieser Zeit im Pariser Exil. Bei besagtem Prozeß, »Caro-Petschek Prozeß« genannt (Juli bis Dezember 1932), handelte es sich um Streitfragen bezüglich der großen Mitgift seiner Tochter.
9   Bekannte Berliner Cafékonditorei, Rankestr. 35.
10 Wilhelm II. (1859 – 1941), Kaiser von Deutschland 1888 – 1918, Enkel der britischen Königin Victoria.
11 Gemeint ist Friedrich II., der Große (1712 – 1786), König von Preußen ab 1740.
12 Die rechtsorientierte, antisemitische Union des Russischen Volkes, 1905 gegründet, rekrutierte bewaffnete Banden, die »Schwarzen Hundert«, die Pogrome gegen Juden und Radikale anstifteten.
13 Während des von den städtischen und Zentralbehörden eingeleiteten Pogroms am 6. – 7. April 1903 wurden in Kischinew, Bessarabien, 49 Juden getötet und mehr als 500 verletzt. Die Anekdote vom Wahnsinnigen erscheint auch im Schwarzbuch (S. 17), wo er Uschemirsky genannt wird.
14 Der »Ludendorff-Aufruf«, der im August 1914 die Hilfe der polnischen Juden gegen die Russen erbat, wurde von den Generalkommanden der vereinigten Armeen Deutschlands und Österreich-Ungarns unterzeichnet.

VI. Die »Messieurs chez nous«

1 Arthur Crispien (1875–1946), während der Weimarer Republik einer der führenden Köpfe der Sozialdemokratie, lebte nach dem Reichstagsbrand in der Emigration in Österreich, dann in der Schweiz. Am 8. Januar 1922 hatte Crispien als Vorsitzender auf dem USPD-Parteitag vor 188 Delegierten erklärt: »Wir kennen kein Vaterland, das Deutschland heißt, unser Vaterland ist das Proletariat.«
2 Wahrscheinlich die »Programmerklärung zur nationalen und sozialen Befreiung des deutschen Volkes«, die am 24. August 1930 vom ZK der KPD in der Roten Fahne veröffentlicht wurde und die zugleich ein Aufruf zu den Reichstagswahlen vom September 1930 war. Die Erklärung, in nationalistischem Jargon abgefaßt, bedeutete eine neue Taktik und eine Verlagerung der politischen Agitation und Propaganda auf die »Nationale Frage«.
3 Lajos von Hatvany (1880–1961) spielte 1918 bei der demokratischen Oktoberrevolution in Ungarn eine Rolle, mußte dann 1919 nach Wien fliehen, kehrte aber 1927 freiwillig nach Budapest zurück, wo er vor Gericht gestellt und wegen Verrats und Verleumdung des ungarischen Volkes zu einer Freiheitsstrafe verurteilt wurde; persönlicher Freund Oldens.
4 Walther Rathenau, 1867 geboren, 1922 von antisemitischen Nationalisten ermordet; Industrieller und Staatsmann. Gründer der Demokratischen Partei, wurde Ende 1921 Außenminister.
5 Das PT vom 14. Februar 1934, S. 3, berichtet, daß »sich einige linksradikale deutsche Flüchtlinge dazu verleiten [ließen], an den Unruhen der letzten Tage aktiv teilzunehmen ...« Die Straßenunruhen in den ersten Februartagen des Jahres 1934 zeigten die tiefe politische und soziale Krise, in der sich Frankreich damals befand: kurzlebige Regierungen, Dauerkonflikte zwischen Parlament und Regierung, Korruption, wachsende Arbeitslosigkeit usw.
6 Konnte nicht ermittelt werden.
7 Chaim Weizmann (1784–1952), Präsident der zionistischen Weltorganisation (später erster Präsident Israels), wurde im Herbst 1933 zum Leiter des Central Bureau for the Settlement of German Jews berufen; Weizmann hielt die (hier nur paraphrasierte) Rede am 23. Mai 1933 in London unter dem Titel »Konstruktive Hilfe für die Deutschen Juden« zur Eröffnung des Hilfswerks für die deutschen Juden. In Wirklichkeit sagte er: »Der russische Jude wußte, wofür er leidet. Die Juden lebten im Ghetto. Außerhalb des Ghettos war eine feindliche Welt, in unseren vier Wänden aber waren wir ein stolzes und einiges Volk ... Das deutsche Judentum aber? Der deutsche Jude weiß gar nicht, weshalb und wofür er leidet.«
8 Weitmark Bartholdy konnte nicht identifiziert werden. Der mutmaßliche Vorfahre aber, Jakob Salomo Bartholdy (1779–1825), hieß vor der Taufe Levin Salomon.
9 Konnte nicht ermittelt werden.
10 Erhard Milch (1892–1972), seit 1926 in Führungspositionen bei der Lufthansa tätig, 1933 bis 1944 Staatssekretär im Reichsluftfahrtministerium.

Obwohl jüdischer Abstammung, wurde er dennoch schnell befördert, da Göring ihm eine offizielle »Arisierung« besorgte.
11 Friedrich Landfried (1884 – 1947), preußischer Verwaltungsbeamter, ab Juli 1932 Ministerialdirektor, ab März 1933 Staatssekretär im preußischen Staatsministerium. (Im Deutschen Führerlexikon 1934 – 35 ist über seine Abstammung zu lesen: »Die Familie Landfried ist seit 1868 als Kaufmanns- und Fabrikantenfamilie in Heidelberg ansässig und als Bauernfamilie im Kreis Meisenheim bis in das 15. Jahrhundert nachweisbar.«)
12 Adolf Tortilowicz von Batocki-Friebe (1868 – 1944), hoher preußischer Verwaltungsbeamter, bis Juni 1919 Oberpräsident von Ostpreußen. Danach widmete er sich seinem Gutsbetrieb, begründete auch das Institut für ostdeutsche Wirtschaft, gehörte zahlreichen Aufsichtsräten an, u. a. dem Verwaltungsrat der Reichsbahngesellschaft. Seine Großmutter väterlicherseits, Mathilde Friebe, war »nichtarischer« Abstammung.
13 Denselben Gedanken bringt R. O. in seinem Artikel: Lord Readings Laufbahn, in: PT, 3. Januar 1936, S. 1 f., zum Ausdruck, indem er die glänzende Karriere des jüdischen Lord Reading, früherer Vizekönig von Indien sowie führende Persönlichkeit in der anglojüdischen Gemeinde, als hervorragendes Beispiel wählt.
14 Berühmte Gelehrten-, Bankier- und Künstlerfamilie, als deren Gründer der Philosoph und Führer des deutschen Judentums Moses Mendelssohn (1729 – 1786) gilt. Ein Teil seiner Familie konvertierte zum Katholizismus, ein Teil zum Protestantismus.
15 Der K.-C. Verband (Kartell Convent der Verbindungen Deutscher Studenten Jüdischen Glaubens) wurde 1896 als Reaktion auf den zunehmenden Antisemitismus und den Ausschluß der Juden aus den deutschen Studentenverbindungen gegründet.
16 Ignaz Maybaum (1897 – 1976), zwischen 1927 und 1936 Rabbiner in Frankfurt an der Oder. Einer seiner beiden Artikel mit dem Titel »Deutsches Judentum und Palästinawanderung« erschien in der C. V.-Zeitung, 27. Juli 1933, S. 297 f. In Maybaums Beitrag »Deutschtum in Palästina« schrieb er in Wirklichkeit: »Die Deutschen sind das ›Volk ohne Raum‹«.
17 Die Reichsvertretung der deutschen Juden (Präsident Leo Baeck, Geschäftsführer Otto Hirsch) wurde im September 1933 als Dachverband jüdischer Organisationen zur Abwehr des nationalsozialistischen Antisemitismus gegründet. Der erwähnte Aufruf von Dr. Otto Hirsch erschien in »Der Morgen: Monatsschrift der deutschen Juden«, Februar 1934, S. 437 f., unter dem Titel »Die Reichsvertretung der deutschen Juden.«
18 Kurzlebige Splittergruppe von geringer Bedeutung unter der Leitung von Bruno Woyda (1900 – 1968), der Verbandsfunktionär und von 1933 bis 1938 Dezernent der Jüdischen Wirtschaftshilfe der Jüdischen Gemeinde Berlin war. Ziel der Gruppe war es, alle sich als Deutsche fühlenden Juden, die das Judentum nur als Religion betrachteten, zusammenzuführen und neue Existenzmöglichkeiten für die deutschen Juden zu erforschen.
19 S. IV, Anm. 15.

VII. *Die Grenzen sind schwimmend.*

1　Konnte nicht ermittelt werden.
2　S. PT, Beschlagnahmte Vermögen, 10. Februar 1934, S. 2: »Unter den Namen der deutschen Schriftsteller, von denen die Geheime Staatspolizei ›Vermögen‹ beschlagnahmt hat, befinden sich Johannes R. Becher, Bert Brecht, Dr. Wolfgang Bretholz, Max Brod, Leonhard Frank, Oskar Maria Graf, Thomas Theodor Heine, Erich Kästner, Else Lasker-Schüler, Rudolf Leonhard, Balder Olden, Rudolf Olden, Ernst Ottwald, Theodor Plivier, Joseph Roth, Anna Seghers, Erich Weinert, Arnold Zweig.«
3　Großes jüdisches Berliner Verlagshaus, 1877 von Leopold Ullstein (1826 – 1899) gegründet; bei Ullstein erschien ein reiches Angebot an Büchern, Zeitschriften und Zeitungen, u. a. die Vossische Zeitung. Schon im Januar 1933 machten die Nationalsozialisten dem Verlag Schwierigkeiten. Im Frühjahr 1934 wurde Ullstein aufgekauft und »arisiert«.
4　Vielleicht ist hier Joseph Roth (1894 – 1939) gemeint (s. Initialen J. R. unten), österreichischer Schriftsteller und Journalist, ab Januar 1933 im Exil in Paris, der u. a. das Café les Deux Magots und das Café Tournon recht häufig besuchte und bekanntlich seine Arbeiten vorwiegend an Cafétischen abfaßte.
5　Konnte nicht ermittelt werden.
6　Anscheinend keine Anspielung auf die zahlreichen jüdischen Konfektionsfirmen dort, sondern vielmehr auf ein damals verwendetes System, in Geschäften die Größe der Kleider durch Farben kenntlich zu machen. Jede Größe hatte ihre eigene Farbe (gelb entsprach der jetzigen Damengröße 36, grün 42 usw.; die Zuschneider bekamen ihre Aufträge nach diesen Farben). In den Geschäften hingen kleine Sternchen der entsprechenden Farbe an der konfektionierten Bekleidung. »Gelbsterne« wäre also für die hier beschriebenen – schlanken – Mädchen angebracht.

VIII. *In den Kasernen.*

1　Kurt Grossmann (1897 – 1972), Journalist und Schriftsteller, SPD-Mitglied, 1926 bis 1933 Generalsekretär der Deutschen Liga für Menschenrechte in Berlin, ab 1933 im Exil in Prag, wo er in Zusammenarbeit mit der tschechischen Liga für Menschenrechte die Flüchtlingshilfe organisierte (s. a. IX, Anm. 15). Sein Bericht »Emigranten in Westeuropa« erschien in der NWB, 8. Februar 1934, S. 181 f.
2　Konnte nicht ermittelt werden.
3　Über die begrenzten Arbeitsmöglichkeiten in St. Maur s. a. »›Gebt uns Arbeit!‹ Ein Besuch im Flüchtlings-Lager: Heimarbeit im Kollektiv«, in: PT, 14. Dezember 1933, S. 3.
4　Die »Deutsche Kommission« wurde im Frühjahr 1934 als Nachfolgeorganisation des sich auflösenden CN von führenden deutschen Flüchtlingen zur Behebung der Emigrantennot gebildet. Vorsitzender war der Bankier Hugo

Simon (1880 – 1950), weitere Mitglieder waren Georg Bernhard (s. III, Anm. 16), Sammy Gronemann (1875 – 1952), Oskar Cohn (1869 – 1934), Walter Friedländer (s. IV, Anm. 10), L. Aron, M. Strauß, Fritz Wolff (1897 – 1946). Ziel der Kommission war es, vermögende Emigranten zur Schaffung eines Fonds zu gewinnen.

5 S. z. B.: Flüchtlinge in Not: Zwischenfälle im Comité National, in: PT, 29. Januar 1934, S. 3. Die Vorfälle hatten am 26. Januar stattgefunden; danach waren zwei Polizeibeamte in den Räumen des CN stationiert. Der besagte Artikel behandelt die tieferen Gründe der Zwischenfälle.

IX. *Rund um Deutschland.*

1 Das Woburn House in London, der neu eröffnete Sitz des Board of Deputies of British Jews, beherbergte zu dieser Zeit auch den Central British Fund for German Jewry (s. XII, Anm. 14) sowie seinen Ausschuß für praktische Flüchtlingshilfe, das Jewish Refugees' Committee, bei dem sich auch R. O. nach seiner Ankunft in London angemeldet hatte.

2 The Poor Jews' Temporary Shelter wurde 1885 von Herman Landau, Sir Samuel Montagu (1813 – 1911), Ellis Franklin u. a. gegründet. 1934 war Otto M. Schiff (s. X, Anm. 22) Präsident .

3 Die 1906 nach Renovierung des ursprünglichen Gebäudes in der Leman Street angebrachte Tafel enthält u. a. die Namen der bekannten britischen Juden Lord Rothschild (1840 – 1915), Leopold de Rothschild (1845 – 1917), Sir Samuel Montagu (s. Anm. 2) und Claude G. Montefiore (1858 – 1938).

4 Auch Flüchtlingen mit schon bewilligtem Visum konnte im Einreisehafen der Eintritt vom Immigration Officer scheinbar willkürlich verweigert werden. S. a. den Brief von R. O. an Oskar Maria Graf, 1. April 1938 (Deutsches Exilarchiv, Frankfurt, EB75/175, 462): »Auf dem Schiff oder bei der Landung begegnen Sie dem Immigration Officer, dem Einwanderungsbeamten, und von ihm hängt Ihr Glück ab … Er wird Sie fragen, wie lange Sie hier bleiben wollen. Nun dürfen Sie um Gottes willen zu einem englischen Beamten nie die Unwahrheit sagen, er merkt es und verzeiht es nie. Als mich der Immigration Officer fragte, wann ich nach Deutschland zurückfahren werde, antwortete ich erschrocken. ›Nie!‹ Meine Frau, die im Hintergrund stand, fiel fast in Ohnmacht, sie fürchtete, nun sei alles verloren. Komischer Weise war gerade das das Richtige.«

5 Im April 1933 wandten sich einige leitende Persönlichkeiten der Anglo-Jewry an die britische Regierung, um sie um vorübergehendes Asyl für deutschjüdische Flüchtlinge zu ersuchen. Sie garantierten, wie hier angedeutet, daß kein Flüchtling der Öffentlichkeit zur Last fallen würde. Diese Zusicherung, »Proposal of the Jewish Community as Regards Jewish Refugees from Germany«, wurde von Neville Laski (1890 – 1969), Lionel L. Cohen (1888 – 1973), Leonard G. Montefiore (1889 – 1961) und Otto Schiff (s. X, Anm. 22) unterzeichnet.

6 Das wichtigste Hilfskomitee war das Comité voor Joodsche Vluchtelingen (Tochterkomitee des Comité voor Bijzondere Joodsche Belangen), dessen führende Personen David Cohen, Gerlinde van Tijn-Cohn und R. H. Eitje waren. Während der ersten Emigrationszeit gelang es dem Comité in der Tat, Flüchtlinge in Hotels, Pensionen und Privathäusern unterzubringen. Es gab auch eine Reihe von weiteren holländischen Hilfs- und Solidaritätskomitees zur Fürsorge für die deutschen Flüchtlinge, z. B. den Academisch Steunfonds, das Ossietzky-Comité u.a.

7 Heinz Liepmann (1905 – 1966), Schriftsteller, Dramaturg, Journalist, emigrierte 1934 in die Niederlande, wo er auf Antrag der deutschen Regierung kurz inhaftiert, nicht aber nach Deutschland ausgewiesen wurde. In seinem Buch: Das Vaterland: Ein Tatsachen Roman aus dem heutigen Deutschland, Amsterdam 1933, S. 260, schrieb er:»Hindenburg ist der Mann, der, als die Nationalsozialisten bereits zwei Millionen Stimmen verloren hatten, Hitler am 30. Januar 1933 zum Kanzler machte, weil der Untersuchungsausschuß des Reichstages festgestellt hatte, daß Hindenburgs Gut, Neudeck, im Rahmen der Osthilfe Gelder bekommen habe. Da wurde Hitler Reichskanzler, und der Untersuchungsausschuß verschwand.«

8 Am 24. Februar 1934 versammelten sich in Laaren (bei Amsterdam) 31 Vertreter internationaler linkssozialistischer Jugendverbände; am selben Tag löste die niederländische Polizei die Veranstaltung auf und verhaftete vier deutsche SAP-Teilnehmer: Franz Bobzien (1906 – 1941), Kurt Liebermann, geb. 1903, Hans Goldstein und Heinz Hoose, die auf Anordnung des Laarener Bürgermeisters, Jonkheer H. L. M. van Nispen van Sevenaer (1879 – 1958), an die deutsche Grenze gebracht und der Gestapo übergeben wurden. Im PT vom 8. April 1934, S. 2, stand, sie seien ins KZ gekommen; in Wirklichkeit aber wurden alle vier ins Berliner Columbia Haus gebracht, aus dem Goldstein und Hoose entlassen wurden. Liebermann bekam sechs Jahre Zuchthaus; Bobzien, der vier Jahre erhielt, kam anschließend ins KZ Sachsenhausen. In der niederländischen Tweede Kamer legte das SDAP-Mitglied Wilhelmus Vliegen (1862 – 1947) eine Frage über den Fall, der in den Niederlanden viel Aufsehen erregt hatte, vor. Sie wurde am 28. März 1934 vom Justizminister Josephus van Schaik (1882 – 1962) beantwortet.

9 Das Sozialdemokratische Emigrantenheim Adinkerke wurde von der belgischen Sozialdemokratischen Partei in einem bis dahin als Erholungsheim genutzten Gebäude eingerichtet und vom Matteotti-Fonds finanziert. 50 bis 80 deutsche Sozialdemokraten, hauptsächlich ehemalige Reichsbanner-Mitglieder im Alter vom 20 bis 40 Jahren, wurden dort untergebracht und betätigten sich in ihren früheren Berufen. Die Insassen, die ihr Essen, aber kein Geld bekamen, sollen mit den komfortablen Wohnverhältnissen besonders zufrieden gewesen sein (s. »Bij de schlachtopfers …«, De Volksgazet, Antwerpen, 10. Januar 1934, S. 4).

10 In Belgien wurden alle sozialdemokratischen Emigranten vom Matteotti-Fonds der belgischen sozialdemokratischen Partei unterstützt. Ein Sopade-Bericht berechnete die Ausgaben des belgischen Matteotti-Fonds für 1933 – 34

mit 24 735 fr. frs. Noch 1935 steuerten einige belgische Gewerkschaftsmitglieder 2 % ihres Lohns dem Fonds bei.
11 Die Organisation »Aide et Secours« (Antwerpen, Pelikaanstr. 82) wurde im Herbst 1933 von prominenten Belgiern gegründet. Die zuerst für jüdische Emigranten vorgesehene Hilfsorganisation dehnte aber bald ihren Arbeitskreis auf alle Emigranten aus. Tatkräftiger Geschäftsführer und Mitbegründer von »Aide et Secours« war ein Dr. Cohn, Rechtsanwalt aus Altona.
12 Nach dem Versailler Vertrag war das Saargebiet immer noch von einer Kommission des Völkerbundes verwaltet. Jedoch wurde wegen der am 13. Januar 1935 abzuhaltenden Volksabstimmung schon im März 1934 die Deutsche Front als »Deutsche Einheitspartei« all derer gegründet, die den Anschluß an das Dritte Reich wünschten. R. O. selbst verbrachte vor der Volksabstimmung einige Zeit im Saargebiet, wo er kurz als Chefredakteur an Prinz Löwensteins (s. III, Anm. 2) antifaschistischer Zeitung »Das Reich« arbeitete. Zur bevorstehenden Emigration, die die Oldens hier befürchten, vgl. R. O., Leserbrief im »New Statesman and Nation«, 26. Mai 1934, S. 796: »One of the reasons that make France look forward uneasily to the unification of the Saar with Germany may well be the knowledge that on that same day a hundred thousand emigrants will cross the French frontier.«
13 Bei besagtem Artikel handelt es sich um Rudolf Kircher, Saar und Völkerbund, in: Frankfurter Zeitung, 16. Januar 1934, S. 1.: »Es ist bezeichnend, aber man braucht es schwerlich ernst zu nehmen, wenn auf dem Umweg über gewisse englische Zeitungen Stimmung für eine Vertagung der Saar-Entscheidung gemacht wird. An einer solchen Vertagung hätten nur die mit den zitierten Worten gekennzeichneten Elemente ein Interesse, seien sie französischer Herkunft, seien sie Emigranten oder Funktionäre der separatistischen Bewegung, die natürlich den jetzigen Zustand im Saargebiet verlängern möchten, weil sie (selbst im Falle einer Amnestie) nach der Wiedervereinigung des Saargebiets mit Deutschland keine Aussicht auf Schonung durch eine nationale Regierung haben könnten.«
14 Rudolf Kircher (1885 – 1954), seit 1912 bei der Frankfurter Zeitung, 1920 bis 1930 deren England-, dann Berlin-Korrespondent, ab 1. Januar 1934 Hauptschriftleiter. Zu Kirchers »Klarheit« vgl. R. O., Leserbrief im »New Statesman and Nation«, 26. Mai 1934, S. 796: »Perhaps Herr Kircher has by now regretted his frankness, but there can be no doubt that he was right in what he wrote, and his prediction cannot be too widely known.«
15 Die Demokratische Flüchtlingsfürsorge wurde im März 1933 von der Liga für Menschenrechte in Prag gegründet und von Kurt Grossmann (s. VIII, Anm. 1) geleitet. Von den tschechischen Komitees betreute sie die größte Anzahl von Flüchtlingen, ohne Ansehen der Konfession oder politischen Zugehörigkeit. Ihre Arbeit wurde von deutschsprachigen liberalen Kreisen, von der Freimaurerloge und vom tschechischen Auswärtigen Amt finanziell unterstützt.
16 Die Unterstützungsabteilung für Flüchtlinge wurde vom tschechischen Einheitsverband der Privatangestellten in Prag unter der Leitung des früheren

SPD-Abgeordneten Siegfried Aufhäuser (1884 – 1969) organisiert. Sie versorgte aus eigenen Mitteln eine relativ begrenzte Anzahl von politischen Flüchtlingen, insbesondere ehemalige Angehörige von Mitgliederorganisationen des Allgemeinen Freien Angestelltenbundes.
17 Das Jüdische Hilfskomitee versorgte unter der Leitung von Chaim Weizmann die aus rassischen Gründen Vertriebenen (Mitte 1933 ca. 450). Dazu war der HICEM unter Marie Schmolka für jüdische Auswanderung zuständig.
18 Die Sozialdemokratische Flüchtlingsfürsorge, geleitet von Wilhelm Sander (1895 – 1978), wurde 1933 gebildet und betreute sozialdemokratische Parteimitglieder. Sie bekam finanzielle Unterstützung vom internationalen Matteotti-Fonds, von der Deutschen Sozialdemokratischen Arbeiterpartei in der ČSR (DSAP), von den Gewerkschaften, vielleicht auch vom geretteten SPD-Parteivermögen.
19 Das Hilfskomitee für Deutsche Emigranten wurde am 15. Mai 1933 vom bekannten tschechischen Professor F. X. Šalda gegründet, war daher als »Šalda-Komitee« bekannt; Kommunisten wie Georg Kohn übten den entscheidenden Einfluß aus. Das Komitee betreute vorwiegend linke Intellektuelle und bekam finanzielle Unterstützung u. a. vom tschechischen Auswärtigen Amt. (Wegen der steigenden Flüchtlingszahl gründeten die Kommunisten Ende 1933 auch eine ergänzende Vereinigung zur Unterstützung der antifaschistischen Emigranten.)
20 Sowohl die Sozialdemokratische Flüchtlingshilfe als auch die Demokratische Flüchtlingsfürsorge bildeten Wohnkollektive für Flüchtlinge, z. B. das den Sozialdemokraten zur Verfügung gestellte Hotel in Zbraslav und die DFF-Wohnkollektive in der Socharska und in Strasnice. Auch das Šalda-Komitee organisierte »Kollektivheime« (s. z. B. Kurt Grossmann, Dreißig Emigranten helfen sich selbst, in: NWB, 21. Dezember 1933, S. 1596 – 8).

X. *Komitees, Komitees ...*

1 S. I, Anm. 1.
2 Das Comité Matteotti français wurde im August 1933 nach dem Pariser Kongreß der Sozialistischen Arbeiter-Internationale mit dem Ziel ins Leben gerufen, deutschen sozialdemokratischen sowie gewerkschaftlichen Flüchtlingen beizustehen. Mitglieder des Vorstands waren Dupont, Confédération générale du travail (CGT); Salomon Grumbach (1884 – 1952), Section française de l'internationale ouvrière (SFIO) – damals offizieller Name der sozialistischen Partei Frankreichs; Walter Schevenels (1894 – ?), Fédération syndicale internationale (FSI); und Gerhard Kreyssig (1899 – 1982), ex-ADGB. Die Verwaltung befand sich in 154 rue de l'Université, Paris 7e, Beratungsstellen, Bibliothek und Veranstaltungssaal in 56 rue Baudricourt, Paris 14e. Das Comité bot materielle und juristische Hilfe an, stellte eine Tischlerwerkstatt zur Verfügung und stand bis Ende 1933 ca. 500 Flüchtlingen bei (s. PT, 28. Dezember 1933, S. 3). Bereits im April 1934 stellte es aber wegen Geldmangels seine Tätigkeit ein.

3 Das Hilfswerk wurde im Juli 1932 von französischen Quäkern gegründet, um Freundschaft zwischen den Völkern zu fördern. Wie hier erwähnt, war es aber keine Quäker-Organisation, obwohl sein Büro sich am Friends' International Centre, 12 rue Guy de la Brosse, Paris 6e befand und es vorwiegend vom Londoner Germany Emergency Committee der Quäker finanziert war. Unter der Pariser Leitung der französischen Quäkerin und erfahrenen Sozialarbeiterin Germaine Melon stellte es ein Tagesheim, eine Kantine, Sprachkurse, einen Klubraum und ein Büro für Arbeitsuche zur Verfügung; ab Ende 1933 war das Hilfskomitee auch in den Kasernen tätig (s. IV. Anm. 13).

4 Der Secours rouge international wurde 1923 ins Leben gerufen und war von der Kommunistischen Internationale abhängig; die französische Gruppe (12 av. Mathurin Moreau, Paris 19e) war mit 35 000 Mitgliedern wohl die zweitgrößte nationale Organisation des SR in Europa. Er stand den Emigranten – und nicht nur KP-Mitgliedern – durch Geld-, Kleider- und Nahrungssammlungen bei und bot auch juristische Hilfe an.

5 Ende Juni 1933 von dem Comité d'aide aux victimes du fascisme hitlérien gegründet; Präsident war Henri Wallon (1879 – 1962); das Büro befand sich (im Februar 1934) in 10 rue Notre Dame de la Lorette, Paris 9e. Im September 1933 öffnete es ein kleines Haus in Saarbrücken und ein »maison d'enfants« in Maisons-Laffitte bei Paris, das bis zu 40 Kinder aufnehmen konnte und bis Ende Juni 1934 bestand. (Danach versuchte man, die Kinder bei französischen Familien unterzubringen.)

6 Im Dezember 1919 von einer Gruppe Französinnen unter der Leitung von Mme. de Saint-Prix-Loubet auf Anregung der bekannten englischen Quäkerin Edith Pye (1875 – 1965) mit dem Ziel gegründet, Kindern in Not nach dem Großen Krieg zu helfen; heute noch tätig. Das Komitee unterstützte z. B. den vom CN eingerichteten »Home de la Bréviaire« (Januar – Juni 1934).

7 Mitten im Arbeiterviertel Ménilmontant (37 rue Julien-Lacroix, Paris 20e) wurde im Januar 1934 diese Behandlungsstelle für kranke Emigrantenkinder eröffnet. Das Personal bestand hauptsächlich aus Emigranten (Ärzten und Fürsorgerinnen); Leiterin war die aus Berlin emigrierte Hanna Eisfelder (geb. 1900); Fonds stammten vorwiegend aus Schweizer Spenden (Schweizer Hilfswerk für Emigrantenkinder oder SHEK), auch aus England, Schweden und Frankreich. Die Organisation veranstaltete Kinderhorte und Ferientagesheime, sorgte für Kleidung und Essen und setzte sich besonders für Kinder aus mittellosen Familien ein. Das PT vom 14. März 1934, S. 3, beschreibt einen Besuch bei diesem Komitee.

8 Genau: Comité international pour le placement des intellectuels réfugiés. Vorsitzender war Nicolas Politis (1872 – 1942), griechischer Staatsmann; Stellvertreter William Rappard (1883 – 1958), Leiter des Institut de Hautes Etudes Internationales in Genf. Das im Frühsommer 1933 gegründete Komitee bestand aus bedeutenden internationalen Persönlichkeiten wie Lord Cecil of Chelwood (s. a. XVI, Anm. 4) und dem ehemaligen Delegierten beim Völkerbund, Graf Raczynski; geschäftsführender Direktor war Frau Wagner. Im

ersten Jahr sammelte das Komitee £ 5 000 und konnte daher 200 Flüchtlingen helfen, später führte es ein Register qualifizierter, aber nichtakademischer Emigranten; es setzte sich besonders für die freien Berufe ein. Kurt Grossmann (s. VIII, Anm. 1) empfiehlt am 5. April 1934 in der NWB, S. 433 – 435, daß sich Ärzte, Anwälte, Lehrer und Ingenieure an dieses Komitee wenden sollten.

9 Im April 1933 von einer breiten Palette von Prominenten, politisch Liberalen sowie Konservativen unter der Präsidentschaft von Léon Bérard (1876 – 1960, sénateur, ehem. Minister) und François Piétri (s. a. IV, Anm. 7) gegründet; das Büro befand sich in 76 av. des Champs-Elysées, Paris 8e. Im Mai veranstaltete das Komitee eine Protestversammlung gegen die Bücherverbrennungen und weitere Verfolgungen in Deutschland. Vom Juni 1933 bis zum Januar 1934 stellte es »le Foyer Heinrich Heine« (Direktor René Bloch) für emigrierte Intellektuelle mit Restaurants, Lesesaal und Veranstaltungsräumen zur Verfügung. Das am 28. Juni 1934 im Théâtre des Champs-Elysées stattfindende Konzert des berühmten polnischen Staatsmanns, Komponisten und Pianisten Ignacy (Jan) Paderewski wurde von der gesamten Pariser Elite besucht. Im Herbst 1933 sowie 1934 organisierte das Komitee auch Ausstellungen von Werken geflüchteter jüdischer Maler im Rahmen des Salon d'Automne.

10 Dieses Komitee wurde im April/Mai 1933 von mehreren jüdischen Gruppen (Ligue internationale contre l'antisémitisme oder LICA, Association des anciens combattants volontaires juifs, Comité français pour le congrès juif mondial u.a.) ins Leben gerufen; seine Räume befanden sich in 76 av. des Champs-Elysées, Paris 8e. Vincent de Moro-Giafferi (1878 – 1956) war Ehrenvorsitzender, Pierre Dreyfus (s. I, Anm. 1) Vorsitzender und Maurice Worms Sekretär. Am Anfang kümmerte es sich um Wohnungen und Lebensmittel für die Flüchtlinge, führte aber auch politische Aktionen (Demonstrationen, Flugblätterverteilung bei deutschen Veranstaltungen) durch, was Teile der jüdischen Gemeinde ablehnten; es gab große, gut vorbereitete Boykottkampagnen gegen die Einfuhr deutscher Produkte in Frankreich. Das Komitee bemühte sich, Geschäftsleuten zu helfen, indem es emigrierte deutsche Arbeitskräfte zu vermitteln versuchte. Soweit zu belegen ist, wirkte das Komitee aber nur in diesem Sinn »geschäftlich«.

11 Im Juli 1933 in Paris gegründet, mit Justin Godart (s. IX, Anm. 7; auch Anm. 13 unten) als Präsident; Sitz: 92 av. des Champs-Elysées, Paris 8e. Wollte ursprünglich junge Emigranten (bis 24 Jahre) als Lehrlinge einstellen, was sich wegen administrativer Schwierigkeiten aber als zu kompliziert herausstellte. Ab 1934 bemühte es sich hauptsächlich in Zusammenarbeit mit dem Weltstudentenwerk oder ISS (s. XIV, Anm. 13), Plätze für junge Emigranten in entsprechenden französischen Fachschulen zu finden, was ihm auch gelang (s. XIV unten). Tatsächlich vergab das französische Bildungsministerium 300 gebührenfreie Plätze an Flüchtlinge. (s. a. PT, 21. Februar 1934, S. 3, mit einem ausführlichen Artikel.)

12 Alter, ursprünglich russisch-jüdischer Verein für die Förderung handwerklicher und landwirtschaftlicher Aus- und Umbildung. Die Agrarkommission

des ORT in Paris (1 bvd. Haussmann, Paris 9e) beschäftigte sich zu dieser Zeit mit der Gründung einer Siedlung, die später in Lot-et-Garonne sehr erfolgreich verwirklicht und erst im Krieg aufgelöst wurde. (s. a. PT, 14. Januar 1934, S. 5, und 20. Januar 1934, S. 3.)

13 1912 in St. Petersburg gegründet, um den Gesundheitszustand der dortigen Juden durch präventive Methoden zu verbessern; Zentrale ab 1934 in Paris, Ehrenpräsident des französischen Komitees Justin Godart (s. IX, Anm. 7; auch Anm. 11 oben). OSE kümmerte sich in Paris besonders um geflüchtete Ärzte und Zahnärzte. Das Komitee veranstaltete Umschulungskurse, um diese Berufsgruppe auf die veränderte Tätigkeit im Gesundheitswesen vorzubereiten.

14 S. a. XIV unten. 1921 gegründeter jüdischer Verein, dessen deutsche Zentrale im Juni 1933 nach Paris übersiedelte, wo er bis Februar 1934 etwa 270 deutschen Juden Ausbildungsmöglichkeiten in der französischen Landwirtschaft verschaffte. Er verpachtete z. B. Bauerngüter in Moselle, Lot, Corrèze und Touraine, wo junge Flüchtlinge Gärtnerei und Landwirtschaft erlernten. Nur junge Juden bis zum 35. Lebensjahr wurden aufgenommen, die nach 12 bis 18 Monaten Ausbildung ein Palästina-Zertifikat beantragen sollten (s. PT, 29. Januar 1934, S. 3, und 10. Februar 1934, S. 3).

15 Diese wichtigste Organisation zur Förderung der weltweiten jüdischen Auswanderung ging 1927 aus einem Zusammenschluß von HIAS (Hebrew Immigrants' Aid Society), JCA (Jewish Colonial Association) und Emigdirect hervor; die Zentrale wurde 1928 von Berlin nach Paris transferiert. Direktor in Paris war Dr. Kreinin, Sekretär Bernard Mélamède (für einige Zeit vom CN versetzt), das Büro war in 26 rue Bassano, Paris 16e (s. Zitat über seine Tätigkeit, unten im Text).

16 Palästina-Ämter, d. h. Ämter der Zionistischen Weltorganisation und später der Jewish Agency, wurden in verschiedenen Ländern zur Aufsicht über praktische Aspekte der jüdischen Emigration gegründet. Das Pariser Palästina-Amt befand sich in 5 av. de la République, Paris 11e; Leiter war Dr. Fildermann. S. hierüber: Der Weg nach Palästina, in: PT, 29. Januar 1934, S. 3, worin berichtet wurde, wie das Amt mit größter Sorgfalt durch einen Fragebogen sowie durch ein eingehendes Interview diejenigen Juden auswählte, die Zertifikate für Palästina erhalten sollten (meistens ausgebildete Handwerker).

17 Dieser Dienst wurde sehr rasch – im April 1933 – bei der Ligue des droits de l'homme, in 27 rue Jean Dolent, Paris 14e, als »nouveau service administratif« eingerichtet und fungierte ein Jahr dort als Beratungsstelle (für Identitäts- sowie Arbeitskarten) und Arbeitsvermittlung, zog danach in den Foyer franco-allemand der Entr'aide européenne (1 rue Pierre Levée, Paris 11e) um. Hellmut von Gerlach (s. XII, Anm. 4) war Leiter des Service; unter seinen Mitarbeitern befanden sich Emil J. Gumbel (s. XIV, Anm. 8) und Arthur Holitscher (1869 – 1941). Die Französische Liga (Präsident Victor Basch, 1863 – 1944) hatte sehr gute Beziehungen zu Regierungskreisen: Bis zu den Ereignissen vom Februar 1934 zählten mehr als die Hälfte der Minister zu ihren Mitgliedern.

18 Am 7. Februar 1934 stand z. B. im PT, S. 3: »Helft den politischen Flüchtlingen: Ein Aufruf des Comité Matteotti français.«
19 Die World Jewish Relief Conference, an der mehr als 100 Delegierte (unter ihnen Weizmann) und 45 Organisationen teilnahmen, fand am 29. Oktober 1933 im Woburn House statt, um die aus der deutsch-jüdischen Krise entstehenden Probleme – auch z. B. das planlose Umherreisen der Emigranten – zu besprechen und über ein angemessenes Vorgehen zu entscheiden.
20 Die Mitteilung des HICEM erschien z. B. im Jewish Chronicle, 19. Januar 1934, S. 12, unter dem Titel »The HICEM and Jewish Migration: The German Jewish Emigration Council: ›Anglo-HICEM‹«.
21 Sir Osmond d'Avigdor-Goldsmid (1877 – 1940) wurde zu diesem Zeitpunkt ein Adelstitel in Anerkennung seiner öffentlichen Dienste verliehen. Er hatte wichtige Stellen in jüdischen und nichtjüdischen Kreisen inne, war 1926 bis 1933 Präsident des British Board of Deputies, auch Vorsitzender der Jewish Colonial Association.
22 Otto M. Schiff (1875 – 1952), Börsenmakler, in Deutschland geboren, aber seit vielen Jahren in England wohnhaft, war als Präsident der Jews' Temporary Shelter (s. IX, Anm. 2) und Vorsitzender des Jewish Refugees' Comittee eine prominente Persönlichkeit der britischen Flüchtlingshilfe.
23 L'Univers israélite berichtete am 19. Januar 1934 von der Gründung des Anglo-HICEM und der Eröffnung seines Büros in London; Bernard Mélamède (s. a. Anm. 15 oben) wurde Vermittler zwischen HICEM und Anglo-HICEM. Letzteres sollte ursprünglich die Emigration nach verschiedenen britischen Dominions und dem Nahen und Fernen Osten organisieren, wurde aber bald zu einem allgemeinen Emigrationskomitee, auch für Nichtjuden. Die Aktivitäten des Anglo-HICEM bei der Umsiedlung der Flüchtlinge waren eher begrenzt, und es löste sich noch 1934 als selbständige Organisation auf.
24 Die nach der Sitzung des HICEM-Verwaltungsrats bekanntgegebene Mitteilung berichtete nicht nur über die Arbeit des Frühjahrs 1934, sondern auch über die des Jahres 1933: Danach habe der HICEM schon 1933 die Emigration von 5424 Flüchtlingen organisiert, bis Mitte März 1934, wie hier erwähnt, von weiteren 1087, während die Gesamtzahl, einschließlich der Flüchtlinge unter der Obhut der Jewish Refugees' Committees, bei 7517 liege.
25 S. II, Anm. 8.

XI. *»Kolonie« der deutschen Emigranten.*

1 Die Union der Zionistischen Revisionisten wurde 1925 von Vladimir Jabotinsky (1884 – 1949) gegründet und bildete während der späten 20er und der 30er Jahre die wichtigste zionistische Oppositionspartei gegen die Führung Chaim Weizmanns und die Methoden und Politik der Zionistischen Weltorganisation. Teile der revisionistischen Bewegung neigten in mancher Hinsicht zu einer Haltung, die man als dem Faschismus ähnlich bezeichnen

könnte. S. hierüber z. B. Daniel Admoni, Jüdischer Faschismus, in: NWB, 24. August 1933, S. 1051 - 54.
2 Der aus dem rechten Flügel des Centralvereins hervorgegangene Verband Nationaldeutscher Juden wurde im März 1921 von dem Rechtsanwalt und Notar Max Naumann gegründet und strebte ein Zusammengehen mit den nationalistischen Kräften in Deutschland an. Bereits im November 1935 aber wurde der Verband durch die Gestapo gewaltsam aufgelöst.
3 Eine »Union générale des émigrés d'Allemagne« hat sich gegen Oktober 1933 gebildet. Sie bezeichnete sich als eine »umfassende Emigrantenorganisation« und war aus der NEDA (s. II, Anm. 7) hervorgegangen. Ihr Ziel war, »alle Möglichkeiten für die Anbahnung einer geordneten Unterbringung der Emigration in allen Ländern auszuschöpfen«. In ihrer Vorstellungsschrift bezeichnete sie sich als »eine Dachorganisation folgender Gruppen: 1. Freie Berufe, 2. Handel und Industrie 3. Finanz 4. Landwirtschaft und Siedlung 5. Handwerk«. Die Schrift war nicht unterzeichnet. Die Organisation verfügte über provisorische Räume in 26 rue Bassano, Paris 16e (bei HICEM).
4 S. II, Anm. 7.
5 Im Dezember 1933 wurde eine »Vereinigung aus Deutschland emigrierter Juristen« in Paris ins Leben gerufen. Den Vorsitz hatte Franz Hirschler (1881 – 1956) aus Mannheim. Das Büro befand sich ursprünglich in den Räumen der Liga für Menschenrechte (27 rue Jean Dolent, Paris 14e), ab Anfang April 1934 in 8 rue Richelieu, Paris 1er. Die Vereinigung setzte sich aktiv für die Suche nach Arbeitsplätzen ein, da sie sich der geringen beruflichen Aussichten ihrer Mitglieder bewußt war; sie führte französische Sprachkurse durch sowie Sonderhilfe für deutsche Juristen, die die französischen Rechtsprüfungen bestehen wollten (s. PT, 19. Januar 1934, S. 3).
6 Am 28. Februar 1934 erschien im PT (S. 4) ein »Aufruf an musikliebende Emigranten« von Fritz Landé, dem früheren Orchester- und Chordirigenten aus Düsseldorf, der die geplante Gründung eines Liebhaber-Symphonie-Orchesters bekanntgab. Die Gründungsversammlung sollte Anfang März stattfinden. Kurz darauf formierte sich das Liebhaberorchester Philharmonia, das einen hohen Standard erreichte und von der Emigrantengemeinschaft eifrig unterstützt wurde.
7 Mit dem Symphonieorchester wurde auch gleichzeitig ein Emigranten-Oratorienchor gegründet. Zur Mitgliedschaft in beiden Gruppen hieß es im Aufruf vom 28. Februar 1934: »In Frage kommen nicht nur die ehemaligen Mitglieder deutscher Oratorienchöre und Liebhaber-Symphonieorchester, sondern auch alle sonstigen stimmlich oder instrumental befähigten Musikliebhaber.«
8 Politisch breitgefächerte Einrichtung, die ihre Tätigkeit im Februar 1934 begann und deren Ziel es laut NWB (15. Februar 1934, S. 220) war, trotz materieller Existenzfragen »in freier undogmatischer Form ... die pariser deutschen Emigranten sich in Politik, Kunst und Wissenschaft weiterbilden [zu lassen]«, und zwar mittels wöchentlicher Vorträge. Unter den Gründern

waren Elie Faure (1873 – 1937), Emil J. Gumbel (s. XIV, Anm. 8), Jean Langevin, Francis Jourdain (1876 – 1958) und Daniel Guérin (1904 – 1988).

9 Erika Mann (1905 – 1969), ursprünglich Schauspielerin, später auch Journalistin und Schriftstellerin, älteste Tochter von Thomas Mann, eröffnete am 1. Januar 1933 in München ihr erfolgreiches literarisch-politisches Kabarett, das nur bis Ende Februar dort spielen durfte. Ab September 1933 bis 1936 trat ihr antifaschistisches Kabarett unter demselben Namen in Zürich auf und ging auch häufig auf Tournee.

10 Dieses Theaterunternehmen gilt als das langlebigste der Emigranten in Paris, was wohl seiner Flexibilität als kleines Theater, seinen relativ niedrigen Kosten und seiner Fähigkeit, sehr schnell auf Aktuelles reagieren zu können, zuzuschreiben war. Es öffnete seine Tore am 9. April 1934 in der historischen Stätte Caveau Camille Desmoulins im Palais Royal (später anderswo untergebracht) und spielte jeden Sonnabend und Sonntag. Es nannte sich »deutschfranzösisches Kabarett« und brachte u. a. »Chansons, Songs, Parodies, Schnellzeichnung und Sketches«. Unter den Mitwirkenden waren Suß, Gelbart, Fritzi Spira, Florian, Siebenhaar, Ruschin, Jean Darcy, Fraxy, Yves Deniaud, Abel, Lili Palmer, Irene Prador (s. PT, 7. April 1934, S. 3, und 9. April 1934, S. 3).

11 Ende 1933 von einer Gruppe vorwiegend junger Emigranten in Paris gegründet. Arnold Zweig, zu diesem Zeitpunkt schon in Palästina, stellte sein aktuelles Stück »Der Prozeß von Tisza Eszlar« [d. i. Die Sendung Semaels] zur Verfügung, die Quäker liehen kostenlos Proberäume, und schließlich konnte die Gruppe die Unterstützung einflußreicher Leute für die Veranstaltung öffentlicher Vorstellungen gewinnen. Ort war das Théâtre Albert 1er, rue Rocher (Première 7. Januar 1934). Laut Kritik (PT, 9. Januar 1934, S. 3), war die Aufnahme freundlich, obwohl die Regie »oft versagte« (s. a. PT, 6. Januar 1934, S. 3).

12 Z. B. wurde im Oktober 1933 Schillers Kabale und Liebe und Sudermanns Magda [d. i. Heimat] von einer Truppe emigrierter Schauspieler im Duke of York's Theatre aufgeführt; Regie: Leopold Jessner, Bühnenbild: Caspar Neher.

13 Es handelt sich um den Chor der Großen Synagoge zu Berlin, der z. B. am 30. Oktober 1933 in Paris im Théâtre des Champs-Elysées ein Konzert gab. Der Chor reiste unter seinem Leiter Benjamin Spott, zählte ungefähr 28 Mitglieder, die sowohl religiöse Stücke als auch Volkslieder a capella sangen. Das Konzert wurde vom Comité français pour la protection des intellectuels juifs persécutés veranstaltet.

14 Fritz Karsen (1885 – 1951), Schulreformer, Hochschullehrer, Mitbegründer des Bundes entschiedener Schulreformer. Ab Oktober 1921 Oberstudiendirektor des Kaiser-Friedrich-Realgymnasiums, Berlin-Neukölln (1930 in Karl-Marx-Schule umbenannt, bekannt für ihre Schulreformen); im Februar 1933 beurlaubt, im September 1933 entlassen. Er emigrierte zuerst in die Schweiz, dann im Februar 1934 nach Paris, wo er unter Mitarbeit von Walter Damus die internationale Ecole nouvelle de Boulogne gründete.

15 Max, Prinz von Baden (1867 – 1929), letzter Reichskanzler unter Wilhelm II.

16 Kurt Hahn (1886 – 1974), Pädagoge, ehemaliger Sekretär und Ratgeber des Prinzen Max von Baden, mit dessen Hilfe er 1920 das Landerziehungsheim Schloß Salem gründete, wo er sein pädagogisches System zur Neuformierung einer Führungselite verwirklichen wollte. Er kam im März 1933 in Schutzhaft, emigrierte dann nach Großbritannien, wo er 1934 in Schottland die Gordonstoun School gründete.
17 Das Landschulheim Herrlingen (1926 von Anna Essinger gegründet) zog 1933 nach England, wo es sich in Bunce Court, Kent, unter dem Namen New Herrlingen Country Home School neu etablierte. Nach den Ereignissen vom 1. April 1933 schrieb Anna Essinger: »Mir schien Deutschland nicht länger ein Ort zu sein, an dem man Kinder in Ehrlichkeit und Freiheit großziehen konnte, und ich beschloß damals, für unsere Schule eine andere Heimat zu finden« (in: Hildegard Feidel-Mertz, Schulen im Exil: Die verdrängte Pädagogik nach 1933, Reinbek bei Hamburg 1983, S. 72).
18 Ernst Jünger, geb. 1895, mit Gottfried Benn wohl der prominenteste der in Deutschland verbliebenen Schriftsteller. Zwar stand er in mancher Hinsicht den Nationalsozialisten nahe, lehnte aber, nachdem letztere zur Macht gekommen waren, sowohl ein Reichstagsmandat als auch einen Akademiesitz ab. Er war nie NSDAP-Mitglied.
19 Heinrich Mann (1871 – 1950) emigrierte eine Woche vor dem Reichstagsbrand nach Frankreich, wurde am 23. August 1933 (Liste 1) ausgebürgert. Wegen seiner häufigen antifaschistischen Aussagen in Schriften und Reden war er einer der bekanntesten und angesehensten Vertreter des deutschen Exils.
20 Lion Feuchtwanger (1884 – 1958), erfolgreicher Autor zahlreicher Werke mit betont jüdischen Themen, kehrte 1933 von einer Vortragsreise in Frankreich nicht nach Deutschland zurück, sondern blieb im Exil in Frankreich; am 23. August 1933 (Liste 1) ausgebürgert.
21 Ernst Toller (1893 – 1939), unermüdlicher Gegner des Nationalsozialismus in Reden und Schriften, kehrte im Februar 1933 von einem Besuch in der Schweiz nicht nach Deutschland zurück, emigrierte im September 1933 nach Großbritannien; am 23. August 1933 (Liste 1) ausgebürgert.
22 Oskar Maria Graf (1894 – 1967), bayrischer Dichter, Schriftsteller und Journalist, emigrierte im Februar 1933 nach Wien, wo er im Mai 1933 nach den Bücherverbrennungen in Deutschland den Aufruf »Verbrennt mich!« veröffentlichte, was weltweites Aufsehen erregte. 1934 emigrierte er weiter in die Tschechoslowakei; ausgebürgert am 24. März 1934 (Liste 2).
23 Theodor Plievier (bis 1933 Plivier, 1892 – 1955), ursprünglich Matrose, ab 1919 anarchistischer Schriftsteller, Redakteur, Verleger, Volksredner, floh wenige Wochen nach dem Reichstagsbrand über die Tschechoslowakei nach Frankreich (1934 nach Schweden und in die Sowjetunion); ausgebürgert am 24. März 1934 (Liste 2).
24 Edward Stilgebauer (1868 – ?), Verfasser zahlreicher Romane, Novellen und Theaterstücke; ausgebürgert am 24. März 1934 (Liste 2).

25 Der Malik Verlag wurde 1917 von John Heartfield (s. III, Anm. 12) und George Grosz (1893 – 1959) in Berlin gegründet, bis 1933 von Wieland Herzfelde (s. Anm. 37 unten) geleitet; spezialisierte sich auf moderne sowjetische Literatur und junge revolutionäre Schriftsteller. Als erster Exilverlag existierte er in Prag mit Hilfe der Kommunistischen Partei der ČSR weiter, veröffentlichte dort die Werke zahlreicher emigrierter Schriftsteller wie z. B. Johannes R. Becher (1891 – 1958), Bertolt Brecht (1898 – 1956), Willi Bredel (1901 – 1964), Oskar Maria Graf (s. Anm. 22 oben), Adam Scharrer (1889 – 1948), Max Seydewitz (1892 – 1987) und F. C. Weiskopf (1900 – 1955). Erste Publikation des exilierten Malik Verlags war R. O.'s anonym erschienener Band »Hitler der Eroberer« (s. XV., Anm. 16).

26 Im Sommer 1933 gliederte der holländische Verleger Emanuel Querido (1871 – 1943) seinem Amsterdamer Verlag eine deutsche Abteilung an, die zum bedeutendsten deutschen Exilverlag wurde und die Werke vieler emigrierter deutscher Schriftsteller veröffentlichte; Leiter war Fritz Landshoff (1901 – 1988), ehemaliger Direktor des Kiepenheuer Verlages in Berlin. Ebenfalls 1933 wurde der zweite große deutsche Exilverlag als Teil des Allert de Lange Verlags in Amsterdam von Hermann Kesten, geb. 1900, und Walter Landauer (1902 – 1944), zuvor Mitarbeiter des Kiepenheuer Verlages, gegründet. Weitere weniger bekannte Verlage, die die Werke exilierter Autoren veröffentlichten, waren der hier erwähnte van Kampen, auch de Gemeenschap, Contact, Sijthoff.

27 S. Anm. 19 oben (für Heinrich Mann); Anm. 20 oben (für Feuchtwanger); VII, Anm. 4 (für Roth). Von Querido wurden z. B. folgende Werke veröffentlicht: Heinrich Mann, Der Haß: Deutsche Zeitgeschichte, 1933; Lion Feuchtwanger, Die Geschwister Oppermann, 1933; Der jüdischer Krieg, 1933; Joseph Roth, Tarabas, ein Gast auf dieser Erde, 1934.

28 Emil Ludwig (1881 – 1948), weltweit populärer deutscher Autor; lebte seit 1906 in der Schweiz und war seit 1932 Schweizer Staatsbürger. 1933 wurden seine Werke in Deutschland verboten. Bei Querido erschien u. a.: Führer Europas: Nach der Natur gezeichnet, 1934.

29 Valeriu Marcu (1899 – 1942), Journalist und Schriftsteller, in Bukarest geboren, aber bis 1933 in Berlin ansässig, emigrierte 1933 über Österreich nach Frankreich. Marcus Die Vertreibung der Deutschen aus Spanien erschien 1934 bei Querido.

30 Jakob Wassermann (1873 – 1934), österreichischer Romancier, Erzähler und Essayist, auch Redakteur beim Simplicissimus. Bei dem erwähnten Roman handelt es sich um »Joseph Kerkhovens dritte Existenz« (Amsterdam: Querido, 1934).

31 Auch Verlag des Europäischen Merkur genannt, mit Sitz in 35 bvd. de Strasbourg, Paris 10e; s. Einleitung; auch Anm. 32 unten.

32 Paul Roubiczek (1898 – 1972), Schriftsteller und Verleger. Nach dem Philosophiestudium arbeitete er in Prag und Berlin in der Familienfirma und auch als freier Schriftsteller. 1933 emigrierte er nach Paris, wo er den Verlag des Europäischen Merkur gründete und ihn bis zur Stillegung im Juni 1935 leitete.

33 Peter de Mendelssohn (früher von Mendelssohn, 1908 – 1982), Schriftsteller und Journalist, emigrierte im April 1933 von Berlin nach Paris, wo er schon 1929 bis 1932 als freier Schriftsteller gelebt hatte. Er war Mitbegründer des Verlags des Europäischen Merkur. Sein weiterer Exilweg führte 1934 nach Wien (später ins Saargebiet, schließlich nach England).

34 Die vom Züricher Verleger und Buchhändler Emil Oprecht (1895 – 1952) gegründeten und geleiteten Verlage Dr. Oprecht und Helbling (1925) und Europa Verlag (1933) waren die führenden antifaschistischen Publikationsorgane der Schweiz. Bei ersterem erschienen vor allem Belletristik, Lyrik, auch Kunstbücher, literarhistorische und wirtschaftliche Werke. Zwischen 1933 und 1945 veröffentlichten beide Verlage Publikationen von etwa 100 deutschen Emigranten.

35 Walther Rode (1876 – 1934), österreichischer Rechtsanwalt, Journalist und Schriftsteller, Mitarbeiter aller bedeutenden deutschen Exilzeitschriften. Deutschland ist Caliban erschien 1934 im Europa Verlag in Zürich.

36 Klaus Mann (1906 – 1949), ältester Sohn Thomas Manns, Schriftsteller und Publizist, emigrierte im März 1933 über Paris nach Amsterdam. Im September 1933 gründete er dort die erste literarische Exilzeitschrift »Die Sammlung« (unter dem Patronat von André Gide, Heinrich Mann und Aldous Huxley), für die die meisten bedeutenden exilierten Schriftsteller Beiträge schrieben. »Die Sammlung« stellte im August 1935 ihr Erscheinen ein.

37 Wieland Herzfelde (ursprünglich Herzfeld, 1896 – 1988), Schriftsteller und Verleger, 1917 bis 1933 Direktor des Malik Verlags in Berlin (s. Anm. 25 oben), ab 1933 in Prag. Im Herbst 1933 gründete er dort »Neue Deutsche Blätter: Monatsschrift für Literatur und Kunst«, ein literarisch-politisches Exilorgan mit linkssozialistisch-kommunistischer Haltung. Redaktion Jan Petersen (1906 – 1969), Oskar Maria Graf (s. Anm. 22 oben), Wieland Herzfelde, Anna Seghers (1900 – 1983). Die Zeitschrift wurde im August 1935 eingestellt.

38 Der Simplicus, satirische Wochenschrift, erschien vom Januar bis September 1934 in Prag; Chefredakteur war Heinz Pol (1901 – 1972). Bis Juli 1935 wurde er dann unter dem Namen »Der Simpl« publiziert.

39 Die »Deutsche Freiheit« erschien täglich vom Juni 1933 bis Januar 1935 in Saarbrücken und bezeichnete sich als die »einzige unabhängige Tageszeitung Deutschlands«; Chefredakteur war Max Braun (1892 – 1945), Vorsitzender der saarländischen Sozialdemokraten. »Neuer Vorwärts, sozialdemokratisches Wochenblatt« (Fortsetzung des Berliner Vorwärts) erschien vom Juni 1933 bis Mai 1940, zuerst in Karlsbad, ab 1937 in Paris; Chefredakteur war von 1933 bis 1935 Friedrich Stampfer (1874 – 1957). Ob es ein Exilblatt mit dem Namen »Der Weg zum Sozialismus« gegeben hat, konnte nicht geklärt werden; in Karlsbad erschienen aber zwei weitere sozialdemokratische Exilzeitschriften, nämlich die »Sozialistische Aktion« (Chefredakteur Paul Hertz, 1888 – 1961) und »Zeitschrift für Sozialismus« (Chefredakteur Rudolf Hilferding, 1877 – 1941).

40 »Westland« erschien vom November 1933 bis November 1934 in Saarbrücken und bezeichnete sich als »unabhängige deutsche Wochenzeitung«;

verantwortlicher Redakteur war August Stern (1907 – 1947). R. O. war gelegentlicher Mitarbeiter.

41 »Das Neue Tage-Buch« erschien wöchentlich vom 1. Juli 1933 bis 11. Mai 1940 in Paris und Amsterdam; Herausgeber war Leopold Schwarzschild (s. XII, Anm. 10), Chefredakteur Joseph Bornstein (1899 – 1952). R. O. war regelmäßiger Mitarbeiter; wohl die angesehenste, bestinformierte und einflußreichste deutsche Exilzeitschrift.

42 Siegfried Jacobsohn (1881 – 1926), Journalist und Kritiker, gründete 1905 in Berlin »Die Schaubühne« (ab 1918 »Die Weltbühne«) und leitete sie bis zu seinem Tod (s. a. III, Anm. 5).

43 Nach dem Verbot der Weltbühne (s. a. III, Anm. 5) im März 1933 in Deutschland erschien die Zeitschrift vorübergehend in Wien, dann ab 6. Mai 1933 in Prag unter dem Namen »Die Neue Weltbühne«; bis März 1934 wurde sie von Willi Schlamm (1904 – 1978), bis 1939 von Hermann Budzislawski (1901 – 1978) geleitet, dessen Anliegen es war, wie hier erwähnt, die Arbeiterparteien zusammenzubringen.

44 Willi Münzenberg (1889 – 1940), prominenter Kommunist (ab 1924 Mitglied des ZK der KPD), bis 1933 führende Kraft der Internationalen Arbeiterhilfe. Er baute während der 20er Jahre mit Unterstützung der Komintern einen umfassenden kommunistischen Medienkonzern (z. B. den Neuen Deutschen Verlag, die Filmgesellschaft Mezrabpom, die Universum-Bibliothek) auf und leitete ihn. Im Februar 1933 floh er nach Paris, wo er im Auftrag der Komintern Propagandatätigkeiten gegen den Nationalsozialismus organisierte. Seine 1921 in Berlin gegründete berühmte »Arbeiter-Illustrierte Zeitung« erschien vom März 1933 bis August 1936 in Prag weiter (Chefredakteur F. C. Weiskopf, s. Anm. 25 oben); in Prag gründete Münzenberg auch den »Gegen-Angriff: antifaschistische Zeitschrift« (später »Wochenschrift«), der vom April 1933 bis März 1936 erschien (Chefredakteur Bruno Frei, 1897 – 1988). In Paris kaufte er Namen und Räume der Editions du Carrefour, bvd. St Germain. Unter seiner Leitung veröffentlichte der Verlag etwa 50 Bücher und Broschüren, u. a. Das Braunbuch über Reichstagsbrand und Hitler-Terror, 1933 (s. a. XV, Anm. 17). Unter dem Namen »Die Neue Welt« gab es keine Zeitschrift; vielleicht meinen die Oldens hier Münzenbergs »Unsere Zeit«, die 1922 bis 1932 in Berlin, 1933 bis 1934 in Basel (später auch in Paris und Prag) herausgegeben wurde. Bei der Feindschaft zwischen Münzenberg und Trotzki ging es um die Frage, ob sich die Sozialdemokraten und die Kommunisten zu einer Einheitsfront zusammenschließen sollten, um Hitler zu bekämpfen: Trotzki befürwortete diese Idee, während Münzenberg dagegen war.

XII. *Was kostet die Emigration? Oder bringt sie?*

1 Ende Januar 1934 fand die Londoner Tagung des Beirats beim Hohen Kommissar für die Deutschen Flüchtlinge in der Quäker-Zentrale (Friends' House) statt. Während der Sitzung vom 30. Januar schätzte Weizmann in der Tat, daß

von den 60 000 deutschen Flüchtlingen rund 4 000 aus öffentlichen Fonds in verschiedenen Ländern versorgt wurden.
2 Konnte nicht ermittelt werden.
3 Bernard H. Ridder (1883 – 1975), Präsident der Staat-Herold Corporation, beschrieb dieses kurz zuvor erschienene Interview mit Hitler in seiner New Yorker Staats-Zeitung, 8. Juni 1933, S. 1, 3, unter dem Titel »Lage in Deutschland fast normal«.
4 Hellmut von Gerlach (1866 – 1935), Journalist und Politiker, führender Vertreter des deutschen Pazifismus, Mitbegründer und ab 1926 Vorsitzender der Deutschen Liga für Menschenrechte, auch Vorstandsmitglied der Liga für Völkerrecht, Mitglied des Internationalen Friedensbüros, Genf u. a. m. Im März 1933 floh er über Österreich nach Paris, wo er die Flüchtlingshilfe der Ligue des droits de l'homme leitete (s. X, Anm. 17). Er schrieb regelmäßig für das PT und die NWB; der besagte Artikel hieß »Deutsche in Paris«, in: NWB, 1. Juni 1933, S. 669 – 672.
5 Die Geschichte erschien, ohne den Bankier zu nennen, im PT, 26. Februar 1934, S. 3.
6 Möglicherweise ist hier die bekannte wohlhabende Hamburger Bankierfamilie Warburg gemeint; Siegmund G. Warburg (1902 – 1982) wohnte ab Anfang 1934 mit seiner Familie im Londoner Exil. (Ursprünglich schrieben die Oldens im Manuskript »die W.«, wie hier wiedergegeben, später aber »die M.«, vielleicht um die Anonymität der Familie zu wahren.)
7 »Le Select« auf den Champs-Elysées (hier erwähnt) war eigentlich ein von Emigranten häufig besuchtes Kabarett. Die Cafés dieser Straße, die besonders von freiberuflichen Emigranten sowie wohlhabenden Kaufleuten bevorzugt wurden, waren das Café George V, Le Normandy und Le Colisée (die beiden letzteren mit Kinos verbunden). Emigrierte Intellektuelle und linksorientierte Künstler verweilten oft im besser bekannten Café Le Select und Le Dôme (beide bvd. de Montparnasse). Les Deux Magots de Chine befindet sich immer noch in St. Germain (rue Lagrange).
8 Vielleicht das Café Schiller, das sich im Erdgeschoß des Hotel Schiller am Amsterdamer Rembrandtplein befand und bekanntlich von vielen Emigranten besucht wurde. S. z. B. PEM (Paul E. Marcus), Strangers Everywhere, London 1939, S. 104 f.
9 Der berühmte Reading Room im British Museum wurde während der Emigrationszeit von zahlreichen Emigranten besucht. R. O., der ihn Oskar Maria Graf gegenüber als »die beste Bibliothek der Welt« bezeichnete, schrieb an Heinz Stroh: »Der schönste Club, den ich in London kenne, ist die Bibliothek des British Museum« (Deutsches Exilarchiv, Frankfurt, EB75/175, 462 und 795).
10 Leopold Schwarzschild (1891 – 1950), Publizist, ab 1920 Mitherausgeber der von Stefan Grossmann gegründeten Berliner Zeitschrift »Das Tage-Buch«; ab Juli 1933 im Pariser Exil Herausgeber des NTB (s. XI, Anm. 41).
11 S. Leopold Schwarzschild, Das Bedürfnis nach Seeschlangen, in: NTB, 6. Januar 1934, S. 10 – 13. Tatsächlich schließt Schwarzschild seinen Beitrag mit der Bemerkung: »Sobald man sie aber als Teile einer anonymen Gemeinschaft

›Emigration‹ auffaßt, sind sie Elemente eines Tatbestands, dessen Wirtschaftssaldo für jedes der Empfangsländer bisher noch immer glatt positiv ist.«

12 Tatsächlich stammt dies vom britischen konservativen Premierminister Benjamin Disraeli (1804 – 1881), in: Sybil, London 1845, II. Buch, 5. Kap.
13 Diese Zahl konnte nicht verifiziert werden.
14 Der im März 1933 gegründete Central British Fund for German Jewry war die wichtigste Organisation für Flüchtlingshilfe; Präsidenten: der Marquess of Reading (1860 – 1935), Dr. Chaim Weizmann, der Oberrabbiner Dr. J. H. Hertz (1872 – 1946), Lionel de Rothschild (1882 – 1942), Dr. Nahum Sokolow (1860 – 1936). Der CBF finanzierte u. a. die praktischen Hilfsmaßnahmen des von ihm etablierten Jewish Refugees' Committee, dessen verschiedene Abteilungen sich mit Arbeit und Fürsorge, Unterkunft, Rechtsberatung sowie Frauen und Kindern beschäftigten. Kurz nach seiner Gründung veröffentlichte der CBF seinen ersten Spendenappell, der bis Ende Februar 1934 den hier erwähnten Betrag erbrachte.
15 Das 1914 gegründete American Jewish Joint Distribution Committee (Vorsitzender ab 1932 Paul Baerwald [1871 – 1961], Ehrenvorsitzender Felix Warburg, s. Anm. 24 unten) finanzierte Hilfsmaßnahmen für die Juden innerhalb Deutschlands und Flüchtlingshilfe in den verschiedenen Emigrationsländern, auch z. T. die Auswanderung aus Europa (z. B. durch Subventionierung des HICEM). Wie der CBF veröffentlichte auch das JDC im Mai 1933 seinen ersten nationalen Spendenappell. Die Quelle für den hier von den Oldens angegebenen Betrag ist unbekannt; laut New York Times, 18. November 1934, S. 8, wurde jedoch eine ähnliche Summe ($1 011 332) während der Zeit vom 1. April 1933 bis 1. April 1934 vom JDC ausgegeben.
16 Ein Artikel von Henry Bérenger, Die deutschen Flüchtlinge, in: PT, 25. Dezember 1933, S. 1, bestätigt diesen Betrag.
17 Nach einem im Schwarzbuch (s. XV, Anm. 18) zitierten Bericht vom September 1933 waren schon bis Mitte Juni 1933 in Holland etwa hfl. 200 000 an Unterstützungsgeldern ausgezahlt worden (s. dort, S. 516).
18 Kurt Grossmann, Hilfe für die Emigranten, in: NWB, 5. April 1934, S. 433 – 435, bestätigt diesen Betrag.
19 Hier wie auch weiter unten haben die Oldens den entsprechenden Betrag nicht im Text angeführt.
20 Bei dem Bericht handelt es sich um den Report of the Allocations Committee des CBF vom März 1934. Obwohl nicht mehr im CBF-Archiv erhalten, ist ein Teil des Dokuments, einschließlich aller hier angegebenen Zahlen, in der Jewish Chronicle, 23. März 1934, S. 28, zu finden.
21 Angaben nicht identifiziert. Ein späterer Bericht des JDC vom 17. November 1934 über seine Flüchtlingshilfe 1933 und die frühen Monate 1934 gibt aber ähnliche Beträge an (s. New York Times, 18. November 1934, S. 8, und 20. November 1934, S. 7).
22 Den zweiten Spendenappell des CBF veröffentlichte der Jewish Chronicle am 6. April 1934, S. 2. In der Tat nannte der Aufruf die hier erwähnten ersten

Beträge und richtete folgende dringende Bitte an die Leserschaft: »Follow the lead of your leaders and give at least as much as last year. The need is greater.«
23 Drei der prominentesten anglojüdischen Familien, Inhaber großer Firmen, für ihre Philanthropie berühmt; alle drei waren im britischen politischen Leben wie in der anglojüdischen Gemeinde sehr aktiv.
24 Felix Warburg (1871 – 1937), Bankier und Philanthrop, wurde in Hamburg geboren, kam 1894 in die Vereinigten Staaten, wo er Partner im Bankhaus seines Schwiegervaters (Inhaber von Kuhn, Loeb & Co.) wurde. 1914 bis 1932 war er Vorsitzender des Joint, danach Ehrenvorsitzender; maßgebliche Persönlichkeit des amerikanischen Judentums.
25 Der erneute Spendenappell wurde am 11. März 1934 gemeinsam vom Joint und vom American Palestine Committee bekanntgegeben: der Fonds sollte »a program of reconstructive aid for German Jews who are victims of the anti-Semitic program of the Hitler regime« finanzieren.
26 Quelle für diese Zahl war wohl der Artikel: 200 000 Dolar für Emigranten-Hilfe, in: PT, 18. April 1934, S. 2. Nach David Rome, dem Historiker des Canadian Jewish Congress, scheiterte die Kampagne dadurch, daß in Wirklichkeit nur etwa $ 35 000 von den kanadischen Juden aufgebracht wurden.
27 Ein Dr. Wegener, »ehemaliger Rechtsanwalt am Kammergericht und jetziger schweizer Angehöriger«, wurde am 18. Oktober 1933 in Berlin (Schnellschöffengericht Berlin-Mitte) wegen »fortgesetzten Devisenverbrechens« zu einer Freiheitsstrafe verurteilt. S. hierzu: Zehn Jahre Zuchthaus: Der Devisenprozeß Wegener, in: Frankfurter Zeitung, 20. Oktober 1933, S. 2: »Dr Wegener hatte mit seinen Mitangeklagten [Stroheim, Michaelis, Gilly] in Luzern und Zürich unter dem Deckmantel einer Advokatur eine Zentrale eingerichtet, durch die systematisch deutsches Vermögen nach dem Auslande verschoben wurde.«
28 Der Politiker könnte Arnold Freymuth (1872 – 1933) sein, früheres MdR, Staatssekretär im Preußischen Justizministerium, Kammergerichtsrat in Berlin, dessen Selbstmord im Univers israélite vom 21. Juli 1933, S. 459, mitgeteilt wurde. Er soll einem Freund geschrieben haben, er könne in seinem Alter nicht neu anfangen.
29 Wahrscheinlich Richard Lewinsohn (Ps. Morus, 1894 – 1968), Wirtschaftsjournalist, Schriftsteller, Arzt, bis 1933 leitender Wirtschaftsredakteur bei der Vossischen Zeitung. Ab 1933 lebte er weiter als Journalist im Exil in Paris. Bereits in den 20er Jahren hatte er an Fragen des Kapitaltransfers gearbeitet.

XIII. *Die Emigration der Tatkraft. Fortsetzung der Bilanz.*

1 Josiah Wedgwood (1872 – 1943), 1906 bis 1942 Abgeordneter im britischen House of Commons (zuerst für die Liberal Party, ab 1919 Labour Party), trat immer wieder für die deutschen Flüchtlinge in Großbritannien ein. Die Debatte über die Lage der Juden in Deutschland fand am 13. April 1933 statt.
2 Wahrscheinlich meinen die Oldens hier eine der damaligen kommerziellen Agenturen zur Vermittlung von ausländischen Hausangestellten – auch

Flüchtlingen – bei britischen Familien. (1933/34 bestand aber das später bekannte Domestic Bureau des Refugee Coordinating Committee noch nicht.)

3   Vgl. hierzu einen ähnlichen Bericht aus Paris: The Plight of the Refugees: A Plea for Sympathetic Treatment, in: Jewish Chronicle, 30. März 1934, S. 23: »A few days ago, the poet André Spire, a distinguished figure in French Jewry, speaking to a Jewish Press Representative, made some very drastic comments on the activities of the National Committee of which he himself is a member. Among the cases he cited was the following: A Corsican landowner who said that he employed some 30 000 Italians made an offer to the Committee. With appalling light-mindedness a high official was prepared to send 500 refugees at once without any preliminary inquiry as to living conditions. When M. Spire heard this he was horrified. Finally, an experiment was made with a group of seventeen only, but even they had to be fetched back shortly after, as the conditions of work were absolutely unbearable.«

4   Wahrscheinlich derselbe Herr Bergas, der kurz danach das Spielzeugkollektiv in St. Maur gründete (s. Anm. 5 unten).

5   Die erste Nummer des PT, 12. Dezember 1933, S. 3, berichtete von der Gründung des offensichtlich mit viel Unternehmungslust geführten Kollektivs sowie von dessen Tätigkeit. Die endgültige Form des Unternehmens bestand aus zwei äußerst erfolgreichen Abteilungen namens »Jou-Jou« und »Jou-Jou Vente«. Gründer war ein Herr Bergas.

6   Konnte nicht ermittelt werden.

7   Heinrich Rheinstrom (1884 – 1960), Rechtsanwalt und Hochschullehrer (1916 bis 1933 Honorarprofessor an der TH München), international anerkannter Spezialist für Aktien- und Steuerrecht. Er emigrierte 1933 nach Paris und wurde im April Partner der Anwaltsfirma Rheinstrom, Werner und Mann (Paris/London).

8   Gerhard Jacoby (1891 – 1960), Rechtsanwalt, zusammen mit Wenzel Goldbaum (s. Anm. 9 unten) Teilhaber in einer bekannten Berliner Rechtsanwaltsfirma für Urheber- und Theaterrecht; obwohl sein Emigrationsweg über Frankreich führte, ist seine berufliche Tätigkeit in Paris nicht nachweisbar.

9   Wenzel Goldbaum (1881 – 1960), Rechtsanwalt, wie Jacoby (s. Anm. 8 oben) bekannter Spezialist für Urheber- und Theaterrecht in Berlin; er emigrierte 1933 nach Frankreich, wo er bis zu seiner weiteren Emigration nach Ecuador im Jahre 1936 lebte. Über seine berufliche Tätigkeit in Frankreich ist nichts bekannt.

10 Max Alsberg (1877 – 1933), einer der bekanntesten Rechtsanwälte der Weimarer Republik, war im November 1931, zusammen mit Kurt Rosenfeld, Alfred Apfel und R. O. Strafverteidiger von Carl von Ossietzky (s. III, Anm. 5) im Weltbühne-Prozeß. 1933 emigrierte er in die Schweiz, wo er sich das Leben nahm.

11 Günther Joachim, (1900 – 1933), Rechtsanwalt und Reichsbannerverteidiger (s. III, Anm. 18), linker Sozialdemokrat, wurde am 13. März 1933 von der SA inhaftiert, gefoltert, schließlich ins Polizeikrankenhaus Moabit gebracht, wo

er am 25. März an seinen Mißhandlungen starb. Vgl.: Wie Rechtsanwalt Joachim starb, in: NWB, 4. Mai 1933, S. 550 f.

12 Wilhelm Spiegel (1876 – 1933), sozialdemokratischer Rechtsanwalt, wurde mitten in der Nacht in seiner Kieler Wohnung von mindestens vier Personen überfallen und erschossen.

13 S. III, Anm. 6.

14 Wahrscheinlich Johann Caspari (1888 – 1984), Politiker, SPD-Mitglied seit 1916, 1921 bis 1922 Bürgermeister von Brandenburg-Havel, 1922 bis zur Amtsenthebung durch die Nationalsozialisten Landeshauptmann der Provinz Grenzmark Posen-Westpreußen in Schneidemuhl. Im Juni 1933 floh er zuerst ins Saargebiet, hielt sich dann vom Juli 1933 bis Februar 1934 in Paris, danach in Prag auf.

15 In seiner Rede am 8. Dezember 1933 in Lausanne, in der er die erwähnten Zahlen angab, behauptete Bérenger, Frankreich könne keine Flüchtlinge mehr aufnehmen und solle nur mehr als »une voie de triage« dienen.

16 Am 9. Mai 1933 schickte Klaus Mann (s. XI, Anm. 36) einen privaten Brief aus Sanary-sur-Mer an Gottfried Benn (1886 – 1956), in dem er Benn fragte, weshalb er seinen Namen denen zur Verfügung stelle, deren »Niveaulosigkeit« und »moralische Unreinheit« beispiellos sei. Benn antwortete öffentlich: Am 24. Mai wurde seine »Antwort an die literarischen Emigranten« im Rundfunk verlesen (Erstveröffentlichung in der Deutschen Allgemeinen Zeitung vom 25. Mai 1933). Benn schrieb u. a.: »Da sitzen Sie also in Ihren Badeorten und stellen uns zur Rede, weil wir mitarbeiten am Neubau eines Staates, dessen Glaube einzig, dessen Ernst erschütternd, dessen innere und äußere Lage so schwer ist, daß es Iliaden und Äneiden bedürfte, um sein Schicksal zu erzählen. Diesem Staat und seinem Volk wünschen Sie vor dem ganzen Ausland Krieg, um ihn zu vernichten. Zusammenbruch, Untergang.« Benn war einer der wenigen deutschen Schriftsteller von Rang, der zumindest in den ersten Jahren dem Nationalsozialismus positiv gegenüberstand. 1938 wurde auch er aus der Reichsschrifttumskammer ausgeschlossen.

17 Hans Simons (1893 – 1972), Ministerialbeamter im preußischen Regierungsdienst, 1930 bis 1932 Oberpräsident für Niederschlesien in Liegnitz; er emigrierte 1933 in die USA. Walter Simons (1861 – 1937), Richter, 1922 bis 1929 Präsident des Reichsgerichts und des Reichsstaatsgerichtshofs, war sein Vater.

18 Albert Grzesinski (1879 – 1947), sozialdemokratischer Politiker, 1926 bis 1930 preußischer Innenminister, dann Polizeipräsident Berlins (bis Juli 1932), emigrierte vorübergehend in die Schweiz. Als ein Beratervertrag zur Reorganisation der chinesischen Polizei nicht zustandekam, lebte er im Exil in Paris. Die NSDAP-Ortsgruppen in Schanghai und Hankow führten übrigens im Februar 1934 bei der Berliner Parteileitung eine Beschwerde über die antifaschistische Tätigkeit folgender Emigranten in China: Grzesinski, Brauer, Katz, Klepper und Weiß.

19 S. III, Anm. 14.

20 Sung Tzu-Wen (1894 – 1971) war eigentlich nur bis 1931 chinesischer Finanzminister, trat dann wegen Auseinandersetzungen in der Regierung von seinem Amt zurück, hatte aber noch bis 1933 prominente Ämter inne. 1936 wurde er wieder Regierungsmitglied.
21 Otto Klepper (1888 – 1957), Jurist, Politiker (DNVP, später DDP/DSP), 1924 bis 1928 Vorstandsvorsitzender der Deutschen Domänenbank, dann Präsident der Preußischen Zentralgenossenschaftskasse; von November 1931 bis Juli 1932 preußischer Finanzminister. Er emigrierte im März 1933 zuerst nach Finnland, dann nach Schweden und Frankreich. 1934 bis 1935 diente er der chinesischen Regierung als Berater für Agrarreform und Genossenschaftswesen, wurde aber aufgrund einer deutschen Intervention des Postens enthoben.
22 Kurt Bloch (1900 – 1976), Wirtschaftsjournalist und Berater, u. a. Mitarbeiter Kleppers 1929 bis 1933 bei der Preußischen Zentralgenossenschaftskasse Berlin. Er emigrierte im März 1933 zuerst nach London, fuhr später im Auftrag des Völkerbundes nach Schanghai, wo er bis 1937 als Wirtschaftsberater tätig war.
23 Max Brauer (1887 – 1973), sozialdemokratischer Politiker, 1924 bis 1933 Oberbürgermeister von Altona, floh im März 1933 nach kurzer Haft über Wien nach Genf. Im Auftrag des Völkerbundes diente er dann in Nanking als Berater für Kommunalverwaltung und Genossenschaftswesen, wurde aber 1935 aufgrund einer deutschen Intervention aus chinesischen Diensten entlassen.
24 Rudolf Katz (1895 – 1961), Rechtsanwalt, sozialdemokratischer Politiker, ab 1929 Stadtverordnetenvorsteher in Altona; im April 1933 emigrierte er nach China, wo er bis 1935 (mit Max Brauer) im Auftrag des Völkerbundes als Berater für Kommunalfragen in Nanking lebte. Er war auch Mitglied des Nationalen Wirtschaftsrats Chinas.
25 Elisabeth Bergner (eigtl. Ettel, 1897 – 1986), Schauspielerin, emigrierte Ende 1932 nach London; s. z. B. den Bericht im PT, 12. Dezember 1933, S. 3, über einen der außerordentlichen Londoner Erfolge Elisabeth Bergners: »In einem Stück von Margaret Kennedy ... gelang der deutschen Schauspielerin in London eine doppelte Leistung. Sie spielte auf englisch und sie eroberte das nicht allzu begeisterungsfähige Londoner Theaterpublikum. Die Kritik bewundert einheitlich die geistige Inbrunst der ›schmalen und zierlichen‹ Schauspielerin, die ihre Zuhörerschaft ›im Sturm erobert habe‹.«
26 Bruno Walter (eigtl. Schlesinger, 1876 – 1962), Dirigent, bis 1933 u. a. beim Gewandhaus Orchester in Leipzig. Nach den von den Nationalsozialisten veranlaßten Boykotten seiner Konzerte ging er im März 1933 ins Exil nach Österreich; danach zahlreiche Gastspiele (s. z. B.: Bruno Walter – Gastspiel in der Pariser Oper, in: PT, 19. Februar 1934, S. 3).
27 Erich Mendelsohn (1887 – 1953), Architekt, emigrierte 1933 auf Einladung des RIBA (Royal Institute of British Architects) über Holland und Belgien nach London, wo er zusammen mit Serge Chermayeff ein Architekturbüro gründete. 1934 gewann er mit seinem De La Warr Pavillon, Bexhill-on-Sea, den ersten Preis in einem bedeutenden Architekturwettbewerb.

28 Otto Klemperer (1885 – 1973), Dirigent, bis 1933 u. a. an der Berliner Staatsoper; 1933 emigrierte er in die USA und war bis 1939 beim Los Angeles Philharmonic Orchestra als dessen erster international anerkannter Dirigent tätig.
29 Sybille Binder (1895 – 1962), österreichische Schauspielerin, bis 1933 auch in Deutschland sehr beliebt, ab 1932 beim Zürcher Schauspielhaus, trat zu dieser Zeit noch in Österreich auf, auch in der Tschechoslowakei, Frankreich und England. Im März 1934 debütierte sie in Paris im Studio des Champs-Elysées in »La Joueuse« von Mme. de Zogheb (s. PT, 11. März 1934, S. 4).

XIV. *Schluß der Bilanz.*
Umschulung – Industrielle Auswanderung – Die Emigration der Wissenschaft.

1 Das Institut Montesson, von dem ehemaligen Berliner Bauunternehmer Adolf Sommerfeld geleitet, schulte gegen geringe Gebühr vertriebene junge deutsche Intellektuelle auf praktische Berufe (z. B. Ackerbau, Viehzucht, Obst- und Gemüsekultur) um. S. hierzu Leo Lania, Das Beispiel von Montesson, in: NTB, 16. September 1933, S. 286 f., auch Sommerfelds Brief im NTB, 23. September 1933, S. 314.
2 Ende 1933 stellte die holländische Regierung für mehrere Jahre ein Gebiet von 75 Hektar im Wieringermeer Polder der Stichting Joodsche Arbeid für eine landwirtschaftliche und technische Emigrantenschule zur Verfügung. Finanzielle Unterstützung kam von der holländischen jüdischen Gemeinde, vom American Joint sowie vom CBF. Bis Sommer 1934 waren 100 Emigranten eingeschrieben, die zwei Jahre unterrichtet werden sollten, bevor sie nach Palästina auswanderten (s. PT, 8. März 1934, S. 1; NTB, 6. April 1934, S. 323).
3 Am 16. April 1934 interpellierten zwei die Interessen der britischen Textilindustrie vertretende Abgeordnete, Tom Smith (1886 – 1953, Labour, früher Gewerkschaftsfunktionär) und Cyril Entwistle (1887 – 1974, Conservative, Unternehmer in der Baumwollindustrie), nach Anträgen deutscher Textilfabrikanten, die Damenbekleidungfabriken in Lancashire und Yorkshire errichten wollten. Die Anfrage wurde auch in Hinblick auf Beschäftigung deutscher Arbeiter in solchen Fabriken an das Parlament gerichtet. Der Arbeitsminister antwortete: »Such applications are granted only where I am satisfied that the services of the foreigners are necessary to the establishment or working of the factory and that suitable British subjects are not available for the purpose.«
4 Ein großer Teil der deutschen Pelzindustrie (einschl. Pelzfärbereien), die überwiegend in jüdischen Händen lag, verließ ab 1933 Leipzig und übersiedelte nach London bzw. Paris (s. z. B. Jewish Chronicle, 29. September 1933, S. 21). Dasselbe galt auch für die Textilindustrie: Mitte 1934 übersiedelten z. B. 19 leitende Berliner Firmen nach England (s. a. Anm. 3 oben). Die meisten anderen deutschen Firmen kamen erst später nach England; aber Eric Weiß (1908 – 1990) gründete z. B. schon 1932 dort seine chemische Firma, Foundry Services Ltd. (später Foseco Minsep), und Julius Fromm (1883 [?] – 1945) begründete im Jahre 1933 für seine Söhne einen Zweig seines Gummikonzerns.

5 Paul Allard (Annales, 5. Januar 1934, S. 11) erwähnt deutsche Firmengründungen in der Chemie- und Pharmabranche, in der Gasindustrie und auch in der Radiotechnik. Wegen der wirtschaftlichen Schwierigkeiten in Frankreich konnten sich aber nur solche ausländische Firmen niederlassen, die bestehende französische Firmen ergänzten oder Produkte herstellten, die man bis dahin aus Deutschland importiert hatte (s. XIII, Anm. 5). Bis Sommer 1933 gab es dennoch eine so große Übersiedlungswelle deutscher Firmen nach Elsaß-Lothringen, daß es zu heftigen Beschwerden der dortigen Unternehmer kam. Weitere Pläne, mehrere Branchen der chemischen und elektrochemischen Industrie in Paris anzusiedeln, wurden dann durch den Aufruhr vom 6. Februar 1934 zunichte gemacht.

6 Mehrere exilierte deutsche Bankiers nahmen sich solcher Geschäfte an. Ein Geheimbericht der Deutschen Botschaft Paris an Berlin vom Mai 1934 nannte Ernst Leipziger (45) aus Berlin, Stefan Jakobowitz (48) aus Süddeutschland, Oskar Steinberg (46) aus Goch am Rhein, Alexander Markiewicz (40) aus Bromberg. Der bekannte Bankier und Wirtschaftsexperte Walter Loeb (1895 – 1948) war auch im Amsterdamer Exil mit der Unterbringung geretteter deutscher Kapitalien beschäftigt.

7 Die Universität Göttingen war bis 1933 eines der führenden Zentren für Physik und Mathematik in Deutschland. Nach Hitlers Machtergreifung wurden folgende Mathematiker aus der Universität entlassen: Richard Courant (1888 – 1972) emigrierte 1933 nach Großbritannien; Felix Bernstein (1878 – 1956) blieb 1933 in den USA, wo er eine Gastprofessur innehatte; Paul Bernays (1888 – 1977), 1933 entlassen, emigrierte 1934 in die Schweiz; Hermann Weyl (1885 – 1955) emigrierte 1933 in die USA (s. a. Anm. 25 unten); Emmy Noether (1882 – 1935) emigrierte 1933 in die USA.

8 Aus diesen drei im Bereich Wirtschaftswissenschaften weltberühmten Instituten wurden nach 1933 zahlreiche Wissenschaftler entlassen. Unter den prominentesten, die in Heidelberg gelehrt hatten: Emil Julius Gumbel (1891 – 1966) emigrierte schon 1932 nach Frankreich; Emil Lederer (1882 – 1939) emigrierte 1933 in die USA; Jacob Marschak (1898 – 1977), der zeitweise auch in Kiel arbeitete, emigrierte 1933 nach Großbritannien (s. a. Anm. 29 unten); Abel Musgrave, geb. 1910, emigrierte 1933 in die USA. Aus Kiel emigrierten: Frank A. (Fritz) Burchardt (1902 – 1958), bis 1933 Assistent bei Löwe in Kiel und Frankfurt, 1933 bis 1935 bei der Frankfurter Zeitung, emigrierte 1935 nach Großbritannien; Gerhard Colm (1897 – 1968) emigrierte 1933 in die USA; Adolph Löwe, geb. 1893, auch in Frankfurt tätig, emigrierte 1933 nach Großbritannien; Hans Philipp Neisser (1895 – 1975) emigrierte 1933 in die USA. Aus Frankfurt: Arthur Feiler (1879 – 1942) emigrierte 1933 in die USA; Henryk Grossmann (1881 – 1950) emigrierte 1933 nach Frankreich; Fritz Neumark (1900 – 1991) emigrierte 1933 in die Türkei (s. a. Anm. 16 unten); Karl Pribram (1877 – 1973) emigrierte 1933 nach Mexiko.

9 Die 1911 in Berlin gegründete Kaiser-Wilhelm-Gesellschaft zur Förderung der Wissenschaften (1948 in Max-Planck-Gesellschaft umbenannt) war Trägerin

der weltbekannten Kaiser-Wilhelm-Institute für Chemie (1912), für physikalische Chemie und Elektrochemie (1912), für experimentelle Therapie (1913), für Biologie (1915) u. a. m.

10 Albert Einstein (1879 – 1955), weltberühmter Physiker, befand sich während der Machtergreifung Hitlers in den USA, wo er am 10. März 1933 in einem Interview in der New York World seine Emigration als permanent bekanntgab und einen Angriff gegen die Nationalsozialisten und ihre Schuld an der Zerstörung von politischer Freiheit und Zivilrechten richtete. Am selben Tag trat er von seinem Posten bei der Preußischen Akademie der Wissenschaften mit der Begründung zurück, er könne dem preußischen Staat nicht mehr dienen. Daraufhin wurden Einstein und seine Relativitätstheorie zu einer Zielscheibe von Angriffen durch den Völkischen Beobachter und andere NS-Organe. S. z. B.: Ein großer Tag für die Naturforschung, in: Völkischer Beobachter, 13. Mai 1933; hier wird Einstein als »Relativitätsjude« verhöhnt.

11 Der Academic Assistance Council wurde im Mai/Juni 1933 vom damaligen Direktor der London School of Economics, William Beveridge (1879 – 1963), mit dem Ziel gegründet, Hilfe zu leisten für »university teachers and investigators of whatever country who, on grounds of religion, political opinion or race, are unable to carry on their work in their own country«. Präsident der AAC war Lord Rutherford (1871 – 1937), Ehrensekretäre William Beveridge und C. S. Gibson (1884 – 1950), stellvertretender Sekretär Walter Adams (1906 – 1975).

12 Genau: Notgemeinschaft der deutschen Wissenschaftler im Ausland, gegründet im April 1933 in Zürich, von Philipp Schwartz (1894 – ?), ehemals Professor an der Universität Frankfurt, geleitet. Sie setzte sich für emigrierte Intellektuelle und deren Bedürfnisse ein. Im ersten Jahr ihres Bestehens fand sie Stellen für 100 Emigranten (2/3 davon Akademiker).

13 Auch Weltstudentenwerk und Entr'aide universitaire international genannt. Das nach dem Ersten Weltkrieg zur Unterstützung hungernder Studenten in Mitteleuropa gegründete Komitee wurde vom Hohen Kommissar mit der Betreuung geflüchteter deutscher Studenten beauftragt. In den ersten zwei Jahren seines Bestehens half das Komitee 1700 Studenten mit Stipendien oder praktischer Ausbildung, aber auch mit kostenloser Unterkunft bei Familien und mit Bezahlung von Gebühren. Ein großer Teil seiner Gelder kam von Studenten. Zentralstelle im März 1934 war Genf, aber es gab auch Zweige in anderen Ländern.

14 Gemeint ist das Emergency Committee for Displaced Foreign Scholars, das im Sommer 1933 ins Leben gerufen wurde; Vorsitzender war Livingston Farrand (1867 – 1939), Präsident der Cornell University, Sekretär Stephen P. Duggan (1870 – 1950), Direktor des International Institute for Education, New York. Hauptaufgabe des Komitees war die Arbeitsvermittlung für Akademiker (feste Stellen, Forschungsmöglichkeiten usw.) sowie die Hilfe bei Einreiseformalitäten; es war überwiegend von den großen Stiftungen finanziert.

15 S. X, Anm. 8.

16 Im Rahmen der 1933 von Mustafa Kemal Pascha eingeleiteten Modernisierung der Türkei wurde auch die Universität Istanbul umstrukturiert. Die Einstellung einer beträchtlichen Anzahl deutscher Gelehrter (meistens für fünf Jahre) war einer der bedeutendsten Erfolge der Notgemeinschaft der deutschen Wissenschaftler im Ausland (s. Anm. 12 oben). So erhielten z. B. Richard Honig (1890 – 1981), Professor für Strafrecht, Kirchenrecht und Rechtsphilosophie, und der Nationalökonom Fritz Neumark (s. a. Anm. 8 oben) einen Lehrstuhl.

17 1919 von einem Kreis Liberaler um die Zeitschrift »New Republic« gegründet. Alvin Johnson (1874 – 1971) wurde 1923 zum Direktor ernannt; die New School entwickelte sich als Abendhochschule für Berufstätige mit einem breiten Angebot an Vorlesungen und kulturellen Veranstaltungen zu einer wichtigen Institution. Nach Januar 1933 begründete Johnson eine »Graduate Faculty of Political and Social Science«, informell »University in Exile« genannt, an die er geflüchtete Gelehrte lud und die von den Hilfskomitees und großen Stiftungen getragen wurde. Das Ziel war, eine Fakultät zu etablieren, an der sich die besten Traditionen des deutschen Universitätslebens fortpflanzen konnten. Die Gelehrten wurden normalerweise für zwei Jahre mit einem Gehalt von $ 2000 pro Jahr angestellt. Auch R. O. bekam 1940 einen Ruf dorthin, der aber dann seine letzte Seefahrt und seinen Tod zur Folge hatte.

18 Erwin Schrödinger (1887 – 1961), Physiker, 1928 bis 1933 ordentlicher Professor für theoretische Physik an der Universität Berlin, emigrierte 1933 nach Großbritannien. 1933 bis 1936 bekleidete er die Position eines Fellow am Magdalen College Oxford (nicht Cambridge).

19 James Franck (1882 – 1964), Physiker, 1921 bis 1933 ordentlicher Professor und Direktor des 2. Physikalischen Instituts an der Universität Göttingen, trat 1933 von seinem Posten zurück und emigrierte in die USA, wo er bis 1934 eine Gastprofessur an der Johns Hopkins Universität innehatte.

20 Bernhard Zondek (1891 – 1966) war bis 1933 als Gynäkologe und Endokrinologe im Berlin-Spandauer Krankenhaus tätig. Hermann Zondek (1887 – 1979), auch Endokrinologe, war von 1926 bis 1933 Direktor im Krankenhaus am Urban, Berlin. Samuel G. Zondek (1894 – 1970), Internist, lehrte 1922 bis 1933 an der Universität Berlin. Alle drei emigrierten im Oktober 1933 nach Manchester, wo sie einen Forschungsauftrag am Victoria Memorial Jewish Hospital erhalten hatten, blieben aber relativ kurze Zeit in England, bevor sie 1934 bzw. 1935 nach Palästina weiteremigrierten.

21 Michael Polanyi (1891 – 1976), Chemiker (nicht Physiker), 1923 bis 1933 am Kaiser-Wilhelm-Institut für physikalische Chemie und Elektrochemie, emigrierte 1933 nach Großbritannien, wo er 1933 bis 1958 eine Professur an der Universität Manchester innehatte.

22 Max Born (1882 – 1970), Physiker, 1921 bis 1933 ordentlicher Professor und Direktor des Instituts für theoretische Physik an der Universität Göttingen, emigrierte 1933 nach Großbritannien, wo er Stokes Lecturer of Applied Mathematics an der Universität Cambridge wurde.

23 Otto Stern (1888 – 1969), Physiker, 1923 bis 1933 ordentlicher Professor für physikalische Chemie und Direktor des Instituts für physikalische Chemie an der Universität Hamburg, emigrierte 1933 in die USA, wo er 1933 bis 1945 als Professor am Carnegie Institute of Technology in Pittsburgh, Pennsylvania lehrte.

24 Franz Eugen Simon (1893 – 1956), Physiker, 1921 bis 1931 an der Universität Berlin tätig, 1931 bis 1933 ordentlicher Professor an der TH Breslau, emigrierte 1933 nach Großbritannien, wo er 1933 bis 1956 an der Universität Oxford einen Forschungsauftrag erhielt.

25 Hermann Weyl (1885 – 1955), Mathematiker, 1913 bis 1930 an der ETH Zürich tätig, 1930 bis 1933 ordentlicher Professor und Direktor des mathematischen Instituts an der Universität Göttingen, emigrierte 1933 in die USA, wo er 1933 bis 1951 Professor am Institute for Advanced Study, Princeton war.

26 Rudolf Höber (1873 – 1952), Physiologe, 1912 ordentlicher Professor an der Universität Kiel, seit 1915 Direktor des physiologischen Instituts, emigrierte 1933 nach Großbritannien, wo er am University College London einen Forschungsauftrag erhielt. 1934 emigrierte er in die USA, wo er bis 1943 eine Professur an der School of Medicine der Universität Pennsylvania innehatte.

27 Herbert Freundlich (1880 – 1941), Chemiker, ab 1916 am Kaiser-Wilhelm-Institut für physikalische Chemie tätig, seit 1923 Ehrenprofessor an der Universität Berlin und seit 1925 an der TU Berlin, emigrierte 1933 nach Großbritannien, wo er 1934 einen Lehrauftrag am University College London erhielt.

28 Kurt Goldstein (1878 – 1965), Neurologe, 1916 bis 1930 an der Universität Frankfurt tätig; 1930 bis 1933 Professor für Neurologie und Psychiatrie an der Universität Berlin, auch am Berlin-Moabiter Krankenhaus in leitender Stelle. Nach kurzer Verhaftung 1933 bekam er 1933 bis 1934 eine Gastprofessur an der Universität Amsterdam; anschließend emigrierte er weiter in die USA, wo er 1934 bis 1935 am New York State Psychiatric Institute einen Forschungsauftrag erhielt.

29 Jacob Marschak (1898 – 1977), Nationalökonom, 1928 bis 1930 an der Universität Kiel, 1930 bis 1933 an der Universität Heidelberg tätig, emigrierte 1933 über Österreich und Frankreich nach Großbritannien; 1933 bis 1935 Chichele Lecturer am All Souls College Oxford.

30 Wolfgang Köhler (1887 – 1967), Psychologe, 1922 bis 1935 Professor und Direktor des Psychiatrischen Instituts an der Universität Berlin, hatte 1934 bis 1935 eine Gastprofessur an der Harvard University (nicht Columbia) inne. 1935 emigrierte er in die USA.

31 Das Daniel Sieff Research Institute wurde 1934 in Rehovoth gegründet und bestand aus einem Team von zehn Naturwissenschaftlern (unter der Leitung von Chaim Weizmann) und zehn Technikern. Die sieben deutschen Emigranten waren: Ernst Bergmann (1903 – 1975), an der Universität Berlin im Fach organische Chemie promoviert; seine Frau Ottilia (? – 1937), Berlin, anorganische Chemie; Erich Herlinger (1899 – 1944), München, Mineralogie und Kristallographie; Bruno Rosenfeld (1903 – ?), München, Biochemie; Felix Bergmann, geb. 1908, Berlin, organische Chemie und Pharmakologie;

Frieda Goldschmidt (1899 – 1971), Berlin, Chemie; Ernst Simon (1902 – 1973), Berlin, Biochemie.

XV. *Die Politischen.*

1 Publikation der Internationalen Roten Hilfe.
2 Konnte nicht ermittelt werden.
3 Halbmonatsschrift der deutschen Sektion der Vereinigten Linken Opposition, später der deutschen Sektion der Kommunistischen Internationale, Prag, dann Paris, Antwerpen, New York, 1933 bis 1941.
4 Georgi Dimitroff (1882 – 1949), bulgarischer Kommunistenführer, wurde nach dem Reichstagsbrand mit anderen Kommunisten des Brandkomplotts angeklagt. Während des Prozesses verteidigte er sich glänzend gegen die Anklage der Nationalsozialisten und wurde freigesprochen, ohne jedoch entlassen zu werden. Schließlich wurde er im Februar 1934 nach einer internationalen Kampagne freigelassen.
5 S. Leopold Schwarzschild, Das Bedürfnis nach Seeschlangen, in: NTB, 6. Januar 1934, S. 10 – 13.
6 Nach dem Verbot der SPD in Deutschland am 22. Juni 1933 und der Entfernung ihrer Abgeordneten aus dem Reichstag blieb nur die exilierte Exekutive als Sprachrohr der Partei. Sie etablierte ihr Hauptquartier in Prag, wo sie sich als repräsentativ für die ganze Partei betrachtete. Unter den Mitgliedern des sozialdemokratischen Parteivorstands befanden sich der erste Vorsitzende Otto Wels (s. Anm. 7 unten), der stellvertretende Vorsitzende Hans Vogel (1879 – 1945), der Kassenverwalter Sigmund Crummenerl (1892 – 1940), Friedrich Stampfer (s. XI, Anm. 39), Paul Hertz (s. XI, Anm. 39), Erich Ollenhauer (1901 – 1963) und ab Herbst 1933 der Vorsitzende des AfA-Bundes, Siegfried Aufhäuser (s. IX, Anm. 16).
7 (Friedrich Carl) Otto Wels (1873 – 1939), Parteifunktionär und Politiker, 1920 bis 1933 Mitglied des Reichstages, seit 1919 neben Hermann Müller (1876 – 1931) SPD-Vorsitzender. Auf der letzten SPD-Reichskonferenz am 26. April 1933 wurde eine Neuwahl des Parteivorstands durchgeführt und Wels als Vorsitzender bestätigt. Im Mai 1933 wurde beschlossen, den Parteivorstand unter dem Vorsitz von Wels und Vogel nach Prag zu verlegen. Wahl und Beschluß bildeten die Grundlage der hier erwähnten, bis Kriegsende aufrechterhaltenen »Mandatstheorie« des Sopade-Vorstandes, die besonders von emigrierten Parteilinken – vor allem in Frankreich – angegriffen wurde.
8 Nach einem im Mai 1934 von der Brüsseler Botschaft ans Auswärtige Amt geschickten Geheimbericht eines Emigranten brachten der ADGB, die AfA und der ADB mit angeschlossenen Verbänden aus Angst vor den Nationalsozialisten ein Barvermögen von ca. 40 Millionen Goldmark zunächst ins Saargebiet. Da sie aber glaubten, unter der Regierung Hitlers ihre organisatorische Selbständigkeit erhalten zu können, brachten sie bis Mitte 1933 die Gelder wieder nach Deutschland zurück (s. Auswärtiges Amt, Inland II A/B, R99577).

Laut Helmut Esters und Hans Pelger, Gewerkschafter im Widerstand, Bonn 1983, wollten tatsächlich auch einige deutsche Verbände die Gelder nach Deutschland zurückholen lassen, um sich vor den Nationalsozialisten mit einer korrekten Buchführung zu rechtfertigen. (Das gesamte gewerkschaftliche Vermögen wurde im Mai 1933 beschlagnahmt und die Konten gesperrt.)

9 Dieselbe Anekdote erzählte R. O. später (Kleine Erfahrungen, in: NTB, 24. Juli 1937, S. 709 – 10) folgendermaßen: »Als ich mich das nächste Mal über die Gefahren erging, die Europa bedrohten, war es in einer Gesellschaft von sozialistischen Intellektuellen. Man widersprach mir nicht. Aber dann bemerkte ich, daß nicht das geringste Verständnis für meine Anschauungen bestand. ›Warum lassen Sie mich eigentlich reden?‹ fragte ich. ›Weil ein Emigrant ein Leidender ist‹, erwiderte der liebenswürdige Hausherr, ›man muß ihn sich aussprechen lassen‹.«

10 S. IX, Anm. 7.

11 Zu Heinrich Mann s. XI, Anm. 19. Der Haß: Deutsche Zeitgeschichte, eine äußerst kritische Auseinandersetzung mit dem NS-Regime, erschien 1933 bei Querido, Amsterdam.

12 Konrad Heiden (1901 – 1966), Schriftsteller und Journalist, beobachtete seit den frühen 20er Jahren die NS-Bewegung und kannte einige NS-Führer persönlich. Schon 1932 war seine Geschichte des Nationalsozialismus, die Karriere einer Idee, von den Nationalsozialisten öffentlich verbrannt worden. Im April 1933 emigrierte er nach Zürich, im September 1933 ins Saarland weiter, 1934 nach Frankreich. Seine Geburt des Dritten Reiches: Die Geschichte des Nationalsozialismus bis Herbst 1933 erschien 1934 beim Europa Verlag, Zürich.

13 Zu Lion Feuchtwanger s. XI, Anm. 20. Sein Buch »Die Geschwister Oppermann« entstand in einem Zeitraum von sechs Monaten, erschien noch 1933 bei Querido, Amsterdam, und war der erste Anti-Hitler-Roman des Exils.

14 S. XI, Anm. 35.

15 Naziführer sehen dich an: 33 Biographien aus dem Dritten Reich erschien 1933 beim Pariser Verlag Editions du Carrefour (als Antwort auf die antisemitische Hetzschrift von Johann von Leers, Juden sehen dich an, vom selben Jahr). Der anonyme Verfasser war Walter Mehring (1896 – 1981), Schriftsteller und Kabarettist, der im Februar 1933 nach Paris geflohen war, um der Verhaftung zu entgehen. Er emigrierte später im Jahr nach Österreich weiter.

16 Hitler der Eroberer: Die Entlarvung einer Legende, von einem »deutschen Politiker«, erschien 1933 beim Malik Verlag, Prag. Der Verfasser war R. O. selbst; die Broschüre war Vorgänger seiner späteren Biographie: Hitler, Amsterdam (Querido) 1935.

17 Das Braunbuch über Reichstagsbrand und Hitlerterror, eine der wichtigsten Enthüllungsschriften gegen den Nationalsozialismus, wurde vom Weltkomitee für die Opfer des deutschen Faschismus herausgegeben und erschien 1933 mit einem Vorwort von Lord Marley (s. II, Anm. 10) bei Münzenbergs Pariser Verlag Editions du Carrefour und auch bei der Universum-Bücherei Basel.

Unter der Leitung von Otto Katz (1895 – 1952) und Alexander Abusch (1902 – 1982) wurde das Braunbuch auf Beschluß der KPD-Parteiführung von einer Gruppe von Antifaschisten erarbeitet, u. a. von Rudolf Fürth-Feistmann (1908 – 1952), Gustav Regler (1898 – 1963), Alfred Kantorowicz (1899 – 1979) und Bode Uhse (1904 – 1963).

18 Das Schwarzbuch: Tatsachen und Dokumente: Die Lage der Juden in Deutschland 1933, eine Sammlung von Presseberichten, Gesetzestexten usw. über die Judenverfolgung während der ersten sechs Monate der Nazi Herrschaft, wurde 1934 vom Comité des délégations juives, Paris, herausgegeben. Der anonyme Verfasser war R. O. selbst.

19 Zitat aus Heinrich Mann, Schule der Emigration, in: Heinrich Mann und ein junger Deutscher [Paul Roubiczek], Der Sinn dieser Emigration, Paris 1934, S. 42 – 43.

XVI. *Der Hohe Kommissar.*

1 James McDonald (1886 – 1964), ursprünglich Historiker und Hochschullehrer, 1919 bis 1933 Vorsitzender der Foreign Policy Association Inc., 1933 bis 1935 High Commissioner for Refugees (Jewish and others) coming from Germany. S. a. R. O., Der hohe Kommissar, in: NTB, 5. Mai 1934, S. 424 – 5.

2 Ramsey MacDonald (1886 – 1937), Labour Politiker, Premierminister von 1929 bis 1935.

3 S. IX, Anm. 8.

4 Viscount Edgar Algernon Robert Cecil of Chelwood (1864 – 1958), prominenter britischer Pazifist, 1923 bis 1945 auch Präsident der britischen League of Nations Union. Von den 15 Regierungen, die eingeladen worden waren, Vertreter zu schicken, akzeptierten nur zwölf: Großbritannien, Frankreich, Belgien, die Niederlande, Dänemark, Polen, die Tschechoslowakei, die Schweiz, Italien, Schweden, USA und Uruguay.

5 Heinrich Rothmund (1888 – 1961), Schweizer Jurist, seit 1919 Chef der Eidgenössischen Zentralstelle für Fremdenpolizei, 1929 bis 1954 Direktor der Polizeiabteilung im Eidgenössischen Justiz- und Polizeidépartement.

6 Willem Doude van Troostwijk (1868 – 1958), holländischer Diplomat, von Februar 1924 bis Oktober 1934 Botschafter in Bern, zugleich auch Vertreter der Niederlande beim Völkerbund.

7 Alberto Guani (1877 – 1956), uruguayischer Diplomat (später Vizepräsident der Republik), war uruguayischer Vertreter beim Völkerbund und stellvertretender Vorsitzender des Verwaltungsrats der Hohen Kommission.

8 Für die Londoner Tagung s. XII, Anm. 1. Die Zitate stammen aus dem Bericht darüber im PT, Die Zukunft der Emigranten, 4. Februar 1934, S. 2.

9 Der Bericht von Georg Bernhard erschien im PT am 11. Februar 1934, S. 1; er mußte aber spekulativ bleiben, da nichts Näheres über McDonalds Berliner Besuch bekanntgegeben worden war.

10 McDonalds erster Besuch in Berlin fand am 7. Februar 1934 statt. Zeitgenössische Dokumente belegen, daß die Berlinreise den Deutschen sehr unwill-

kommen war und die Absicht bestand, die diplomatischen Wirkungen auf ein Minimum zu reduzieren: McDonald sollte nur im Auswärtigen Amt empfangen werden; in Besprechungen mit ihm sollte alles vermieden werden, »was eine Rückkehr von Emigranten nach Deutschland erleichtern könnte«, usw. Schließlich erwies sich der Besuch wegen der schweren Krankheit von McDonalds Tochter als äußerst kurz (s. Auswärtiges Amt, Inland II A/B, R99457). Im April 1934 besuchte McDonald zum zweiten Mal Berlin; laut Bericht des PT, 10. Mai 1934, S. 2, versuchte er bei beiden Gelegenheiten, mit den Deutschen über Paß- und Vermögensfragen zu verhandeln.

11 Tatsächlich sagte McDonald am 3. Januar 1934 laut New York Times, 4. Januar 1934, S. 10, in einer Rede (»The Crisis at Geneva«) vor der League for Political Education in New York Folgendes: »I wish I had the power to give the Christian people of this country a realization of their responsibility. The crime against the Jews is committed in the name of Christianity and of ›Aryanism‹, the whole theory of which latter is arrant nonsense.«

12 Obwohl die Tagebücher und Briefe Thomas Manns (1875–1955) während des ersten Emigrationsjahres auch Paß-Probleme erkennen lassen, scheint von einer Reise nach Spanien nicht die Rede gewesen zu sein.

13 S. II, Anm. 1. Über die mangelnde Bereitschaft der Regierungen, Emigranten aufzunehmen, s. a. R. O., Der hohe Kommissar, in: NTB, 5. Mai 1934, S. 424 f.: »Im Dezember hat er [McDonald] eine Konferenz mit Vertretern der 15 Staaten abgehalten, die sich an der Kommission beteiligt haben. Am Schluß der Konferenz versicherte er, er habe schon mit vielen Comités gearbeitet, aber noch nie mit einem, das solchen Opfermut und solche Begeisterung für das gemeinsame Werk aufbringe. Das war nach einer Diskussion, in der jeder einzelne der Staatenvertreter erklärt hatte, sein Land sei außerstande, Flüchtlinge aufzunehmen.«

14 Fridtjof Nansen (1861–1930), norwegischer Forschungsreisender, Staatsmann und Philanthrop, wurde 1921 vom Völkerbund zum Hohen Kommissar ernannt mit der Aufgabe, ca. 500 000 deutsche und österreichische Kriegsgefangene aus Rußland zu repatriieren. 1922 wurde in Genf ein internationales Abkommen unterzeichnet, das eine Identitätskarte für Flüchtlinge und Vertriebene, den Nansen-Paß, einführte. 1922 erhielt Nansen den Friedensnobelpreis.

XVII. *Zurück! Zurück?*

1 Bertrand de Jouvenel (1903–1987), französischer Journalist, Philosoph und Politologe, Sohn von Henry de Jouvenel (s. IV, Anm. 6), 1930 bis 1934 Wirtschaftskorrespondent der radikalen Tageszeitung La République.

2 S. Erlaß des Preußischen Ministerpräsidenten – Geheime Staatspolizei – vom 15. Januar 1934, II F 264/4–2, »Rückwanderung deutscher Emigranten aus dem Auslande«. Zitate stammen aber nicht aus dem ursprünglichen Text, worin die dritte Kategorie »Zersetzer und Verbrecher« genannt wird, sondern anscheinend aus dem Bericht darüber in der Frankfurter Zeitung, 17. Januar 1934, S. 4.

3   Karl-Heinrich Haunschild (1888 – ?), seit 1919 Geschäftsführer im Zentralverband der Angestellten, führender Angestellter dieser Organisation in Dresden. Laut Bericht im PT, 12. Januar 1934, S. 2, floh er am 29. März 1933 mit der Verbandskasse aus Dresden, hielt sich danach in Prag, Paris, Saarbrücken, Zürich und schließlich Wien auf, wo er wegen angeblicher Unterschlagung und Devisenvergehens verhaftet wurde, da er gehandelt habe, »ohne ein Finanzamt des 3. Reichs vorher um Erlaubnis zu bitten«.
4   Theodor Lessing (1872 – 1933), Philosoph und Publizist, dessen Vorlesungen an der TH Hannover schon 1925 von antisemitischen Studenten boykottiert worden waren, u. a. wegen seiner Opposition zu Hindenburg als Reichspräsidenten; als jüdischer Intellektueller wurde er während der Weimarer Republik von der Rechten besonders gehaßt; er floh 1933 in die Tschechoslowakei, wo er von örtlichen Nazis ermordet wurde.
5   Georg Bell, (? – 1933), ursprünglich britischer Staatsbürger, naturalisierter Deutscher, Ingenieur, Journalist, früher Mitglied des Röhm-Stabs und häufig als Mittelsperson gebraucht. Angeblich besaß Bell geheime Informationen über die SA, Röhm selbst und den Reichstagsbrand, wovon er dann einen Teil zur Veröffentlichung weitergab. Im März 1933 floh er über die österreichische Grenze, wurde aber kurz danach von der SA ermordet.
6   S. IV, Anm. 16.
7   Bronislaw Huberman (1882 – 1947), polnischer Violinist, lebte 1926 bis 1936 in Wien. 1933 verurteilte er in einem Brief an Wilhelm Furtwängler (s. Anm. 16 unten) das NS-Regime und weigerte sich, jemals wieder in Deutschland zu spielen, trotz der Bereitschaft der Nationalsozialisten, über seine jüdische Herkunft hinwegzusehen.
8   Jascha Heifetz (1901 – 1987), litauischer Violinist, emigrierte schon als Junge mit seiner Familie in die USA, wo er als Virtuose gefeiert, 1934 auch in Rußland mit Begeisterung empfangen wurde. Schon 1925, als er in Palästina auftrat, stiftete er seine Gage zur Förderung der Musik in Tel Aviv.
9   Die Demonstration fand am 20. Juni 1933 statt, wurde vom United Jewish Protest Committee organisiert und sollte einen Leichenzug für die jüdischen Opfer des Nazismus darstellen. (Etwa 50 000 Juden nahmen daran teil.)
10 Gemeint ist das Gesetz zur Wiederherstellung des Berufsbeamtentums vom 7. April 1933, das erste antijüdische Gesetz des Hitler-Regimes (s. V, Anm. 3). Das Gesetz über die Zulassung zur Rechtsanwaltschaft wurde ebenfalls am 7. April mit ähnlichem Ziel und denselben Ausnahmen veröffentlicht. Weitere Gesetze und Verordnungen, die Teile der freien Berufe betrafen, wurden in den folgenden Wochen verkündet.
11 Kurt Schmitt (1886 – 1950), ab 1918 Vorstandsmitglied, ab 1921 Generaldirektor der Allianz-Versicherungsgesellschaft, 1932 Vorsitzender des Präsidiums des Reichsverbandes der deutschen Privatversicherung. Nach Hugenbergs Rücktritt (Juni 1933) wurde er bis zu seiner Ablösung 1935 Reichswirtschaftsminister und zugleich preußischer Minister für Wirtschaft und Arbeit. Der Erlaß »Richtlinien über die Vergebung öffentlicher Anträge« wurde am

14. Juli 1933 herausgegeben (s. a. Leopold Schwarzschild, Generaldirektor Schmitt, in: NTB, 19. August 1933, S. 181 ff.).
12 Der zitierte Artikel erschien am 1. März 1934 in der Frankfurter Zeitung, S. 2, unter der Rubrik »Kurze Meldungen«.
13 Der Artikel erschien am 6. März 1934 in der Frankfurter Zeitung, S. 4, unter dem Titel »Die Frage der Anfechtung von Mischehen: Das Karlsruhe Urteil«.
14 Am 7. Februar 1934 fand eine Tagung der Reichskulturkammer statt, bei der Goebbels eine Rede hielt. Der hier zitierte Auszug erschien am 9. Februar in der Frankfurter Zeitung, S. 3, unter dem Titel »Ständischer Aufbau der Kulturberufe: Dr. Goebbels vor der Kulturkammer«.
15 Der Erlaß »Verhinderung des Auftretens von Nichtariern auf deutschen Bühnen« wurde am 5. März 1934 von Goebbels in Berlin herausgegeben und erschien am folgenden Tag im Völkischen Beobachter, S. 1.
16 (Gustav Heinrich Ernst Martin) Wilhelm Furtwängler (1886–1954), Dirigent, war 1933 u. a. Direktor der Berliner Staatsoper. Trotz internationaler Kritik arbeitete er in Deutschland während des NS-Regimes weiter.
17 Der Artikel erschien am 14. Februar 1934 in der Frankfurter Zeitung, S. 3, unter dem Titel »Nichtdeutsche Geschäfte«.
18 Der Artikel erschien am 4. Januar 1934 im PT, S. 2, unter dem Titel »Blick ins Dritte Reich: Immer wieder Boykott«.
19 Der Artikel aus dem Eschweger Tageblatt (in der Rubrik »Braunes Brett«) erschien gleichfalls am 4. Januar 1934 im PT, S. 2.
20 Der Artikel aus der Bayrischen Volkswacht erschien ebenfalls am 4. Januar 1934 im PT, S. 2.
21 Genaues Zitat nicht auffindbar. Schon seit 1927 fand sich aber auf jeder Titelseite des Stürmer das Treitschke-Zitat »Die Juden sind unser Unglück«.
22 Otto Hirsch (1885–1941), ab 1933 geschäftsführender Vorsitzender der Reichsvertretung der deutschen Juden und somit Leiter der Jüdischen Gemeinde unter der NS-Herrschaft. Der zitierte Bericht im Westdeutschen Beobachter war nicht auffindbar. Der Programmaufsatz von Hirsch, »Die Reichsvertretung der deutschen Juden«, erschien in: Der Morgen, Februar 1934, S. 437 f. (s. a. VI, Anm. 17).
23 Der Artikel erschien am 11. Januar 1934 in der Frankfurter Zeitung, S. 3, unter dem Titel »Arische Konfektion: Eine Ausstellung in Berlin«.
24 Das Zitat stammt offenbar aus einem am 20. März 1934 in der Frankfurter Zeitung, S. 3, unter »Wirtschaft« erschienenen Artikel unter dem Titel »Tagung des Reichsverbandes Deutscher Makler: Einführung des Arierparagraphen?«, obwohl der genaue Wortlaut stark abweicht.
25 Kurt Freiherr von Schröder (1889 – ca. 1965), Kölner Bankier, spielte in den geheimen Verhandlungen, die im Januar 1933 Hitler an die Macht brachten, eine zentrale Rolle. Während des Dritten Reiches hatte er zahlreiche Direktorenposten inne, war Präsident der Gauwirtschaftskammer Köln-Aachen sowie der hier erwähnten Kölner Industrie- und Handelskammer. Zu seiner Rede vgl. NTB, 10. Februar 1934, S. 10, unter dem Titel »Es bleibt beim kalten Pogrom«.

26 Louis Hagen (1855 – 1932), Bankier, Geheimer Kommerzienrat, Teilhaber des Bankhauses Levy und Salomon Oppenheimer jr. in Köln, ab 1918 Schröders Vorgänger als Vorsitzender der Industrie- und Handelskammer in Köln.
27 Julius Streicher (1885 – 1946), NS-Journalist und Politiker, 1919 bis 1922 Führer der nationalistisch-antisemitischen Deutsch-Sozialistischen Partei, die sich dann 1922 mit der NSDAP vereinigte. 1923 bis 1945 leitete er das berüchtigte antisemitische Hetzblatt »Stürmer«, 1925 bis 1940 war er Gauleiter von Franken und seit 1933 einer der Hauptinitiatoren der Judenverfolgungen.
28 Der Artikel erschien im Stürmer, Februar 1934, Nr. 6, unter dem Titel »Die Mädchenschänder von Karlsruhe«.
29 Der Artikel »Rassenschänder Marx« erschien nicht in derselben Nummer wie »Die Mädchenschänder von Karlsruhe«, sondern in der folgenden Nr. 7 vom Februar 1934 (S. 2). Diese zwei Berichte wie auch der über Martin Feuchtwanger (s. Anm. 31 unten) wurden aber zusammen im PT, 27. Februar 1934, S. 2, unter dem Titel »Geschichten aus dem Stürmer. Ein deutsches Kulturorgan« wiedergegeben.
30 Erschienen im Stürmer, Februar 1934, Nr. 7, (S. 3) unter dem Titel »Statistik der Ritualmorde«.
31 Erschienen im Stürmer, Februar 1934, Nr. 6, unter dem Titel »Gebrüder Feuchtwanger: Lion der Greuelhetzer, Martin der Großverleger«. In der folgenden Nummer erschien ein weiterer Artikel mit Angriffen gegen die Feuchtwangers.
32 Erschienen in der Times unter dem Titel »Suicide of two Jews after ›Round-Up‹«, S. 9.
33 Erschienen in der 1921 gegründeten Wochenzeitschrift »Der Schild«, 9. Februar 1934, S. 2, die noch 1934 in einer Auflage von 20 300 Exemplaren publiziert wurde, unter dem Titel »Im Ringen um die neue Form«. (Der 1919 gegründete Reichsbund Jüdischer Frontsoldaten hatte 1934 ca. 45 000 Mitglieder.)
34 Arthur Ruppin (1876 – 1943), Zionistenführer, seit 1908 mit Unterbrechungen in Palästina ansässig, gehörte ab 1921 der Zionistischen Exekutive an, organisierte nach Hitlers Machtantritt die Umsiedlung von jüdischen Flüchtlingen aus Deutschland. In seinem Referat zum Thema »Die Ansiedlung von Juden aus Deutschland in Palästina« auf dem 18. Zionistenkongreß in Prag sagte er: »Es gibt für die 200 000 Juden in Deutschland, die in ihren jetzigen Berufen sich nicht mehr erhalten können, in Deutschland keine Möglichkeit, eine Existenz in anderen Berufen zu finden.«

XVIII. *Die einzige Gewißheit – Palästina!*

1 I. O. kannte Chaim Weizmann seit vielen Jahren, da ihr Vater einer seiner engsten Mitarbeiter war (s. Einleitung).
2 S. II, Anm. 3.
3 S. VI, Anm. 16.

4 Die Studie »Palästina, Das erlaubte Land« von Joseph Amiel [d. i. Grete Fischer], erschien 1934 in der Reihe Streitschriften des Europäischen Merkur (6).
5 Der Artikel »Palestine Letter: The German Immigration« erschien in der kurzlebigen Jewish Review: A Quarterly Journal of Jewish Life and Letters, März – Juni 1934, S. 88 – 94 (Herausgeber Harry Sacher). Hierin wurde Folgendes behauptet: »The problems begin with immigrants of means. University people who have been wrenched from comfortable positions abroad, and generally with persons who are no longer young. Immigrants with means, whom one would have expected in virtue of their means to fit themselves in without difficulty, frequently present particular difficulties on account of their psychological attitude. This has no doubt something to do with the fact that there is scarcely any class in Europe which through repeated losses (partly caused by successive inflations of currency) has been injured to such an extent and so completely robbed of its savings as the middle class in Germany. The spirit of mistrust thereby created has been transplanted by the Jewish middle-class immigrants from Germany to Palestine and frequently paralyses their initiative.«
6 Emek Yezre'el, ein vom Jüdischen Nationalfonds erworbenes Tal, das ab 1921 entwässert und besiedelt wurde.
7 Das PT vom 9. Februar 1934, S. 2, berichtet: »Auf Kosten der Komités aus Alexandrien und Kairo wird eine Kolonie deutscher Juden ›Maimonia‹ … gegründet.« Maimonides (1135 – 1204) war der wohl bedeutendste jüdische Religionsphilosoph des Mittelalters, zudem Rechtsgelehrter und Arzt, lebte ab 1148 in Ägypten.
8 Eine neue Form der Einwanderung war die 1932 in Deutschland begonnene Jugendalijah, deren Ziel es war, Jugendliche von 12 bis 18 Jahren nach Palästina zu überführen, wo sie in Kollektivsiedlungen und ländlichen Erziehungsanstalten Unterricht und berufliche Ausbildung erhielten. Die erste Gruppe, die in Wirklichkeit nur aus 43 Jugendlichen bestand, kam im Februar 1934 in Haifa an; 12 waren schon 1932 übersiedelt.
9 S. hierzu: Der Weg nach Palästina: 300 Flüchtlinge verlassen Frankreich, in: PT, 29. Januar 1934, S. 3. Der Bericht kündigt an, daß bis Ende Februar 1934 über 300 in Frankreich lebende deutsche Emigranten nach Palästina übersiedeln würden, gefördert durch ein Programm, das vom französischen Palästina-Amt, vom CN, HICEM und Joint durchgeführt wurde. Vgl. ebenso: Der Palästina Dampfer fährt ab: Start ins neue Leben, in: PT, 11. März 1934, S. 4, wo über die Ankunft der Flüchtlinge in Marseille berichtet wird, u. a.: »Schon von weitem kennzeichnen aus dem Zuge herausgehaltene Fahnen, sowie Transparente mit der Aufschrift ›Merci à la France – Les Réfugiés allemands‹ die Wagen, die mit Flüchtlingen besetzt sind.«

DANKSAGUNG

Für die freundliche Genehmigung zum Abdruck des Textes von Rudolf und Ika Olden und des Vorworts von Lion Feuchtwanger danken wir dem Bibliotheksdirektor des University College London sowie Mrs. Mary Sufott und dem Direktor des Feuchtwanger Institute for Exile Studies, University of Southern California.

Für ausführliche Information, Beratung und Hilfe danken wir Dr. Stefan Appelius, Oldenburg, Dr. Marietta Bearman, London, Dr. Walter Eberstadt, New York, Ronny Gobyn, Gent, Dr. Nachum P. Gidal, Jerusalem, Prof. Dr. Harald Hagemann, Stuttgart, Dr. Ludger Heid, Salomon Ludwig Steinheim Institut für deutsch-jüdische Geschichte, Duisburg, Fritz Heine, Bad Münstereifel, Prof. Ernst Helmstätter, Münster, Roland Hill, London, Mieke Ijzermans, Internationaal Instituut voor sociale Geschiedenis, Amsterdam, Prof. Dr. Hans Jansen, Bremen, Prof. Dr. Robert Kempner, Frankfurt a. M., Dr. H.-P. Kröner, Münster, J.-C. Kuperminc und der Bibliothek der Alliance israélite universelle, Paris, Dr. Tony Kushner, Southampton, Herman Langmuur, Asperen, Prof. Peter Lasko, Norwich, Kurt Liebermann, Dresden, Dr. Herbert Loebl, Newcastle, Dr. Dr. Ingo Müller, Bremen, Prof. Peter Olden, Green Valley, Arizona, Marie-Luise Passera-Hahn sowie dem Deutschen Exilarchiv, Deutsche Bibliothek, Frankfurt a. M., Dr. Arnold Paucker, Direktor des Leo Baeck Institute, London, Dr. Harold Pollins, Oxford, Jean-Yves Pouilloux, Paris, Prof. J. M. Ritchie, Aberdeen, Dr. Werner Rosenstock, London, Hélène Roussel, Paris, Dr. Ursula-Maria Ruser, League of Nations Archive, Genf, Prof. Bertram Schefold, Frankfurt a. M., Prof. Peter Schneck, Berlin, Prof. Heinz Schott, Bonn, Fridolin Seydewitz, Dresden, Pieter Siemsen, Berlin, Prof. Aubrey Silberston, Brüssel, Prof. Marty Slaughter, New York, Dr. Willibald Steinmetz und dem German Historical Institute, London, Prof. Dr. Frithjof Trapp, Hamburg, Lord Weidenfeld, London, Dr. Paul Weindling, Oxford, Uwe Westphal, London sowie folgenden Instituten und Institutionen: American Jewish Joint Distribution Committee, New York, Akademie der Künste, Berlin, Aufbau, New York, Auswärtiges Amt, Bonn, Berlin Document Center, Bibliothèque de documentation internationale contemporaine, Nanterre, Bibliothèque nationale, Paris, Bodleian Library, Oxford, British Board of Deputies, London, Cambridge University Library, Canadian Jewish Congress, Montreal, CBF World Jewish Relief, London, Centre de documentation juive contemporaine, Paris, Columbia University, Columbiana Collection, New York, Comité français de secours aux enfants, Paris, Deutscher Journalistenverband, Bonn, Deutsches Museum, München, Friedrich Ebert Stiftung, Bonn, Deutsche Botschaft, London, Hans Böckler Stiftung, Düsseldorf, Institut de l'histoire du temps présent, C.N.R.S., Paris, Institute of Jewish Affairs, London, Juudi Kultuuri Selts, l'allinn, Jewish Refugees' Committee, London, Jews' Temporary Shelter, London, Max-Planck-Gesellschaft, Berlin, Ministerie van binnenlandse zaken, den Haag, Rijksinstituut voor oorlogsdocumentatie, Amsterdam, Schweizerisches Bundesarchiv, Bern, South African Board of Deputies, Johannesburg, Weizmann Archives, Rehovot, Wiener Library, London, Zentralrat der Juden in Deutschland, Bad Godesberg.

Schließlich danken wir Dr. Marietta Bearman für die Übersetzung der Einleitung zum vorliegenden Band.

REIHE
DOKUMENTE · TEXTE · MATERIALIEN
Veröffentlicht vom Zentrum für Antisemitismusforschung

Bd. 1 WOLFGANG BENZ (Hrsg.): Zwischen Antisemitismus und Philosemitismus. Juden in der Bundesrepublik · 1991, 118 S., DM 20.–

Bd. 2 EUGEN HERMAN-FRIEDE: Für Freudensprünge keine Zeit. Erinnerungen an Illegalität und Aufbegehren 1942 – 48 · 3. Aufl. 1994, 222 S., DM 29.80

Bd. 3 KURT PÄTZOLD/ERIKA SCHWARZ: Tagesordnung: Judenmord. Die Wannsee-Konferenz 1942 · 3. Aufl. 1992, 258 S., DM 29.80

Bd. 4 BERNHARD PRESS: Judenmord in Lettland · 1992, 178 S., DM 29.80

Bd. 5 ALEX HOCHHÄUSER: Zufällig überlebt. Als deutscher Jude in der Slowakei 1939 – 1945 · 1992, 178 S., DM 29.80

Bd. 6 RAINER ERB (Hrsg.): Die Legende vom Ritualmord. Zur Geschichte der Blutbeschuldigung gegen Juden · 1993, 296 S., DM 48.–

Bd. 7 HELMUT KRÜGER: Der halbe Stern. Deutsch-jüdischer „Mischling" im Dritten Reich · 1993, 140 S., DM 26.80

Bd. 8 JACOB KATZ: Die-Hep-Hep-Verfolgungen in Deutschland 1819 1994, 140 S., DM 26.80

Bd. 9 ALBERT LICHTBLAU: Antisemitismus in Berlin und Wien von der Emanzipation bis zum Ersten Weltkrieg · 1994, 270 S., DM 48.–

Bd. 10 JAHR/MAI/ROLLER: Feindbilder in der deutschen Geschichte 1994, ca. 250 S., ca. 38.– DM

Bd. 11 RUDOLF UND IKA OLDEN: „In tiefem Dunkel liegt Deutschland" Von Hitler vertrieben · 1994, ca. 200 S., ca. 30.– DM

Bd. 12 NORBERT ERNST: Doppelt verfolgt: Ein Leben im Widerstand 1994, ca. 200 S., ca. 30.– DM

Bd. 13 KURT PÄTZOLD/ERIKA SCHWARZ: „Auschwitz war für mich nur ein Bahnhof." Franz Novak – der Transportoffizier Eichmanns · 1994, ca. 32.– DM

Bd. 14 WOLFGANG BENZ/MARION NEISS: Deutsch-jüdisches Exil: das Ende der Assimilation? · 1994, 196 S., 34.– DM

METROPOL-VERLAG · Kurfürstenstraße 135 · 10785 Berlin
Telefon (030) 26 18 46 0 · FAX (030) 26 50 5 18